戦争犠牲者に対する援護に関する研究

社会福祉と法制の両面から

今井 慶宗
Yoshimune Imai

大学教育出版

まえがき

　戦後 80 年近く経過し、戦争犠牲者に対する援護は総括するべき段階を迎えている。中国残留邦人等や戦傷病者の高齢化は著しく進み、中国残留邦人等の 2 世や戦没者遺族も高齢化が進んでいる。中国残留邦人等やその子孫、戦傷病者・戦没者遺族に対する行政の援護や民間の支援活動の意義・活動・効果の研究はまだまだ少ない。これまでの援護行政や支援活動について社会福祉と法制の両面で総括し、今後の展望を明らかにすべきときに来ている。

　満洲事変・日華事変から太平洋戦争終結に至る過程において国家に奉公し、あるいは職域や地域において尽力し、尊い犠牲となった人々への援護・支援活動は、社会的影響力の大きい分野から援護が拡大していった。戦傷病者・戦没者遺族の援護に関しては、戦後早い段階から進められた。軍人・軍属については日本独立後の早い段階から進められた。しかし戦傷病者・戦没者遺族の援護にあたる戦傷病者相談員・戦没者遺族相談員の制度や相談援助活動についての研究はほぼ見当たらない。中国残留邦人ないし戦争犠牲者に関する援護の研究も、法学・政治学ないし歴史学において断片的になされている。制度面の研究は重要であり、あわせて社会福祉学の立場から、制度の谷間にある場合にはどうするかという視点や本人を制度活用につないでいくための相談援助の視点で検討することも重要である。

　本書は中国残留邦人等の援護を戦傷病者・戦没者遺族への援護と対比し、さらに近年増加しつつある外国人労働者への対策とも比較する。戦争犠牲者援護は、風化し忘れ去られるのではなく、そこで生じた事柄を明らかにし、後世において類似の事象が生じたときの手掛かりとなるように整理することが大切である。著者はもともと防衛や公安警察に関する法制度を専門としている。有事法制の整備をはじめとして社会が徐々に変わろうとしているこの時期に、これまでの事実を検証し整理することは、今後、仮に同様の事象が生じたときに課題の発生を軽減する予防的な取り組み、あるいはその取り組みの枠組み作りという意味でも大切であると考える。

本書の刊行に当たっては、大学教育出版の佐藤社長、編集の社氏に大変お世話になった。ここに感謝申し上げる。

2024（令和6）年7月

今井慶宗

※本書は令和5年度関西福祉科学大学博士学位論文「戦争犠牲者に対する援護に関する研究 ─ 中国残留邦人等、戦傷病者・戦没者遺族、外国人労働者への支援の比較を通して ─ 」を再編集したものである。

戦争犠牲者に対する援護に関する研究
― 社会福祉と法制の両面から ―

目　次

まえがき ……………………………………………………………… i

序章　本研究の背景・問題意識・目的 ………………………………… 1

第1章　中国残留邦人等に対する相談援助活動の歴史的展開と現状………… 10
　第1節　自立指導員（旧・引揚者生活指導員）・自立支援通訳・就労相談員
　　　　　　　　　　　　　　　　　　　　　　　　　　　　　　　11
　第2節　大阪市を例として公募事業　14
　第3節　中国残留邦人等に対する相談援助活動の施策・支援事業　17
　　　1．中国残留邦人等に対する行政の施策（大阪市の場合）　17
　　　2．中国残留邦人等への支援団体（大阪市の場合）　18
　第4節　国会における議論と考察　24
　　　1．引揚者生活指導員の新設　24
　　　2．業務内容　26
　　　3．言葉の指導　33
　　　4．派遣回数・年限とその増加・延長　35
　　　5．弾力条項　41
　　　6．相談援助における職業訓練校・職業安定所との協力　44
　　　7．費用負担・予算　45
　　　8．相談員の体制　47
　　　9．身元引受人との役割分担　50
　　　10．業務の実態　51
　　　11．自立指導員への名称変更　52
　　　12．就労相談員・職業相談員　53
　　　13．自立支援通訳　56
　　　14．中国帰国者支援・交流センター　58
　　　15．帰国者の生活状況について（平成15年度中国帰国者生活実態調査から）　61
　　　16．その他　62
　　　17．本章のまとめ　63

目　次　v

第２章　中国残留邦人等に対する相談援助活動の実態調査（インタビュー調査）
　　　　……………………………………………………………………………… 74
　　第１節　大阪 YWCA による中国帰国者支援に関する各種事業についての聞き取り（1）　75
　　第２節　大阪 YWCA による中国帰国者支援に関する各種事業についての聞き取り（2）　77
　　第３節　大阪 YWCA 利用者Ｓ氏からの聞き取り　79
　　第４節　大阪中国帰国者センター常務理事Ｎ氏からの聞き取り（1）　88
　　第５節　大阪中国帰国者センター常務理事Ｎ氏からの聞き取り（2）　94
　　第６節　大阪中国帰国者センター利用者５人及び常務理事Ｎ氏からの聞き取り　102
　　第７節　令和４年９月６日大阪市福祉局生活福祉部保護課担当係長Ｈ氏からの聞き取り　106
　　第８節　インタビューの分析　116
　　　　1．令和４年５月20日、大阪 YWCA 職員のＹ氏・Ｂ氏の発言　117
　　　　2．令和４年７月１日、大阪 YWCA 職員のＢ氏の発言　118
　　　　3．令和４年８月20日、大阪 YWCA 利用者のＳ氏の発言　119
　　　　4．令和４年４月22日、大阪中国帰国者センター常務理事のＮ氏の発言　120
　　　　5．令和４年６月22日、大阪中国帰国者センター常務理事のＮ氏の発言　121
　　　　6．令和４年10月12日、大阪中国帰国者センター利用者５人（Ｘ１〜Ｘ５の各氏）の発言　122
　　　　7．令和４年９月６日、大阪市福祉局生活福祉部保護課担当係長Ｈ氏の発言　123
　　　　8．まとめ　124
　　第９節　本章のまとめ　124

第3章　戦傷病者への支援〜防空監視隊員を例として …………………129
　第1節　防空体制と防空従事者　130
　　　1．防空法と防空体制　130
　　　2．防空従事者制度　131
　第2節　防空監視隊員の規定と準軍属　135
　　　1．根拠規定と活動　135
　　　2．準軍属たる根拠　136
　第3節　防空従事者扶助令による支給事務の引継ぎ　138
　第4節　防空従事者援護と戦傷病者戦没者遺族等援護法の適用についての国の考え方　139
　　　1．防空従事者の援護についての考え方　139
　　　2．援護法の適用についての考え方　139
　第5節　戦傷病者戦没者遺族等援護法よる年金等の給付状況　141
　第6節　本章のまとめ　142

第4章　戦傷病者相談員・戦没者遺族相談員による相談援助活動 …………145
　第1節　戦争犠牲者援護の拡大とその限界　146
　第2節　戦傷病者相談員制度の創設　150
　第3節　戦傷病者相談員の拡充　153
　第4節　相談員の手当額・人員　154
　　　1．手当額　154
　　　2．人員　170
　第5節　戦没者遺族相談員制度　174
　第6節　戦傷病者相談員等の業務内容　178
　第7節　傷痍軍人会との関係　184
　第8節　相談対象者の数　187
　第9節　選考基準　188
　第10節　秘密の保持、人格の尊重　189
　第11節　幕引き　190
　第12節　本章のまとめ　191

第5章 相談援助活動の在り方 …………………………………………… 196
  第1節 相談援助活動の中心となる生活構造の相違点　*196*
    1. 外国人労働者　*197*
    2. 戦傷病者・戦没者遺族　*198*
    3. 中国残留邦人等　*200*
  第2節 外国人労働者、戦傷病者・戦没者遺族、中国残留邦人等に対する視点の対比　*203*
  第3節 外国人労働者、戦傷病者・戦没者遺族等と中国残留邦人等の相談援助活動に関する3つの観点　*210*
    1. 共通している点　*210*
    2. 分かれ道　*211*
    3. 民間主導か行政主導か　*211*

終章　支援の方向と今後の課題 ……………………………………………… 213
  第1節 終戦後20年以上経過した昭和40年代になってから相談員制度ができた背景　*213*
    1. 戦傷病者・戦没者遺族　*213*
    2. 中国残留邦人等　*214*
  第2節 支援の拡大　*216*
    1. 範囲の拡大と幕引き　*216*
    2. 支援内容の拡大　*217*
  第3節 今後の課題　*218*
    1. 今後に対する備え　*218*
    2. 外国にルーツを持つ人々への相談援助活動への応用と課題　*219*
    3. 必然的な高齢化への備え　*223*
    4. ソーシャルワークの視点の必要性　*224*
  第4節 終章のまとめと考察　*227*

注 ………………………………………………………………………………… 229

参考文献……………………………………………………………………… *246*

謝辞………………………………………………………………………… *249*

戦争犠牲者に対する援護に関する研究
― 社会福祉と法制の両面から ―

序　章
本研究の背景・問題意識・目的

　戦後 79 年が経過し、中国残留邦人等や戦傷病者・戦没者遺族など戦争犠牲者に対する援護は総括するべき段階を迎えているといえる。中国残留邦人等や戦傷病者の高齢化は著しく進み、中国残留邦人等の 2 世や戦没者遺族も相当高齢化が進んでいる。その意味では、今後、援護を要する人々の数の面からは、中国残留邦人等や戦傷病者から戦没者遺族や中国残留邦人等の 2 世に比重が移っていくことが予想される。戦没者遺族については、父母はすでに僅少であり、配偶者・子も減少し、孫・曽孫の代になっている。戦傷病者・戦没者遺族に対する支援のほかに戦傷病者・戦没者遺族の子孫に対する支援の要否についても検討されなければならない。

　本研究では、戦争犠牲者とは中国残留邦人等と戦傷病者・戦没者遺族と定義する。

　基幹統計で「社会保障費用統計」がある。平成 24 年基幹統計指定に伴い、統計法第 26 条 1 項前段に基づき、厚生労働大臣より総務大臣へ作成方法の通知が行われ、作成方法の変更が生じた場合にも、同法第 26 条 1 項後段の規定に基づき、作成方法変更通知がなされている。作成方法（変更）方法通知書の別添 1 の「戦争犠牲者」の項目には遺族及び留守家族援護費と中国残留邦人等支援事業費が掲げられている[1]。

　また、国の現在の恩給関係費は、①文官等恩給費、②旧軍人遺族等恩給費、③恩給支給事務費、④遺族及び留守家族等援護費からなる。このうち、遺族及び留守家族等援護費は、戦傷病者戦没者遺族年金等、戦傷病者等療養給付、特別給付金等支給事務費、中国残留邦人等支援事業費、戦傷病者等無賃乗車船等負担金

からなる。

さらに、例えば、『厚生白書』(昭和41年度版)の第11章「戦没者の遺族、戦傷病者などの援護」第1節「総説」では、以下の通りである[2]。なお、表現は現在では適切でないものもあるが、当時のままとしている。

> 過ぐる大戦中に軍人軍属として動員され、戦没した者、負傷して不具廃疾となつた者は200万人をこえている。これらの者は、戦争による最大の犠牲者であり、終戦前においては、戦没者遺族、戦傷病者に対しては、軍人、文官、雇員等の身分に応じて、それぞれ、恩給法、雇員扶助令等により年金等が支給され、下士官、兵の遺族のうち生活困難なものに対しては軍事扶助が行なわれるなど、国として手厚い補償又は援護の手が差し伸べられていた。

このように、中国残留邦人等と戦傷病者・戦没者遺族を戦争犠牲者としてグルーピングしている実例がある。この「戦争犠牲者」という語は、先の大戦の是非などと関連して一般的な文脈では別の解釈がなされることがみられるが、ここでは上記の統計などで用いられている用語の定義ないしグルーピング例に則って以下議論を展開していく。

中国残留邦人等やその子孫の場合には、帰国後も、言葉や生活習慣の違いから日本での生活に慣れることに時間がかかるケースも少なくない。それらの見えざる壁というべきものから社会的孤立をきたしている状況もみられる。さらに今後は、帰国した中国残留邦人等の3世・4世に対する援護に焦点を当てるべき時期になってくる。中国残留邦人等やその子孫のコミュニティへの支援をさらに充実させることが求められる。なお、社団法人日本社会福祉士会編『滞日外国人支援の実践事例から学ぶ多文化ソーシャルワーク』によれば、中国帰国者とは、「第二次世界大戦中、戦乱のなかで親との生死別で中国に置き去りにされた当時11歳以下の子ども「中国残留孤児」と、敗戦後夫と死別して中国人の妻となった「中国残留婦人」とその養父母、配偶者、および二世、三世となる子どもたちを含む全家族に対する総称」であり、「1972(昭和47)年の日中国交正常化により、1973(昭和48)年から日本政府は本人とその配偶者および20歳以下の子どもを対象として、国費による日本への帰国の道を開いた」のである[3]。

これまで中国残留邦人等やその子孫、戦傷病者・戦没者遺族に対する行政の

援護や民間の支援活動の意義・活動・効果が十分に研究されてきたとは言い難い。戦後80年という節目を目前に、これまでの援護行政や支援活動について総括し、今後の展望を明らかにすべきときに来ていると考える。

　満洲事変・日華事変から太平洋戦争終結に至る過程において様々な犠牲となった人々への援護・支援活動は、戦後一貫してあるいは開始時期を同じくして行われたものではない。利害関係が錯綜する中で、社会的影響力のあるグループから援護が拡大していった経緯がある。戦傷病者・戦没者遺族の援護に関しては、戦後早い段階から進められた。軍人・軍属については日本独立後の早い段階から進められた。これに関しても、ソーシャルワークの観点から援護は極めて乏しい。これら戦傷病者・戦没者遺族の援護にあたる戦傷病者相談員・戦没者遺族相談員の活動、さらには相談援助活動についての研究もほぼ見当たらない状況である。

　この戦傷病者・戦没者遺族の援護も、現在、対象となっている全てが一斉に開始されたわけではない。すなわち、それらのやや外縁ともいうべき準軍属、例えば、防空従事者については、援護の実施がかなり遅れた。防空従事者に関しては、もともと、その死傷についての補償として防空従事者扶助令が定められていた。それが戦後ほとんど機能しなかった。戦傷病者戦没者遺族援護法による準軍属として処遇することにより死傷者の補償を進めようとする動きが、昭和40年代まで活発であった。その中でも防空監視隊員は、罰則付きで業務を強制されたこと、軍の防空計画の一環として軍の定めた基準に従って軍人・警察官とともに行動したこと、原則として常勤であったことなどから、援護の対象とすべきことについて疑う余地はほとんどなかった。戦災で身分関係の資料が散逸していただけである。そのため、当然、戦傷病者戦没者遺族等援護法上の準軍属とされた。

　同じ戦争犠牲者に対する援護であっても軍人・軍属・準軍属については早くから相談援助体制が徐々に充実してきたが、援護の開始が遅くなっているものもある。例えば中国残留邦人等である。中国残留邦人等に対する援護が本格化したのは、昭和47年の日中国交正常化以降である。中国残留邦人等への相談援助活動は、昭和52年度、引揚者生活指導員を新設して中国等からの引揚者に対する援護措置の拡充を行うこととされた。これはのちに、自立指導員制度として拡充されている。この自立指導員の派遣が行われ、日常生活上の相談及び自立に向け

ての各種指導などが行われている。しかし専門的な相談援助体制が十分構築されているとは言い難い。自立指導員（旧・引揚者生活指導員）の派遣期間は、昭和52年の発足時には1年間であったが、随時拡大され、原則3年までとなり、平成20年度に新たな支援給付等が開始され[4]、翌21年度以降は、期間は限定されなくなった（ただし自治体によっては概ね3年間の施策としているところもある）。戦傷病者や戦没者遺族の相談援助に関しては、もともと相談業務に年限が区切られていないのとは対照的である。

　中国残留邦人等に対しては新たな支援給付等のほか、一般の社会福祉・社会保障施策も対応している。民生委員による相談など一般向けの相談援助や各種施策につないでいくことも必要であろうし、一般施策の中で工夫を行うことによって、中国残留邦人等の有する生活課題に対応することも必要になると考えられる。中国残留邦人等の帰国後の生活全体を通して考えるとき、一般の相談体制の中でどのような課題が生じているかを究明することも大切であると考える。

　中国残留邦人等ないし戦争犠牲者に関する援護の研究は、主として法学・政治学ないし歴史学において制度面を中心に断片的になされていると考えられる。しかし、制度面の研究とともに社会福祉学の立場から、制度の谷間にある場合にはどうするかという視点や本人を制度活用につないでいくための相談援助の視点で、検討することが重要ではないかと考える。これまでも各種の政策が打ち立てられ、それを実現すべく法制度の整備や予算措置の手当てが行われてきた。しかし、それら仕組みが存在しているにもかかわらず、その存在を知らない・利用する術が分からないという人々も存在する。存在する制度を活用し、社会的に不利な立場にある人を支援する手法が必要と考える。

　本研究は中国残留邦人等の援護を戦傷病者・戦没者遺族への援護と対比し、さらに外国人労働者への相談援助活動とも比較することによって明らかにしようとするものである。中国残留邦人等については、昭和50年代以降の肉親捜し等によりこれまでも社会の注目を集めることも少なくなかった。一方で、戦傷病者や戦没者遺族の援護は非常に大切なことであるにもかかわらず、先の大戦においてわが国が敗戦したことにより、戦争に関する事柄が非常に否定的な評価となり、ひいては戦闘行為ではなく戦没者援護のように社会福祉にかかわる領域も表舞台に登場しにくくなっている。戦争犠牲者援護についても、風化し忘れ去られ

るのではなく、そこで生じた事柄を明らかにし、後世において類似の事象が生じたときの手掛かりとなるように整理することが大切であると考える。有事法制の整備をはじめとして社会が徐々に変わろうとするときであるからこそそう考えるのである。これまでの事実を検証し整理することは、今後、仮に同様の事象が生じたときに問題が起こらないようにする予防的な取り組みのため、あるいは問題軽減の取り組みの枠組み作りという意味でも大切である。

　本研究ではこれらのことを以下の手法で明らかにする。

　まず、中国残留邦人等に対する相談援助について文献による調査を行った。現在、中国残留邦人等に対する国・地方公共団体の援護活動についての体系だった文献資料は少ないが、国会の会議録検索システムにより、「引揚者生活指導員」「自立指導員」等の語を手掛かりに援護施策やその歴史について抽出した。併せて、中国残留邦人等である当事者、中国残留邦人を支援している団体、行政機関に対するインタビュー調査を行った。帰国後から現在に至る生活・医療・教育などのニーズを明らかにし、そのニーズを充足するためにどのような相談援助活動を必要としたのか、実際にどのような活動がなされたのか、必要としたにもかかわらず入手することができなかった（行政や支援団体からは十分周知できなかった）施策・活動は何かを中心にインタビューを行った。その結果をまとめ、そこから浮かび上がってきた問題点、例えば中国残留邦人向けの高齢者施設の整備や適正な医療の受診などを提示する。そのうえで、今後、同様な問題が生じたときに対処するためにどのように備えておくべきか、制度面のみならず相談援助の在り方も含め明らかにする。

　戦争犠牲者に対する援護内容は徐々に拡充されている。中国残留邦人等の場合も戦没者・戦傷病者の場合も現行の制度が一気に完成したのではなく、戦没者・戦傷病者についても戦傷病者戦没者遺族等援護法等の改正によって拡大範囲が徐々に拡大されてきている。例として防空監視隊員の援護がいかに拡大されてきたかを取り上げた。そして中国残留邦人戦没者・戦傷病者に対する相談援助活動と対比するため、戦傷病者・戦没者遺族に対する相談員の相談活動について文献調査を行った。具体的には、戦傷病者相談員・戦没者遺族相談員の創設、業務内容、拡充、手当額、秘密の保持・人格の尊重、人員、傷痍軍人会との関係、選考基準、相談対象者の数、終結などの論点がある。

これらによって、これまでの、戦争犠牲者援護に関する相談援助活動で議論になった点、あるいはその改善策だけではなく、時代とともに当事者の社会的孤立が進んでいることを示した。孤立化を軽減する対策の必要性があり、さらに中国残留邦人等については3世・4世など若い世代に教育面の支援などの施策も必要となっている。

　これまでの中国残留邦人と戦傷病者・戦没者遺族の援護を総括し、法学・政治学・歴史学の成果も取り入れつつ、それらが当事者のニーズにより合致した相談援助活動がなされるには、制度面を整えるだけにとどまらず、相談援助を含めたソーシャルワークの知識・技術の背景とした施策体系が必要である。現在あるいはこれまでなされてきた援護制度を取り上げ、その制度内容にとどまらず、実態がどのようなものか、新規の帰国者がほとんどないため機能していない身元保証人のような制度も含めて提示する。経済的支援をはじめとする制度作りが先行したが、当事者の意見をよく聞いて制度を設けたり、存在する制度を実際に援護対象者に適用可能にしたり、各種措置から漏れている事象を救済することを可能にするなど、ソーシャルワークの視点が必要とされていた。しかし、それが十分ではなかった。本研究では、中国残留邦人等、戦傷病者・戦没者遺族のほか、外国人労働者を加え、この3つを比較対象としている。ソーシャルワークの観点からは個別の相談援助活動だけではなく、グループワークやコミュニティワークなど多面的にとらえるべきであるが、相談員という制度化した支援が外形的にもとらえやすいことから、相談援助を中心に支援活動の実態やその課題に迫る。これにより、相談援助活動の発展過程や課題を、外国人労働者など、近年、来日している人々に対する相談援助活動と対比し、様々な背景を持つ人の1つの例として、インクルーシブな相談援助の在りかたの手掛かりとすることも意図している。

　中国残留邦人等の相談援助活動の歴史・現状と今後の在り方について、相談援助活動をキーワードに明らかにすることに主眼を置いている。その際、戦争犠牲者として、中国残留邦人等と同一グループに入れることのできる戦傷病者・戦没者遺族との間で各種支援制度を含め相談員制度やその活動の異同について対比する。中国残留邦人等に対する相談援助活動の特徴として、活動予算や人員が整えられていることや近年になって新しい支援給付制度が整えられ、そのための支

序　章　本研究の背景・問題意識・目的　7

図序-1　本研究の大まかな流れ

援・相談員が置かれていることがある。また、中国残留邦人等ないし戦傷病者・戦没者遺族に対する相談援助活動は、現在のところ過去の歴史から生じた事象についての手当（後始末）としての活動である。今後への備えを考察する中で、それに関わりのある範囲で現在進行形である外国人労働者への相談援助活動をより適切なものにするために資する観点についても挙げた。

　これらについて図示すると、図序-1のようになる。
　また、第1章から終章の相互関係を図示すると、次のようになる。

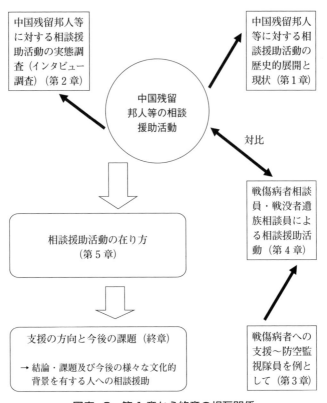

図序-2　第1章から終章の相互関係

　本研究では、中国残留邦人等、戦傷病者・戦没者遺族、外国人労働者の3つを比較対象としている。中国残留邦人等の相談援助活動の歴史・現状をたどる。その際、戦争犠牲者として中国残留邦人等と同一グループに入れることのできる戦傷病者・戦没者遺族との間で相談員制度やその活動の異同について対比する。中国残留邦人等をはじめとする戦争犠牲者に対する制度やその運用を振り返ることによってそこにソーシャルワークの視点が必要であったことを明らかにすることを目的とする。さらに相談援助活動として個別援助技術が用いられる場合もあるが、集団援助技術や地域援助技術の活用が乏しいことも示す。
　また、中国残留邦人等ないし戦傷病者・戦没者遺族に対する相談援助活動は、現在のところ過去の歴史から生じた事象についての手当（後始末）としての

活動である。今後への備えを考察する中で、それに関わりのある範囲で現在進行形である外国人労働者への相談援助活動をより適切なものにするために資する観点についても挙げた。

　3つのうち中国残留邦人等と戦傷病者・戦没者遺族については、専門の相談員による相談援助活動が国の制度として規定されてから、約50年から60年の歴史を持っている。ともに前述の戦争犠牲者の範疇に入り、戦争の後始末としての相談援助活動を行っている。ただし、具体的な活動やその成り立ちを見てみると、同じ基盤を有するものとして比較することはできない点も多々ある。例えば、中国残留邦人等は（配偶者や養父母の問題はあるが）主として日本人であるが、中国文化の中で生活しアイデンティティも中国人としてのそれを持っているケースが多い（樺太の場合は旧ソ連圏の文化ということになるであろう）。一方で、戦傷病者・戦没者遺族は自他ともに日本人としてのアイデンティティを有していると言えるであろう。このように異なる点も多く、相談員制度が創設された時期も戦傷病者・戦没者遺族の方が約10年早い。しかし、これら相違があるからこそ、単独の制度を検討したのでは気づきにくい問題点も浮かび上がってくると考えられる。

　本研究の全体の構成は以下のようなものである。第1章でトップダウンとしての法整備の歴史を明らかにする。第2章は、いわばトップダウンの対としてのボトムアップであり、インタビューにより当事者のニーズや法制度との離齬を明らかにする。第3章では戦傷病者への支援の例として防空監視隊員を取り上げた。第4章では戦傷病者・戦没者遺族の相談員制度を取り上げている。これは相互援助（セルフヘルプ）であるが、国の制度となったことによりトップダウンの施策の面が強くなっている。第5章ではボトムアップとしてのソーシャルワークの面を取り上げている。そして、今後増大するであろう外国人労働者に対するものも含めて生活構造の相違点とそれに対応する相談援助活動の在り方について論じている。終章では結論・課題と今後の様々な文化的背景を有する人への相談援助活動について論じる。

第1章

中国残留邦人等に対する相談援助活動の歴史的展開と現状

「平成27年度中国残留邦人等実態調査結果報告書」によれば、帰国者の平均年齢は76.0歳、配偶者の平均年齢は72.6歳であった。高齢化が進行している。なお、この調査では帰国者が3,654人、配偶者が2,150人であった[1]。このような状況の中で様々な立場の戦争犠牲者がどのような支援を必要としていたか、実際にどのような相談援助がなされたかを明らかにすることに意義がある。

「中国残留邦人等の円滑な帰国の促進並びに永住帰国した中国残留邦人等及び特定配偶者の自立の支援に関する法律」があり、この法律は以下のことを目的としている（第1条）。

> 今次の大戦に起因して生じた混乱等により本邦に引き揚げることができず引き続き本邦以外の地域に居住することを余儀なくされた中国残留邦人等及びそのような境遇にあった中国残留邦人等と長年にわたり労苦を共にしてきた特定配偶者の置かれている事情に鑑み、中国残留邦人等の円滑な帰国を促進するとともに、永住帰国した中国残留邦人等及び特定配偶者の自立の支援を行うこと。

中国残留邦人等について「中国残留邦人等の円滑な帰国の促進並びに永住帰国した中国残留邦人等及び特定配偶者の自立の支援に関する法律」第8条において「国及び地方公共団体は、永住帰国した中国残留邦人等及びその親族等が日常生活又は社会生活を円滑に営むことができるようにするため、これらの者の相談に応じ必要な助言を行うこと、日本語の習得を援助すること等必要な施策を講ずるものとする」こととされている。中国残留邦人等に対する相談援助に関わる相談員として自立指導員（旧・引揚者生活指導員）が存在する。この自立指導員をは

じめとする引揚者についての相談員制度についての先行研究は極めて少ない（ほぼ見当たらない）ようである。

本章では国会における政府答弁を中心に議論を整理しつつ、自立指導員を中心とする各種相談員の活動について考察する。また、本章は拙著「中国残留邦人等に関する相談員制度の研究」[2)] を一部改変したものである。

第1節　自立指導員（旧・引揚者生活指導員）・自立支援通訳・就労相談員

中国残留邦人等の支援を行っている自立指導員については、「自立指導員の派遣事業について」（昭和62年5月20日援発第295号援護局長通知）通知別紙「自立指導員の派遣等に関する実施要領」によっていたが、「『セーフティネット支援対策等事業の実施について』の一部改正について」（平成20年4月30日社援発第0430004号）により、「セーフティネット支援対策等事業」の実施要領（別添21）「自立支援通訳等派遣事業実施要領」を定め、平成20年4月1日から適用された。

さらに「生活困窮者自立相談支援事業等の実施について」（平成27年7月27日社援発0727第2号都道府県知事各指定都市市長中核市市長あて厚生労働省社会・援護局長通知）により「セーフティネット支援対策等事業」が廃止され、「生活困窮者自立相談支援事業等実施要綱」が定められた。この「生活困窮者自立相談支援事業等実施要綱」の中に「中国残留邦人等地域生活支援事業」があり、自立指導員については「自立支援通訳等派遣事業」「中国残留邦人等への地域生活支援プログラム事業」などの規定がある。さらに「生活困窮者自立相談支援事業等の実施について」の留意事項及び細部については、「生活困窮者就労準備支援事業費等補助金における『中国残留邦人等地域生活支援事業』の取扱いについて」によって取り扱うこととされ、令和2年4月1日から適用されている[3)]。

○昭和62年5月
「自立指導員の派遣事業について」（昭和62年5月20日援発第295号援護局長通知）の別紙「自立指導員の派遣等に関する実施要領」
⇩
○平成20年4月
「セーフティネット支援対策等事業」の実施要領（別添21）「自立支援通訳等派遣事業実施要領」
←「『セーフティネット支援対策等事業の実施について』の一部改正について」（平成20年4月30日社援発第0430004号）によって定められた。（平成20年4月1日から適用）
⇩
○平成27年7月
「生活困窮者自立相談支援事業等の実施について」（平成27年7月27日社援発0727第2号都道府県知事各指定都市市長中核市市長あて厚生労働省社会・援護局長通知）によって
① 「セーフティネット支援対策等事業」が廃止
② 「生活困窮者自立相談支援事業等実施要綱」が定められる
⇒「生活困窮者自立相談支援事業等実施要綱」の中に「中国残留邦人等地域生活支援事業」がある。
自立指導員についての規定
「自立支援通訳等派遣事業」「中国残留邦人等への地域生活支援プログラム事業」など「生活困窮者自立相談支援事業等の実施について」の留意事項及び細部は
⇒「生活困窮者就労準備支援事業費等補助金における『中国残留邦人等地域生活支援事業』の取扱いについて」によって取り扱う
令和2年4月1日から適用

図1-1 自立指導員に関する通達（変遷）

　この中の「自立支援通訳等派遣事業実施要領」の取扱いについての自立指導員・就労相談員に関する部分を抜粋すると次のような規定がある。
　1　留意事項
　　(1) 自立支援通訳
　　　ア　実施要綱中「自立支援通訳等派遣事業実施要領」（以下「自立支援通訳等派遣実施要領」という。）の3に掲げる事業内容について（ア）(1) のエについては、就学者である親族等と担任教師のみによって面談が行われるような場合は、派遣の対象とならないこと。（イ）(1) のオについては、訪問看

護、通所介護、通所リハビリテーション等を利用する場合に対象となること。
　イ　永住帰国者世帯の定着自立を図る上で自立支援通訳は極めて重要な役割を持つこと、また、相当数の需要が見込まれることから、自立支援通訳の派遣に当たっては、計画的かつ効率的に実施するよう配慮するとともに、事業に支障を来すことのないよう十分な自立支援通訳の確保に努められたい。
(2) 自立指導員　永住帰国者世帯の定着自立を図る上で自立指導員は極めて重要な役割を持つことから、自立指導員の派遣に当たっては、計画的かつ効率的に実施するよう配慮するとともに、事業に支障を来すことのないよう十分な自立指導員の確保に努められたい。
(3) 就労相談員　実施に当たっては、その円滑な推進を図る上で貴職と労働主管部（局）との連携が不可欠であるので、協力を得るよう配慮されたい。
2　補助内容及び補助基準
　(2) 補助基準
　ア　報償費　自立支援通訳、自立指導員、就労相談員及び巡回健康相談員の報償費であり、単価は実施主体の規程等に基づき定めることができるが、社会通念上常識的な範囲とすること。なお、自立指導員及び就労相談員（以下「自立指導員等」という。）については、上記報償費と別に活動推進費を実施主体が定める額を支出しても差し支えない。また、活動推進費は、自立指導員等の活動が、永住帰国者世帯の様々な需要に応え、円滑かつ効果的に推進される目的として、自立指導員等が指導、援助に活用するための書籍の購入や永住帰国者世帯との通信に要する経費に充てられるものとして支給するものであることから、自立指導員等への支給にあたってはその趣旨を十分に伝えるとともに、当該経費が有効に活用されるよう配慮願いたい。
3　その他
　(3) 自立支援通訳、自立指導員及び就労相談員は、実施主体及びセンター等が開催する各種会議や研修会等に参加し、資質向上に努め、中国残留邦人等に対し、より効果的な支援を行われたい。

第2節　大阪市を例として公募事業

　大阪市には「大阪市中国残留邦人等に対する地域生活支援事業実施要領」があり平成20年4月1日から施行されている。目的は「中国残留邦人等とその配偶者及びその家族が地域社会の一員として、いきいきと暮らすことができるよう」にすることである。

　事業の種類の種類として、1）地域における中国残留邦人等支援ネットワーク事業、2）身近な地域での日本語教育支援事業、3）自立支援通訳等派遣事業、4）中国残留邦人等への地域生活支援プログラム事業の4つがある。この事業の対象者は、大阪市内に居住している者で、①永住帰国した中国残留邦人等及びその配偶者、②永住帰国した中国残留邦人等の同伴帰国者（国費による帰国者）である。

　1）　地域における中国残留邦人等支援ネットワーク事業

　「地域における中国残留邦人等支援ネットワーク事業」は「地域における社会福祉や教育などの関係者や様々な専門家、団体、機関による多様なネットワークを活用し、中国残留邦人等が地域の様々な行事に気軽に参加できるような仕組みをつくり、地域の中での理解など安心して生活できる環境を構築し、中国残留邦人等の社会的自立を促す」ものである。次の4つからなる。

　まず、地域住民に対する広報活動である。これは、「住民に対して、中国残留邦人等問題の背景や言葉の問題、生活習慣の違いなど中国残留邦人等に理解を求める説明会の開催や、地域における区民まつりなどの住民が集う催しにおいて、中国残留邦人等に係るコーナーを設けるなど様々な機会を通じ、広報活動（中国残留邦人等の体験発表会、中国残留邦人等を雇用する事業主からの講演会、支援団体等の取組の発表会、支援・交流センター等の活動紹介等）を行う」ものである。次に、支援リーダーの配置である。これは「地域における交流事業等に気軽に参加できるよう地域住民と中国残留邦人等との調整を行う者を配置してネットワークの構築を支援する」ものである。地域で実施する日本語交流事業への支援としては中国残留邦人等が地域における活動に参加し、地域住民や中国残留邦人等との交流を通じて、日本語学習や会話の促進または地域での孤立の防止を図る

ため、日本語交流事業（中華料理教室、音楽教室、農作業教室、太極拳教室等）の開催に必要な経費を支援するものである。関係職員等研修・啓発事業は、「職員等に対して、地域社会における相互理解と交流の促進及び中国残留邦人等への理解を深め、地域の状況に応じた支援を実施するための研修会を開催する」ものである。厚生労働省が開催する各種会議や各センター等が開催する研修会等へ参加し、実施主体職員等の資質向上を図ることとしている。

２）　身近な地域での日本語教育支援事業

身近な地域での日本語教育支援事業は「地域社会で生活する上で日本語による意思疎通が十分にできずに、地域住民と交流が進まない一世、及び希望する仕事に就けない、あるいは、職場において十分に自らの能力が評価されていないといった不満を抱いている２世・３世に対し、生活圏内またはその周辺にある日本語教室等を活用して日本語を学習することを支援する」ものである。①日本語教室の地域での開講、②民間日本語学校利用時の受講料等支援、③日本語能力の目標達成支援の３つからなる。

３）　自立支援通訳等派遣事業

自立支援通訳等派遣事業は「永住帰国した中国残留邦人等は、長期にわたって帰国がかなわず、帰国後も言葉、生活習慣等の相違から、地域社会で生活していく上で様々な困難に遭遇している現状を踏まえ、自立支援通訳、自立指導員、就労相談員を派遣及び巡回健康相談（略）を実施して、必要な助言、指導等を行う」ものである。

自立支援通訳派遣は、巡回健康相談を受ける場合や医療機関で受診する場合に派遣される。自立指導員派遣は、①日常生活等の諸問題に関する相談に応じ、必要な援助を行う、②支援・相談員、自立支援通訳及び関係行政機関等と緊密な連絡を保ち、必要に応じて中国残留邦人等を窓口に同行して仲介するとともに必要な意見を述べる、③その他中国残留邦人等の諸問題に関する相談に応じ、必要な援助を行うものである。就労相談員派遣は、就労相談・指導を行うことや、日本の労働事情・雇用慣行及び地域の職業事情について説明を行うことなどのために派遣される。

このほか巡回健康相談の実施もある。

自立支援通訳等の選任に関しての要件は次のようなものである。

自立支援通訳	中国残留邦人等の言葉（中国語等）と日本語との通訳の能力を有すると認められること。中国残留邦人等の援護に関し、理解と熱意を有すること。
自立指導員	中国残留邦人者等に深い関心と理解を持ち、この業務に積極的に協力すると認められる民間の篤志家。中国残留邦人等の言葉（中国語等）が理解できる者。ただし、日本語指導を担当する自立指導員については、この要件を要しない。
就労相談員	中国残留邦人等に深い関心と理解を持ち、この業務に積極的に取り組むものと認められる者。地域の職業事情に精通している者。労働法規等を理解している者。
巡回健康相談員	中国残留邦人等に深い関心と理解を持ち、この業務に積極的に取り組むものと認められる医師、看護師及び保健師等。

自立支援通訳等は毎月1回業務の状況を取りまとめ報告する

4） 中国残留邦人等への地域生活支援プログラム事業

この事業は、中国残留邦人等に対して個々の実状とニーズを踏まえつつ、日本語学習等の支援や生活支援等を行うことにより、社会的・経済的自立の助長を図ることを目的としている。個別支援メニューとして、日本語教室等通所（学）活動推進、自学自習者に対する相談等、地域のネットワークを活用した支援、地域での就労等支援、親族訪問（訪中支援）がある。日本語教室等通所（学）活動推進は、ア）中国帰国者支援・交流センター等が行う日本語等各種学習、交流事業及び生活相談の紹介とあっせんを行う、イ）日本語等各種学習、交流事業の通所（学）に必要な交通費及び教材費の支給を行うものである。自学自習者に対する相談等は、ア）自学自習者のための適切な情報の提供を希望する者に対し、個々の自学自習に適した教材の相談や適時のアドバイスを行う、イ）自学自習に必要な教材費の支給を行うものである。地域のネットワークを活用した支援は、ア）地域において開催されている様々な交流活動や催し物を紹介する、イ）地域で開講している民間の日本語学校を紹介する、ウ）地域において、ボランティア団体等が開催している日本語教室を紹介するものである。地域での就労等支援は、ア）就労による自立を目指す者に対し、公共職業安定所等と連携し、個々の対象者の態様、ニーズ等に応じた就労支援を行う、イ）就労に役立つ資格取得を希望する者に対し、個々人の希望に添った資格取得のための各種学校法人等を紹介する、

ウ）就労に役立つ日本語等の資格取得のための教育訓練給付金に係る対象講座の受講経費を支給するものである。親族訪問（訪中支援）は親族訪問及び墓参等のため一定の期間、中国等に渡航する場合にその渡航中は支援給付及び生活保護を継続支給するとともに、渡航費用は、収入認定しない。

第3節　中国残留邦人等に対する相談援助活動の施策・支援事業

1．中国残留邦人等に対する行政の施策（大阪市の場合）

　大阪市の場合、大阪市ホームページを要約すると、次のような支援を行っている[4]。

　中国残留邦人等に対する地域生活支援（中国残留邦人等に対する支援給付）として「永住帰国した中国残留邦人などに対し、老後の生活の安定、地域での生き生きとした暮らしを実現するため、生活支援給付金などの給付や支援・相談員の配置及び日本語の習得など必要な支援」を行っている。事業内容は、中国残留邦人等への生活支援給付金等の支給、中国語のできる支援・相談員の配置、中国残留邦人等に対する地域生活支援事業、地域における中国残留邦人等支援ネットワーク事業、身近な地域での日本語教育支援事業、自立支援通訳等派遣事業、中国残留邦人等への地域生活支援プログラム事業である。対象者は、①昭和20年8月9日以後の混乱等の状況下で日本に引き揚げることなく、同年9月2日以前から引き続き中国または樺太の地域に居住していた人で、同日において日本国民として日本に本籍を有していた人、②①に該当する人を両親として昭和20年9月3日以後中国または樺太の地域で出生し、引き続き中国または樺太の地域に居住していた人、③①②の人に準ずる事情にある人、である。

　大阪市の「中国残留邦人等支援給付相談等担当職員要綱」は、「会計年度任用職員の採用等に関する要綱」に基づき任用される、中国残留邦人等支援給付相談等担当職員について定めている。同要綱によれば、中国残留邦人等支援給付相談等担当職員の業務は①中国残留邦人等支援給付に係る医療券・調剤券・医療要否意見書、介護券等の内容点検・発行・発送業務、②新規、処遇困難ケースの家庭

訪問時の通訳、③電話対応、④その他事務補助である。勤務は福祉局生活福祉部保護課において行う。勤務日数は、週5日である[5]。

2. 中国残留邦人等への支援団体（大阪市の場合）

（1）大阪中国帰国者センター

　大阪中国帰国者センターは、同センター資料およびホームページの内容を要約すると、以下のようなものである[6]。

　昭和59年3月、竹川英幸氏により社団法人大阪中国帰国者センターが設立された。事業方針は「国費帰国者、自費帰国者の区別なく、日本語教育、生活指導をはじめ、悩みの相談、肉親捜し、帰国手続き、就学、就労、住宅など、帰国者が抱えるすべての問題に対応して、帰国者が地域社会において、安心して暮らせるように支援」することである。事業内容は①相談支援事業と②地域における中国残留邦人等支援ネットワーク事業がある。

1）支援相談業務

　満額の老齢基礎年金を受給してもなお生活の安定が十分に図られない永住帰国した中国残留邦人等（中国残留邦人・樺太残留邦人）に対して、大阪市では平成20年度から、老齢基礎年金の満額支給等に加え、それを補完する措置として世帯の収入が一定の基準に満たない場合には、補完する支援給付を行っている。大阪市は、中国残留邦人等の置かれている特別の事情に配慮した支援給付を行うための「支援・相談員」を配置することとし、これにかかる委託業務を大阪中国帰国者センターが受託し実施している。

　支援・相談員は常勤6人、勤務時間は月曜日から金曜日の9時から17時である。日本語と中国語（北京語・福建語）で対応している。同センターの支援相談業務の連絡会議は月に1回行われている。相談内容は、生活・住宅・医療・介護・葬祭給付及び収入申告など支援給付にかかるものである。年金受給・介護認定・住宅・家庭・入管関係・2世3世の問題などの生活上の相談に対応している。

　また、地域支援プログラムとして、海外渡航・通訳派遣・日本語学習・教材費・交通費・交流会への参加などがある。面談は、来所面談と公的機関や病院等への出張面談がある。家庭訪問は被支援者の要望と業務の必要性に応じて行っ

ている。さらに、2年に1度、家庭訪問して、写真撮影及び本人確認証の更新も行っている。

2）地域における中国残留邦人等支援ネットワーク事業

中国残留邦人等は地域社会に定着後も、言葉の問題や生活習慣の違いから、うまくコミュニケーションが取れないため、地域で孤立することも少なくない。中国残留邦人等が地域社会で安心して生活し、地域住民と共生していけるような仕組みを作っている。

・広報活動

年1回10月～11月に、大阪中国帰国者センター内で「中国残留邦人等への理解を深める集い」を開催している。民生委員、自治会会長、老人クラブ会長、帰国者介護支援業者、ケアマネジャーなど、地域福祉の中核を担う人々や地域住民を対象としている。中国残留邦人等が置かれている立場、歴史背景、現状説明、中国残留孤児及び家族の体験談、帰国者介護支援経験者体験発表が行われている。内容は大阪中国帰国者センターの帰国者支援活動紹介、支援関係者の体験及び支援団体との取組発表、中国帰国者支援・交流センター等の活動紹介等である。残留邦人等の写真展・パネル展や啓発グッズの配布もある。多文化交流（日本・中国の歌、広場ダンス、中国料理など）活動を通じて、帰国者と交流を行っている。

・巡回出前活動

5月から年に2回以上行っている。開催場所は大阪市内を中心としている。これまでの内容としては、柴島高校桜祭りに参加、難波宮跡公園で大阪市・中国領事館共催「中秋明月祭大阪」に参加、柴島高校文化祭に参加、心に人権の花を東淀川区民のつどいに参加、淡路地域在宅サービスステーションひざし祭りに参加、中国春節祭 in 大阪天王寺に参加などがある。太極拳、広場ダンス、中国楽器演奏の披露、写真展・パネル展示また中華料理や中国茶の出店も行うことによって、中国文化を紹介し理解を深めることを行っている。

・支援リーダー1名を配置

職務内容は、各地域における様々な交流活動の把握・情報提供、中国残留邦人等のニーズの把握、活動主体や地域住民との調整を図る、イベントの企画・実施についての助言、必要に応じて祭りや交流活動などの資料の翻訳依

頼・配布など、地域の交流事業等に気軽に参加できるように積極的に支援するなどである。電話連絡会議を毎月1回行うほか連絡会議を2～3か月に1回行っている。

・交流クラス

　地域住民と交流しながら相互学習を行うものである。1時限目は、講師の指導及びテキスト内容に基づいて、地域住民が帰国者に日本語を教えながら、文化交流を深める。2時限目は、1時限目と同様に、帰国者が地域住民に中国語を教える。3時限目は、自由活動。多種多様な交流活動を行う。文化教室は、太極拳、自彊術（じきょう）、ラジオ体操、ヤンコ踊り、日本民踊、彫刻、折紙、布小物作り、中国の切り絵、浴衣の着方などを外部講師の指導で実施する。ボランティア清掃は、①月1回程度、市営バスの柴島・東淡路区間、センター周囲の清掃を行う、②月1回程度、井高野集会所周囲の清掃を行う。生活指導は、公営住宅団地での注意事項、ゴミの分別、日本の医療制度、防犯と交通事故防止、防火と避難訓練、介護保険、生活保護と支援給付との違い等の指導において、自治会、住宅管理センター、区役所福祉センター、警察署、消防署、市役所等との連携を強化する。食文化交流は、正月のおせち料理、春節の餃子作りなど日本料理と中華料理の食文化交流も行う。

コース	内容および時間等
柴島交流クラス	帰国者と地域の方と中国語を勉強したり日本語を勉強したりして文化などの理解を深める。時間は毎週水曜日13:00～15:00。定員は30名。
広場ダンス	広場ダンスなどを練習し、大きな舞台出演もある。時間は毎週火曜日10:00～12:00。定員は20名。
合唱クラブ	歌を練習する。舞台発表のチャンスもある。時間は隔週火曜日13:00～15:00。定員は20名。
運動クラブ	太極拳や体操をしたり、卓球をしたりする。体を鍛えるばかりではなく交流のチャンスにもなる。時間は隔週火曜日13:00～15:00。定員は20名。
パソコンクラス	パソコンに関する知識を学ぶだけではなく、地域の方との交流を深める。時間はパソコン交流クラス①毎週月曜日が13:00～15:00、パソコン交流クラス②が毎週木曜日13:00～15:00。定員は10名。

井高野交流クラス	帰国者と地域の方と中国語を勉強したり、日本語を勉強したりして、文化などの理解を深める。時間は毎週木曜日 13:30 〜 15:30。定員は 20 名。
平野交流クラス	帰国者と地域の方と中国語を勉強したり、日本語を勉強したりして、文化などの理解を深める。時間は毎週金曜日 10:00 〜 12:00。定員は 20 名。
平野太極拳クラス	プロと一緒に練習する。時間は毎日 8:30 〜 9:30。定員は 20 名。

・自立支援通訳等派遣事業及び総合相談窓口事業

　中国残留邦人等は長期にわたり帰国がかなわず、言葉や生活習慣等の相違から定着先の地域社会において様々な困難に遭遇している現状を踏まえ、地域において安心した生活が送れるよう支援するものである。①自立支援通訳の派遣、就労相談の実施、巡回健康相談事業、②総合相談窓口の設置がある。なお、後述の中国帰国者支援・交流センターのホームページの「関連機関・団体／支援団体等／大阪府」に大阪中国帰国者センターの紹介があり、次のように記載されている（一部要約）[7]。

　大阪中国帰国者センターは、残留日本人孤児の肉親捜しから出発した組織で、国がとりかかる前から帰国援護と日本語指導の事業を行い、昭和 61 年 12 月から大阪中国帰国者定着促進センターの日本語指導部を、また昭和 62 年 12 月からは大阪府中国帰国センターの日本語教室の業務も引き受けている。そして、平成 18 年 4 月からは、厚生労働省の方針による業務一本化で、生活指導部としての業務も引き受け、定着促進センターの業務全般を行ってきたが、定着促進センターの委託事業は、平成 20 年 4 月をもって終了した。しかし、自立研修センター日本語指導部は、継続して委託され運営し、平成 21 年 4 月から、自立研修センターの業務全般を委託され、運営をしていたが、平成 25 年 4 月をもって終了した。

　これまでの経緯から現在も、国費帰国者に限定せず自費帰国者をも可能な限り受け入れ、国費帰国者と同様に指導している。また、日本語指導に加え、日本の生活に必要な知識や心得を教えるなどの生活指導も行っている。加えて、新しい支援策に伴い平成 20 年 4 月から大阪市の委託を受け、大阪市在住の中国残留邦人に対して 6 名の支援・相談員を常駐させ、支援相談事業

を行っている。平成22年から地域支援プログラムとして、日本語再学習、地域の人との交流クラスを開講。平成23年度は、新たにパソコン教室、訪問事業の井高野交流クラスを開講、そして電話相談業務を開設した。平成26年度は、巡回出前交流活動を開始し、平野区長吉出戸太極拳交流クラスを開講した。平成31年度は、平野交流クラスを開講し、自立支援通訳派遣事業も行うことになった。

（2）中国帰国者支援・交流センター

中国帰国者支援・交流センターは、大阪府のホームページの内容を要約すると、以下のようなものである[8]。

中国帰国者支援・交流センターでは、全ての中国残留邦人等永住帰国者を対象に、日本語学習支援や相談事業、地域社会から孤立しがちな帰国者やその家族に地域の人々との接点の場を提供し、社会的な自立を促すための交流事業等を行っているほか、各自治体が実施する地域生活支援事業に対する助言・協力等の支援を行っている。実施事業は、日本語学習の支援、日本語学習支援の遠隔学習課程にかかるスクーリングの実施、生活相談事業、交流事業などがある。大阪府内居住の中国残留邦人等とその家族への支援は、近畿ブロックの中国帰国者支援・交流センターにおいて実施している。

また、中国帰国者支援・交流センター（近畿センター）の資料およびホームページの内容を要約すると、以下のようなものである[9]。

帰国者各世代の問題が多様化、長期化する中で、帰国者が日本社会で安心、安定した生活を送っていくためには、中長期的視点から帰国者を支援していく必要がある。そこで、日本全国に定住する帰国者を中長期的に支援していく機関として、平成13年11月、国からの事業委託を受けて、首都圏（東京）と近畿（大阪）に中国帰国者支援・交流センターが開設された。現在、全国の主要都市7か所に中国帰国者支援・交流センターが開設されている。中国帰国者支援・交流センターは、帰国者とその家族が、周囲の人とのつながりの中で、それぞれの世代にふさわしい自立を実現できるよう、日本語学習支援事業、交流事業、地域支援事業、生活相談事業、介護支援事業、情報提供事業（首都圏センター）、普及啓発事業などを行っている。

中国帰国者支援・交流センターの主な事業には、①帰国者に対する日本語学習・交流支援事業、②帰国者の支援者に対する支援事業、③生活相談、就職援助事業、④情報提供、普及啓発事業、⑤介護支援事業がある。

帰国者に対する日本語学習・交流支援事業は、帰国直後の初期集中研修（首都圏センターのみ）、永住帰国直後の入寮制の日本語・日本事情研修（6か月間）、定着後の自立研修（首都圏センターのみ）、定着後の日本語・日本語事情研修（1年間）からなる。帰国者の支援者に対する支援事業は、定着地で生活をする帰国者から寄せられる、日本語、就労、医療、介護、生活全般等の相談受付がある。生活相談、就職援助事業は、地域支援、地域生活支援推進事業として、自治体、支援団体、NPO等と連携し、帰国者の居住地域に支援の輪を広げるためのボランティア研修を開催したり、各地域の帰国者支援活動を側面から支援したりするものである。情報提供、普及啓発事業は、帰国者向け生活情報誌の発行（首都圏センターのみ）、ホームページの運営（首都圏センターのみ）、一般市民を対象とした「帰国者への理解を深める集い」の開催、次世代の語り部育成（首都圏センターのみ）、一世世代の体験を語り継いでいくための研修の実施、中国残留邦人等についての普及啓発用のパネルなどの貸し出しがある。介護支援事業は介護サービスの利用にあたって、中国帰国者が少しでも安心して介護サービスの場に馴染んでいけるよう、中国語による語りかけを行う「語りかけボランティア」訪問事業を行う。

近畿センターでは、日本語学習支援事業、交流事業、ボランティア団体との連携及び支援が行われている。日本語学習支援としては、各コース1週間に1～2回開講していて、帰国者は仕事をしながら、初級から上級の日本語を学習している。また、梅田教室ではキャリアアップ支援が行われていて、学んだ日本語を生かしてパソコンについて学んでいる。交流事業では、帰国者相互、帰国者と地域住民との交流支援を実施している。ボランティア団体との連携及び支援は、各地でボランティア研修会を開催している。

第4節　国会における議論と考察

　中国残留邦人の支援について、日本政府のこれまでの取り組みをまとめたものとして、例えば平成17年3月22日参議院総務委員会での厚生労働大臣官房審議官答弁があり「帰国した中国残留邦人に対しては、厚生労働省としては、これまで関係省庁、地方自治体等と連携して、いわゆる帰国者支援法に基づき日本語教育なりあるいは就労支援あるいは国民年金の特例措置といった措置を講じてきた」としている[10]。

　なお、国会における答弁作成は、次のような過程を経る。議員から質問が通告された場合、これを受けた府省では、どの部局が答弁を作成するか決め、そこに質問内容を伝え、当該部局において答弁書の原案が作成される。答弁書の原案に対しては、総務課や内容に関わる部局からも意見が出され、答弁内容の決定に向けて調整が行われる。他の府省にも関わるものについては、当然、当該府省とも答弁内容の調整が行われる。答弁者はこれら事前に用意されたものに基づいて答弁している。実際には、質問通告のない内容も皆無ではなく、あるいは必要に応じて答弁者がその場で咄嗟に答えることもあるが、概ね、答弁内容は府省としての意思決定を経ているものと考えられる。

　以下、自立指導員（旧・引揚者生活指導員）・就労相談員等の国会における議論について論点ごとにまとめると、次のようになる（一部要約）。

1. 引揚者生活指導員の新設

・昭和52年度から引揚者生活指導員制度が発足。
・早く中国から帰国した人が中心で、中国語、日本語ができる、心情も十分理解できる。
・日本語の習得、生活習慣、就労斡旋（あっせん）などいろいろな指導。
・福祉のいろいろな制度の活用についても相談に応じて助言・援助。
・中国と日本とは生活習慣が違う、日本の生活に早くなれてもらう（適応の観点を重視）。

第1章　中国残留邦人等に対する相談援助活動の歴史的展開と現状　25

・だんだん指導員の数が多く要求されるようになり、若い人もその職についている。

　昭和52年3月11日衆議院予算委員会第三分科会で、厚生大臣は厚生省所管関係予算の主要な事項についての説明の中で「遺骨収集、戦跡慰霊巡拝の実施、さらに沖縄に戦没者墓苑を建設する経費のほか、引揚者生活指導員を新設して中国等からの引揚者に対する援護措置の拡充を行うこととした」としている[11]。引揚者生活指導員に関して国会の質問答弁で明示されたのはこれが最初である。

　昭和53年3月17日衆議院社会労働委員会では「昭和52年、政府の回答があるが、政府が予算3千万円ぐらいつくって生活指導員を置くとか、いろいろあった。対象は、孤児だけでなくて全部の人か」「生活指導員の人が総括的な相談相手になって、いろいろ言葉の問題とか就職の問題、住宅の問題、そういうことを援助するのか」という質問に対して、厚生省援護局長は「引揚者生活指導員が個別のケースについて生活指導あるいは習慣あるいは言葉、それから就職、そういった指導をしているが、中国からの引揚者全体を対象にして、そういう仕事をしている」「引揚者生活指導員の仕事は、まず中国と日本とは生活習慣が違うが、日本の生活に早くなれてもらうためには、その生活習慣についていろいろ指導するとか、あるいは日本語の習得について、これらの人はかつて早く中国から帰国した人が中心で、中国語、日本語ができるし、また、そういった人の心情も十分理解できる人だろうと思う。就労についていろいろ世話する、それから福祉のいろいろな制度の活用についても相談に応じて助言、援助することを期待している」と答弁している[12]。

　この当時の引揚者生活指導員が戦後早い時期に中国から引き揚げてきた人が中心であったことが明らかにされているほか、生活習慣の指導や日本語の指導が主な任務として始められたことが分かる。生活の指導や日本語の指導は現在に至るまで続いている任務である。

　昭和53年3月17日衆議院社会労働委員会では「生活指導員は現在何名いるか」「今後、日中友好により相当数の帰還者があると思うが、その際に生活指導員の増員は可能か」という質問に対して、厚生省援護局長は「引揚者生活指導員は、それぞれ帰国した世帯につくが、現在64世帯につけている。指導員の数は

44名である」「引揚者生活指導員の制度は昭和52年度から取り入れて7月から実施している。今後、帰国する世帯、人については引揚者生活指導員をつけて、いろいろな生活の面にわたる指導、援助をしていく」と答弁している[13]。昭和53年3月23日衆議院社会労働委員会の厚生省援護局長答弁では「定着地における援護は、今年度から、引揚者生活指導員により生活指導とか、日本語の習得あるいは就労のあっせん、あるいは福祉制度の活用への助言指導、そういったことをマン・ツー・マンでする」とされている[14]。

昭和52年7月から実施された引揚者生活指導員制度は、日本での生活に慣れ生活を確立するため、日本語習得指導、生活習慣指導のほか、就労斡旋、福祉制度の活用指導といった幅広い分野で引揚者の相談に応じることとしていたことが分かる。

2. 業務内容

・社会生活、日本における生活になるべく早く適応してもらいたい。
・日本語をどのように効果的に早く覚えるかということは、現在大変大きな問題である。
・所沢の定着促進センターで4か月の集中的な言語教育・生活慣習の教育をする。ただし所沢のセンターでは全部標準語であるから方言で苦労する。
・地元へ帰ってからは、生活指導員を派遣して相談相手になる。
　⇒ 月に4回、当初の1年間、家庭訪問。

自立指導員（旧引揚者生活指導員）の詳しい業務内容やその頻度については、次のような質問答弁がある。

昭和56年4月9日衆議院社会労働委員会では「中国からの引揚者が帰って、うちに落ちついてから後もいろいろと生活の面あるいは言葉の面で不自由な問題があろうかと思う。社会生活、日本における生活になるべく早く適応してもらいたいという意味合いで、引揚者生活指導員、これは引き揚げてきた人々のOBで、引き揚げ後の経験を積んでいる人々を選び、そういった人々に生活指導員になってもらい、月に4回、当初の1年間そういった引き揚げ者の家庭を訪問してい

ろいろ生活指導あるいは言葉の問題、就労指導をやってもらうことをしている。帰って来て、どこか就労したいということで職業訓練を受けたい人のためには、引揚者の職業訓練をする職業訓練の協力校に対して生活指導員を派遣する」「厚生省としてはうちに帰ってから月に4回そういった引揚者のOBの人々、もちろんこういった人々で中国語はわかるが、中国語、日本語のわかる引揚者のOBの生活指導員を派遣して、一日も早く日本の社会生活に適応するような面での努力をしてもらっている」「個々の引揚者については、生活指導員などを派遣して語学の習得をしてもらう」という厚生省援護局長の答弁がある[15]。この当時、月4回の割合で1年間派遣されていたこと、引揚者の職業訓練をする職業訓練の協力校に生活指導員が派遣されていたことが特徴的である。昭和57年3月18日衆議院社会労働委員会でも「引揚者家庭へ生活指導員、これは多くの場合には引揚者の先輩であるが、派遣していろいろ指導をする」と厚生省援護局長が答弁している[16]。

　昭和57年3月31日参議院社会労働委員会では厚生省援護局長が「残留孤児を含めて、中国から日本に引き揚げた人たちには、少し言葉ができるようになれば、職業訓練とか、生活指導員を家庭に派遣していろいろ援護をする」「日本語をどのように効果的に早く覚えるかということは、現在大変大きな問題である。引揚者の家庭へ生活指導員を派遣している。これはほとんどの場合が引揚者の先輩である。したがって、中国語もできるし、日本語もできるようになった人々、それを週に1回派遣して、いろいろ相談事に応じている」と答弁している[17]。昭和57年4月6日国会衆議院地方行政委員会でも厚生省援護局業務第一課長が「現在、引き揚げてきた人々については相談員を派遣して、いろいろな相談に乗ることをしている」と答弁している[18]。昭和57年8月3日参議院社会労働委員会で厚生大臣は「引揚者が定着先において一日も早く自立して社会経済活動に参加するために、日本語の教育、日本の生活になれるための生活指導がきわめて大切であることは、言うまでもない。厚生省としても、日本語の習得のための語学教材の支給、それから生活指導員の派遣等の定着援護施策を行ってきた」と答弁している[19]。

　昭和59年8月7日参議院社会労働委員会では厚生省援護局長は「定着化対策は、ことしの2月に所沢に定着促進センターを設けて、そこで4か月の集中的な言語

教育なり生活慣習に対する、指導を行っている。そのほかに、そこを終わり地元へ帰ってからは、生活指導員を派遣して相談相手になる」と答弁している[20)21)]。昭和59年2月に定着促進センターが開所されたことにより、そこでの教育・指導と生活指導員派遣による指導の二段構えになったことが分かる。昭和60年4月10日衆議院文教委員会で厚生省援護局業務第一課長は「中国帰国孤児定着促進センター退所後は、孤児世帯に対して引揚者生活指導員を派遣する」と答弁している[22)]。昭和60年4月18日衆議院社会労働委員会では委員が「4か月間の中国帰国孤児定着促進センターでの教育が終わったら、国の責任はそれで終わり。あとは都道府県やボランティアである生活指導員などに任せられてきた」と質問の中で触れている[23)]。

一方で、昭和60年5月23日参議院内閣委員会で厚生省援護局業務第一課長は「中国帰国孤児対策促進センター退所後は、各世帯に引揚者生活指導員を派遣して、生活指導に当たっている」[24)]と答弁していることからも分かるように、センター退所によって単純に国の責任が終わっているわけではないことも明らかである。昭和61年2月17日衆議院予算委員会で厚生大臣は「国の委託事業として、中国帰国孤児定着促進センター修了後の生活指導員による生活指導とか、あるいは日本語指導などを積極的に進めている」と答弁している[25)]。4か月間の中国帰国孤児定着促進センターでの生活をした後に退所し、その孤児世帯に対しては引揚者生活指導員による生活指導・援助が進められていたことが分かる。

そこで具体的に引揚者生活指導員がどのような活動をしていたか、あるいは身元引受人との役割分担がどうかも問われる。昭和61年3月25日参議院社会労働委員会では委員から「生活指導員はどういう具体的役割で活動しているのか」「センターに入って、あるいは出てからということでは対応が遅い。センターに孤児がいる間に生活指導員を決めて、住宅や子弟の教育、落ちつき先の必要となるような手続を定着センターから出るときに決めるのではなくて、もう来ているときからそういうふうに先手先手でいくことが自立や定着を促進すると思う」という質問がされている。これに対して厚生省援護局長は「センターを卒業して落ちつき先に落ちつく、それから生活指導員が当然孤児世帯につくが、その役割分担は一律的な指示をしていなくて、一生懸命やるところもあればおざなりにやるというところで、やはり生活指導員の業務内容を明確化する、特に身元引受人と

いう、未判明孤児に生活のコンサルタントとして身元引受人ができたので、これとの関連でも生活指導員との役割分担を明確にすべきだという指摘が非常にふえてきたので、この生活指導員の役割分担の明確化を図り、昨日の主管課長会議でそれを指示した。センターに4か月間入っているが、3か月目に入った時点で、落ちつき先の都道府県にこういう家族構成の孤児世帯が帰るという連絡をするので、その時点で都道府県はその受け持ちの生活指導員を決めて、県はその生活指導員を使い、センターを卒業して帰ってきた場合に、公営住宅に入る、いわゆる住宅の確保に支障のないような手配その他をさせる、あとは子供の就学の手続をさせる、あるいは生活保護を早急に受けられるような事前の準備をしておく、帰ってきた後は就職に向けての働きかけをすると、もろもろのことを、帰ってくる前、それから帰ってきた後のそれぞれの時期に分けて、具体的に生活指導員のやるべき仕事の内容を昭和61年3月24日に指示した」「センター入所中に生活指導員を決めて先手先手に手が打てるように指示をした」と答弁している[26]。

ここでは、生活指導員の役割として、公営住宅入居など住宅の確保、孤児世帯にいる就学年齢の者の就学手続、生活保護受給準備、就職への働きかけ、という一連の流れに沿った援助が挙げられている。これと同じ趣旨の厚生省援護局長答弁は昭和61年4月10日衆議院社会労働委員会でなされている。すなわち「都道府県の孤児に対する定着促進の取り組みにばらつきがあり、これが全部足並みをそろえた態勢をとらせることは最も重要であり、そのためには都道府県が行うべき仕事、都道府県知事が委嘱してその手足となって動く生活指導員の業務内容を明確化する。センターにいるうちから早目早目の施策を講ずべきで、センターに4か月いるが、その3か月目に入ったところで落ちつき先の都道府県にこういう孤児世帯が帰るという連絡をして、県はそこですぐに担当する生活指導員を決めて、孤児が戻ってくるまでの間に公営住宅その他の住宅の確保をする、あるいは子供の就学の手続をとらせる等の受け入れの準備をするように、昭和61年度からそういう態勢をとるように強く指示した」というものである[27]。ここでは「強く」指示したことが強調されている。先手先手ないし早目早目の準備・対策が必要であることを政府側が自覚しているといえる。

この後も同じ趣旨の答弁がなされている。昭和61年10月22日衆議院法務委員会で厚生省援護局庶務課長は「閣議決定に基づく引き揚げ援護の体系の中で

は、基本的には外国から日本に帰る旅費、それから国内に着いたときの帰還手当が中心である」としつつ「孤児についてはそういうことに加えて、さらに現地に居ついた場合にいろいろ生活の指導をする必要があるということで、生活指導員の派遣をする」と答弁している[28]。昭和63年4月22日衆議院決算委員会では、厚生省援護局庶務課長が「定着自立対策を強化するために、昭和63年度においては4か月の定着促進センター修了後のアフターケアを充実しようということで、全国15の都市に自立研修センターを設置して、またあわせて生活指導をする自立指導員制度を充実した。日本語教室は、地域社会において通所しながら生活に密着した実践的な日本語指導を行うことにしたい。生活相談あるいは生活指導は、定着自立のための生活指導に熟知した相談員を常駐させて種々の相談に応ずるとともに適切な指導を行いたい」と答弁している[29]。ここで現在まで続いている名称である「自立指導員」制度が登場している。また、「生活相談あるいは生活指導は、定着自立のための生活指導に熟知した相談員を常駐させて種々の相談に応ずる」というように「常駐させて」というこれまで出ていなかった表現がここで登場している。

　平成に入ってからも同様な答弁は続き、平成2年4月27日衆議院予算委員会で厚生省援護局長は「孤児の帰国援護の制度は終戦前から中国に居住している者が本邦に初めて永住帰国する場合の引き揚げ援護として実施している。本来孤児本人を援護の対象にしているが、扶養関係を考慮して、その同伴する扶養家族はこの援護の対象にしている。具体的には、孤児が同伴する一定範囲内の家族、例えば配偶者、20歳未満の未婚の子、これらについては従来より帰国旅費の負担あるいは自立指導員の派遣、自立支度金の支給等の援護を実施しているが、孤児が永住帰国後に呼び寄せる二世世帯、これはいわば成人に達した中国国民で、こういった世帯等は、終戦後も引き続き海外に残留した日本人を対象とするこの帰国援護の制度にはなじまないのではないかと考えている」と答弁している[30]。

　前出の昭和61年3月25日参議院社会労働委員会でも子供の就学手続きのことが触れられているように、援護対象者に孤児の扶養家族の中の20歳未満の未婚の子が含まれている。平成2年5月31日の衆議院社会労働委員会でも厚生省援護局長は「残留婦人が永住帰国する場合には、原則として中国から帰国する孤児と同様に帰国旅費の国庫負担、自立支度金の支給、自立指導員の派遣、公営住

宅等への優先入居、就職のあっせん等の援護を行うほか、一時帰国する場合にはその旅費を国庫負担する措置を講じている」と答弁している[31]。

　平成4年4月15日衆議院厚生委員会で厚生省援護局長は「中国残留婦人が永住帰国を希望する場合、孤児の場合と同様に、中国の居住地から日本の落ちつき先までに要する旅費の援護、それから自立支度金の支給、それから落ちつき先における自立指導員の派遣といったようなことを行っているほかに、公営住宅への優先入居、それから就職のあっせん等、関係各省及び自治体においても各種の援護施策を講じている」「帰国孤児世帯に対しては、今は定着促進センターでの4か月間の入所研修、それから定着地における自立研修センターでの8か月の通所研修を行っていて、さらに帰国後1年間、そういうものを通じて日本語指導、生活指導、就労指導等を行っているほか、自立指導員の派遣、自立支援通訳派遣事業、それから巡回健康相談事業などを実施して、自立支援体制の整備に努めている。帰国孤児等の安定した就労を促進するために、平成4年度から自立研修センターに配置した就労相談員による個別相談事業の充実を図るほか、就労後1年間定期的に職場を訪問して指導等を行う就労安定化事業というのを新たに実施する」と答弁している[32]。ここでは平成4年度に始められた自立研修センターに配置される就労相談員による個別相談事業が掲げられているのが目新しい。これと同趣旨であるものが平成4年5月19日参議院厚生委員会での厚生省援護局長答弁であり「永住帰国を希望する残留婦人に対して、従来から帰国孤児と同様に自立指導員の派遣として日本語や生活習慣等の相談、指導を行うという施策、それから自立研修センターや日本語教室等において日本語の指導を行うというような施策を講じている」というものである[33]。

　平成5年4月14日の衆議院厚生委員会で厚生大臣官房審議官は「帰国孤児等の定着促進は、引き続き重要な課題と考えている。帰国後3年間は、日常生活上の相談、各種指導等を行う自立指導員を派遣しているほか、自立支援通訳、これは病院に行ったり、やや難しい言葉を要する場合等に使う、そういった施策を講じて、一日も早く日本の生活に適応できるよう、自立支援体制の整備に努めている」「残留婦人等の帰国援護に関しては、帰国旅費を支給するとか、あるいは日本に帰ってくる場合の落ちつき先における自立指導員の派遣を行うといった基本的に残留孤児と同様の施策を講じてきた」と答弁している[34]。ここで自立支

援通訳の具体的職務内容として病院への付き添いとそこでの通訳が明らかにされている。平成5年11月8日参議院決算委員会においても内閣官房長官が「関係省庁、地方公共団体ともに希望者の早期帰国が実るようにさまざまな援護努力をしている。厚生省では帰国旅費等の支給あるいは自立指導員の派遣等の問題もある」と答弁している[35]。

平成9年3月25日参議院厚生委員会では委員の質問の中で「戦時死亡宣告された人の取り消しの問題であるが、家庭裁判所で審判が下るまでには、弁護士の紹介、家裁への同行、いずれも身元引受人あるいは自立指導員が面倒を見なければならない」という発言がある[36]。これまで、自立指導員についての議論の中で、戦時死亡宣告がされた人の取り消しにあたって家庭裁判所で審判が行われる際、自立指導員や身元引受人が弁護士を紹介したり家裁へ同行したりすることは取り上げられていなかったが、ここで初めて実情が取り上げられている。

平成10年代以降も、自立指導員の活動は取り上げられている。平成10年3月19日参議院国民福祉委員会では質問の中で「自立指導員の業務内容は、厚生省の文書によると、永住帰国者等の日常生活の諸問題に関する相談に応じて必要な助言、指導を行う。場合によっては窓口に同行して、福祉事務所など公的機関との緊密な連絡を保って仲介役をする。また、日本語の指導、日本語教室及び日本語補講についての相談及び手続の介助を行う。職業訓練施設で受講している永住帰国者等の諸問題に関する相談に応じて必要な助言、指導を行うとともに、円滑かつ効果的な職業訓練が行われるよう援護措置を講じ、もって技能習得後の雇用安定が図られるよう配慮するものとする。自立指導員の仕事は大変重要な内容である」という指摘がある[37]。

平成12年3月9日参議院予算委員会で厚生大臣は「中国残留邦人の高齢化が進んでいることも踏まえて、今後とも希望者の円滑な帰国の促進を促すとともに、定着促進センターや自立研修センターにおける研修、指導や自立指導員の派遣など、帰国者のための受け入れ体制を確保し、関係省庁との連携や公共団体の協力を得ながら帰国者の日本における早期の自立及び生活の安定を図っていきたい」と答弁している[38]。平成15年3月26日参議院厚生労働委員会で厚生労働省社会・援護局長は「中国残留邦人は、定着先の自立研修センターで語学研修であるとか就労相談であるとか生活相談などする。あるいは各家庭に自立指導員等

を派遣して日本語教育、生活指導、就労指導をしている」と答弁している[39]。

平成17年3月22日参議院総務委員会で厚生労働大臣官房審議官は「帰国した中国残留邦人に対しては、自立指導員という専門の、専属の指導員を付けて指導しているし、自立支援通訳も派遣して、日常生活に不便がないようにしている。自立支援通訳は、来年度予算においては、介護、医療サービスを受ける場合については期間制限を外すという拡充策を講じている」と答弁している[40]。

なお、平成20年4月より中国残留邦人に対して新たな支援策が開始された。翌平成21年度には、自立指導員の派遣期間の制限（定着後3年間）も撤廃された[41]。ただし、一部の地方公共団体では、現在でも、例えば「県が実施する定着後3年以内の主な援護業務」に「自立指導員、自立支援通訳の派遣」と明記しているものもある[42]。

3. 言葉の指導

- 大抵の場合、引き揚げ者の先輩が引揚者生活指導員となる → 事実上の日本語教育。
- 日常指導の中で最低必要な日本語を教える。
- 日常会話の指導だけでは就職に結びつく実用性のある日本語運用能力の習得には結びつきにくい。
- ある程度数のまとまったところは夜間の日本語学校も開設。

引き揚げてきた残留邦人にとって、言葉の相違は日本社会に適応するうえで大きな障壁となっている。これまでも、自立指導員の業務のうち、日本語指導は大きな割合を占めてきた[43]。日本語指導に関しては次のような質問答弁がある。

昭和56年4月9日衆議院社会労働委員会で厚生省援護局長は「生活指導員を1年間、月に4回ずつ派遣している。生活指導員は、引揚者のOBで、日本語、中国語両方の言葉が話せる人たちを選んでいて、こういう人たちによっても日常会話の教習を十分するようにしている」と答弁している[44]。昭和57年4月6日衆議院内閣委員会で厚生省援護局長は「落ちついた先の家庭に生活指導員を派遣して、日本の生活になれるように、これは大抵引き揚げ者の先輩をお願いしてい

るので、中国語もできる人であるので早く日本語を覚えるような事実上の日本語教育もここで行っている」[45]「引揚者、孤児を含めた引揚者には生活指導員を配置している。この人たちには引揚者の先輩を充てているので、日常指導の中で最低必要な日本語を教えることにしている」としている[46]。一方、このときの委員質問の中で「生活指導員を行かして、その生活指導員は引揚者の先輩だから日常の会話ぐらいはできる。それは日常の会話ぐらいは、こんにちはとか、おはようとか、ありがとうとか、これは幾らか、これぐらいの会話ができたのでは、とてもでないが就職しようといってもできない」と指摘している[47]。生活指導員は引揚者OBであることから当然ともいえるが、日本語・中国語の両方が話せる人が選任されているのである。特に帰国当初は、邦人といえども、日本語を話すことができない、あるいは幼少期は日本語を話していたが成人する過程で久しく日本語を使用することなく生活し、ほとんど忘れてしまったという人を対象とするから、両国の言葉を話すことができる人が必要とされると考えられる。一方で、引揚者生活指導員による日常会話の指導だけでは就職に結びつく実用性のある日本語運用能力の習得には結びつきにくいことも明らかである。

　ただし、日本語指導は生活指導員のみによって行われるのではなく、引揚者関係団体にも委託されていた。昭和57年3月1日衆議院予算委員会第三分科会で文化庁文化部国語課長は「中国引揚者に対する日本語の指導は、引き揚げ援護や生活指導の一環として、主として各都道府県の窓口を中心に直接にあるいは引揚者関係団体に委託したり、生活指導員によって行われている」と答弁している[48]。

　引揚者生活指導員（自立指導員）による日本語指導が行われてきたが、その頻度を上げる必要性も指摘されてきた。昭和61年3月25日参議院社会労働委員会では「生活指導員という話があったが、落ちついた先でも日本語の補講を行うような体制を検討する方がよいのではないか」と質問されている[49]。昭和61年4月10日衆議院社会労働委員会では厚生省援護局長が「社会に定着するにはやはり日本語の補講が必要である。その補講を行うために、本年度から生活指導員の月4回分を7回分にして、その3回分を語学の補講に当てるように家庭に派遣するなり、例えば北九州のようにある程度数のまとまったところは夜間の日本語学校も開設してもらって、そこに集めて、生活指導員の名において講師として日

本語の補講をし、一日も早く自立できるようにやるこの補講体制をつくった」と答弁している[50]。昭和61年5月13日参議院社会労働委員会でも「昭和61年度から従来の生活指導員の業務に日本語指導が加えられて、派遣日数も7回になる。しかし、これで万全の態勢と言えるのかどうか疑問である」という質問があり、厚生省援護局長は、「孤児の世帯に生活指導員がつくが本年度の予算で、その指導回数を月4回から3回ふやして7回にし、3回分は日本語の補講に充てるという形で、実社会における日本語の補講体制を強化していくという方向に昭和61年度から踏み出している」「所沢のセンターを卒業した後での日本語の補講体制、特に生活指導員は全額国の委託費でしている事業である」[51]「所沢のセンターを卒業して1年以内に就職のめどをきっちりとつける、そういう方向で国も県も力を合わして生活指導員を使って対処していこうとしている」[52]と答弁している。

平成に入っても、平成3年4月23日参議院社会労働委員会では厚生省援護局長が「地域に入ってからは、自立研修センターで通所により自立指導員等が中心になって日本語の研修を行っている」[53]と、また、平成18年3月22日参議院厚生労働委員会で厚生労働大臣官房審議官は「中国残留邦人は永住帰国した後には、中国帰国者定着促進センターあるいは自立研修センターにおいて日本語教育等を十分に施す、また自立指導員等による日本語教育なり生活指導等を行う」[54]とそれぞれ答弁している。

4．派遣回数・年限とその増加・延長

- もともとは1年間、月4回派遣（週1回の計算）。
- 昭和61年度からは月7回、3回増加分は日本語の補講に弾力的に使ってよい。
- 昭和63年度からは3年目も実施。
- 自立研修センター未設置の都道府県や交通事情によってセンターに通うのが無理なケースに対しては、1年目の自立指導員の派遣回数をセンター通所世帯よりも3回多い月7回。
- 日本人として日本社会への適応を目的とし、3年経過後は、なお自立が困難な人々に対しては一般の社会福祉制度などにより対処することとされていた。
- 平成21年度からは自立指導員の派遣期間の制限（定着後3年間）が撤廃。

自立指導員（旧・引揚者生活指導員）の派遣回数の増加や派遣される年限の延長は繰り返し要望がなされていて、国も平成20年度に至るまで増加・延長の方策をとってきた。

昭和58年3月3日衆議院予算委員会で厚生大臣は「生活指導員は、帰国後原則として1年間派遣、月4回が大体の骨子である」と答弁している[55]。昭和58年3月4日衆議院予算委員会第四分科会で厚生省援護局長は「地方自治体を通して生活指導員を1年間派遣する」[56]「自治体に補助金を支出して、自治体で生活指導員を置く。しかしこれも予算に限りがあるので、1年間ということで生活相談におもむく状況である」[57]と答弁している。昭和58年3月7日衆議院予算委員会第四分科会で厚生省援護局長は「帰還手当その他の支給以外では、都道府県に補助をして、1年間生活指導員をその世帯に派遣する事業をしている」と答弁している[58]。昭和58年3月24日衆議院社会労働委員会で厚生省援護局長は「都道府県には厚生省から助成をして、1年間生活指導員を派遣する事業をしていて、県のサイドでは熱心に、ときに1年を超えていろいろしている」と答弁している[59]。昭和59年7月25日衆議院社会労働委員会で厚生省援護局長は「帰国者の定着センターで4か月の研修を終わると、いよいよ肉親の地元に帰るが、そこでは生活指導員が1年間つき、週に1回ずつ生活相談に応じる」と答弁している[60]。昭和60年11月14日衆議院社会労働委員会で厚生省援護局長は「都道府県知事が委嘱している生活指導員が週1回孤児のところに回ってきて、公営住宅なり就職のあっせんなり職業訓練校への入校のあっせんなりする」と答弁している[61]。これらにおいて当時の引揚者生活指導員の派遣期間が1年間であること、厚生省が補助を行い都道府県の事業として行っていることが示されている。さらにこの1年間という制約について「予算に限りがあるので、1年間ということで生活相談におもむく状況である」とされている。昭和52年度から平成20年度まで32年間にわたって派遣期間が限定されていたが、一方で実際には「ときに1年を超えて」というように期限を超過して派遣されていた場合があることも分かる。

昭和59年7月19日衆議院社会労働委員会で厚生省援護局長は「4か月を終わりそれぞれ肉親のいる地域社会へ行くが、そこでは生活指導員がいて、その生活指導員は中国語も話せるが、そういう人が1年間、1週に1回ずつ訪問して、い

第1章　中国残留邦人等に対する相談援助活動の歴史的展開と現状　37

ろいろ相談を受けたり助言をする。今度新たに中国残留孤児援護基金という財団法人が、主として募金を目的として昭和58年発足した[62]が、そこの新しい事業として、昭和59年7月13日から生活相談室を設けて、残留孤児が困ったときに、具体的には金曜日を相談日に指定して、金曜日に電話を入れて、生活指導員はそこに金曜日には行って相談を受けるという、新たな施策も発足した」「生活指導員の指導についても、日本の体制というのはこういう体制だ、要するに努力しなければだめだ、という点は重点を置いて指導するように都道府県を指導している」と答弁している[63]。人員・回数に制約はありつつも、運用の工夫によってより実効性のある相談体制を構築しようとする取り組みが紹介されている。

　生活指導員の派遣回数の増加については次のようなものがある。昭和61年3月25日参議院社会労働委員会で厚生省援護局長は「初歩的な日本語の勉強と社会生活の習慣を学び取ることを支援するために、昭和61年度から生活指導員の派遣回数、現行月4回を3回ふやして7回とした。その3回分は日本語の補講に弾力的に使ってよいということを、昭和61年3月24日の主管課長会議で各県に指示をした」と答弁している[64]。昭和61年度から派遣回数が増やされたが、その増加分は日本語の補講に用いていることが示されている。

　3回増加したことについては、この後の政府答弁でも補足的に内容が付け加わっている。昭和61年3月28日参議院予算委員会で厚生大臣は「定着先の都道府県に連絡して、孤児世帯を担当する生活指導員を決定させ、孤児が中国帰国孤児定着促進センターにおける研修の修了までに生活指導員により、まず住宅の確保、それから日本語の補講あるいは子女の就学の準備などを進めて、定着先で速やかに落ちつくことができるようにしている。同センターの修了後の落ちつき先においては、孤児の落ちつき先での定着自立を促進するために厚生省が都道府県に委託している生活指導員を各家庭に派遣して、日常生活を営むための指導を行っていて、昭和61年度においては派遣の回数を月4回から月7回に大幅に増加して、これまでの生活指導に加えて日本語の指導も行うこととしている。また、職業訓練校にも生活指導員を派遣して、労働省サイドと密接に連携をとりながら孤児の就職とか自立のための指導を行っている」と答弁している[65]。

　派遣回数が7回に増加し自立指導員の研修制度も設けられたことについては次のようなものがある。昭和61年4月2日参議院社会労働委員会で厚生省援護

局長は「所沢の定着促進センターを卒業した後、それぞれ地域社会に散っていくが、その地域社会で孤児世帯の世話をする生活指導員があり、現在月4回指導に行っているが、その回数をさらに3回ふやして7回にした。特にその3回分は、センターにおける語学の勉強は初歩的なものであるので、実社会に入ってさらに実社会の経験的な日常会話の中で補講を強めていくということで、その3回分を日本語の補講に振り向けることを中心にしている。そのほか、生活指導員が的確な指導を行うように、その資質の向上を図るための研修制度も新規として設けている」と答弁している[66]。3回増加した部分は「実社会に入ってさらに実社会の経験的な日常会話の中で補講を強めていく」という趣旨であることが明らかにされている。従前、日本語の指導が十分ではなく指導回数を増やしつつ内容を充実させるという方向は繰り返し述べられている。

　昭和61年4月3日衆議院社会労働委員会で厚生省援護局長は「社会に出て実践的な言葉の勉強をする方がいいわけで、むしろ社会に出て、センターの4か月間の初歩的な日本語の勉強を踏まえながらそれをさらに伸ばすという形の補講体制を整備していった方が本当に身についた日本語になるということで、本年度の予算でその補講をするための生活指導員の指導回数を月4回から7回に3回ふやして、それは日本語の補講にすべて振り向けるという形で考えている」と答弁している[67]。3回の増加分について「社会に出て実践的な言葉の勉強をする方がいい」こと、「社会に出て、センターの4か月間の初歩的な日本語の勉強を踏まえながらそれをさらに伸ばすという形の補講体制を整備」することを意図していることを明らかにしている。

　昭和61年4月10日衆議院社会労働委員会で厚生省援護局長は「所沢のセンターを卒業して地方に行くと、所沢のセンターで習ったのは全部標準語で、地方に行くとまず方言にみんな戸惑ってしまう。ここで挫折するかどうかが非常に重要な点で、厚生省はそこを乗り越えて職場で実践的に日本語を体で覚えていくことがどうしても大事だと言っていて、その上で堪能な人が補講をしてやる。これは非常に相乗効果があるので、生活指導員の月4回、本年度からそれを3回ふやして、その3回分を、生活指導員として任命して、日本語の課程なり、あるいは数の多いところは日本語教室という形で夜間集めて補講をして実践的な日本語を身につけさせる方策を本年度から積極的に取り入れたい」と答弁している[68][69]。

政府が、自立指導員による個別的な日本語指導だけではなく、その代替として人数を集めて日本語教室を開き補講をして効果を高めることも考えていたことが分かる。昭和62年5月21日参議院内閣委員会では厚生省援護局庶務課長が「委託制度の充実で、61年度で考えたことを委託制度に振りかえて、国の事業を県に委託する形で実施する方向で、61年度の場合で生活指導員の派遣回数を7回にふやす形で、そのふえた回数を日本語教育等に当てる形で、充実を図ろうとした」と答弁している[70]。

昭和61年12月12日衆議院文教委員会で厚生省援護局庶務課長は「今年度から生活指導員の派遣回数を4回から7回にして、その3回分を主として語学指導に充てる。これは孤児の世帯の所在状況により、ばらばらにいるところへは家庭に出向いていろいろするし、1か所にまとまっている場合には、1か所に集まっていると同じ回数で何回分もできるという運用もできるので、そこは都道府県の状況に合わせて有効に使うことで委託をしている。生活指導員は、生活指導という名前をもう一歩、自立指導という形に実は名前も変えていこうと思っているが、派遣期間も1年を少し延長して、一応3年に延長するということで予算要求をしている」と答弁している[71]。ここで従来の引揚者生活指導員について自立指導員という名称に変更しようとすることと1年間を3年間への延長の構想が示されている。

なお、昭和62年5月26日参議院社会労働委員会で厚生省援護局長は「孤児で大変歳とった人で読み書きも不自由な人を例にとると4か月では不十分で、そういう人々は定着促進センターを卒業してから、落ちつき先へ行ってからの日本語の習得あるいは生活習慣の習得が大切で、そのためのアフターケアがむしろ重要であるから、自立指導員の派遣回数を61年度からふやしている、また、自立指導員の派遣期間を1年から2年に延長することも考えている」[72]と答弁し年限延長が再度触れられている。

自立指導員の派遣期間延長が実現し3年間となったことは繰り返し触れられている。昭和63年4月22日衆議院決算委員会で厚生省援護局庶務課長は「自立指導員制度の派遣期間を昭和63年度、3年目も実施することで拡充した。この自立指導員による日本語指導あるいは生活指導もあわせて進めていきたい」と答弁している[73]。平成2年5月31日衆議院社会労働委員会で厚生省援護局長は

「定着促進センターは帰国して4カ月間入所して研修を実施するが、その後は原則として、全国15か所の都市に自立研修センターを設置して、さらに8か月通所により日本語指導、生活指導、就労指導等を行って、さらに孤児の個別の指導に当たる自立指導員を定着促進センターを出てからさらに3年間派遣をするというふうな体制をとっている。また、15の都道府県においては生活相談室を設けて随時相談に応じる体制をとっている」と答弁している[74]。3年間に延長された理由について平成2年6月12日参議院社会労働委員会で厚生省援護局長は「地域社会への定着後さらに個々の事情によりいろいろな指導が必要かと考え、日本語指導、生活指導等を行う自立指導員を地域社会への定着後3年間引き続いて派遣している」と答弁している[75]。

自立指導員の派遣が3年間に延長された後も、その3年間の派遣回数・内容をさらに充実させる方向が示されている。平成4年5月19日参議院厚生委員会で厚生省援護局長は「自立研修センター設置都道府県であっても、交通事情によってセンターに通うのが無理だというようなケースあるいはセンター未設置の都道府県に定着する世帯も若干ある。そういった世帯に対しては、帰国1年目の自立指導員の派遣回数をセンター通所世帯よりも3回多い月7回として、重点的に派遣指導をする措置を講じて日本語指導、生活指導、就労指導の充実を図っている」と答弁している[76]。平成9年3月25日参議院厚生委員会で厚生省社会・援護局長は「定着後も3年間にわたり自立指導員をかなりの回数、この世帯、家庭に派遣して日常生活上のもろもろの相談に応じるケアをしている」「平成9年度の予算の中で中国残留邦人対策も幾つかの施策の拡充を図る。地域社会に定着した後、自立指導員がケアをしているが、その派遣回数をふやす」と答弁している[77]。

平成9年3月25日参議院厚生委員会では「自立指導員に聞くと、大体3年であるが、後は自分でやりなさいといっても、なかなかそうはいかないでいろいろな相談を続けて受けることが多いそうである。自立指導員の提案であるが、せめて府県に1か所ぐらい帰国者や家族が何でも相談できる、いわば駆け込み寺のようなセンターをつくってもらえないか、検討してもらえないかという声がある」という質問に対して、厚生省社会・援護局長が「永住帰国者は帰国後3年ぐらい経過したところで大半がおおむね日本の社会に適応できている状況であり、この

間は自立指導員を派遣するが、3年を経過した後は、経過した後もなお自立が困難だという人々に対しては一般の社会福祉制度等により対処する」と答弁している[78]。3年間自立指導員を派遣した後、なお自立が困難な人々に対しては一般の社会福祉制度等により対処することが明言されている。自立指導員の派遣が必要な期間に限られ、その後は一般的な社会福祉施策において行うべきことが示されているといえる。ただし、これらは平成20年度に中国残留邦人等に対して新たな支援策が開始されて以降、大幅に変更されている。

5. 弾力条項

・派遣期間が3年となった後も、弾力条項がより事情があれば3年以上延長してよい。

弾力条項については平成10年3月19日参議院国民福祉委員会において次のような詳しい質問答弁がある[79]。

まず質問で「最近20人ばかりの人に集まってもらい、話をきいた。ほとんどの人は自立指導員の通訳がなければ実情が通じない。例えば病院に行くときに大変だとか、あるいは子供の教育も大変、就労の問題も大変、いろいろ訴えた。養父母のお墓参りにも行きたいといういろいろな要望があったが、それは全部自立指導員の通訳を介してしか理解ができない。とりわけ、地域で生きていく上で一番問題なのは何かといえば、病気になったときに医師に病状が説明できない。そのときに自立指導員が身近にいればいいが身近にいない」「永住帰国者が自立指導員を派遣をしてもらう期間が限定をされている」というものがある。厚生省社会・援護局長は「自立指導員が発足した昭和52年は1年間であったが、帰国者の状況にかんがみ、随時拡大して今、原則3年までとなっている。しかし、3年を超えてもなお継続して派遣する必要がある世帯は延長することができることにしている」と答弁している。さらに委員から「弾力条項がある、事情があれば3年以上延長していいと。弾力条項があるが、その弾力条項を使ったケース、それは統計的に把握しているか」と質問され、厚生省社会・援護局長は「いま手元には持っていないが、必ずしも珍しくはない、相当あると承知している」と答弁し

ている。しかし、この制度が使いづらいのではないか・周知されていないのではないかということが指摘されている。すなわち、「この弾力条項は今かなりあると言ったが、実は統計的には把握されていない。この派遣期間を延長できるという弾力条項が十分活用されていないという問題がある。私が話した通訳をしてくれた自立指導員は、4年目以降は無償でボランティアで自立援助の活動をしている。つまり延長が必要なときに延長できるという制度は実は京都ではとられていない、知らないということを言った。なぜ弾力条項があるのに活用されていないか。厚生省のこの弾力条項は対策室長名で各県の担当者あての文書には確かに書いてあるが、その中身も延長するときには一々厚生省と協議をして、このケースはこういうことで延長したいという協議をしなさいということが義務づけられている。最初にこの人には自立指導員が必要であるという判断は都道府県知事の判断でいいとなっているのに、延長するときにはわざわざ一々厚生省との協議が義務づけられている、だから使いづらいことが一つの原因ではないか。厚生省自身が弾力条項があることを自立指導員や対象となる人々に知らせる努力をしていないのではないか。平成9年秋の自立指導員の研修会で配られた資料を見たが、どこを探しても弾力条項というものが見当たらない。自立指導員の対象は3年だと書いてある。各県にまた厚生省が社会・援護局長名で通知を出しているが、自立指導員の派遣等に関する実施要領という通知にも派遣は3年としか書いていないので、どこを探しても室長の通知以外には厚生省の文書の中に弾力条項が見当たらない。見当たらないということは、結局は制度としてはないということに等しいのではないか。どこを探してもないし、一番使う自立指導員にも対象者にもそのことが知らされないのは改善する必要があるのではないか」というものである。

　これについて、厚生省社会・援護局長は改善の努力をすること・形式張らないで済ませることを答弁している。すなわち「弾力条項については公式文書で示しているが、その周知方が足りないという指摘だろうと思う。これについては、今後努力をしたい。その手続は、特に様式行為とかこういう形式的な協議を県に求めているわけではなく、例えば、簡単に言えばファックス程度で相談があればそれで認める。予算の関係上厚生省として把握をしておかなければいけないし、またそういう面のチェックも必要だろうということでしていて、あくまで形式張

らないで迅速な処理に努めている」というものである。

　質問の中では、弾力条項と並行して、そもそも自立指導員の派遣期間を3年間からさらに延長してほしいとしている。

　「自立指導員は、いわば帰ってきた人にとって親がわりであり命綱である。弾力条項はあるが、自立指導員の派遣の期間は厚生省もいろいろ改善の手を打っている。最初は1年だったがそれを2年にふやした。2年目の派遣の日数も60日にふやすとかいろいろやってみたが足りないので、考えていたよりもやはり言葉の習得だとか自立というのは大変難しいことだということで改善を図っている。ところが、この3年間という期間が、弾力条項ではなく3年間という期間が据え置かれて既に10年になる。この3年という期間が大変短過ぎるという意見を聞いた。もう少し延ばしてほしい、私が聞いた自立指導員は最低5年は必要だと話した。いろいろなデータの中でも、厚生省からもらった資料の中でも、本当に日本語が習得できる、うまくできるのに何年ぐらいかかるかという調査があるが、孤児本人の場合は習得できるのに3年以上かかった人は4人に1人、25％は習得するのに3年以上かかっているという実態調査がある。

　また、就労状況も、3年では3分の1が就職できていない、自立できていない。大変適応が難しい、定着が難しい、自立が難しいという実態はこういう調査でも明らかである。10年間も据え置かれている3年という期間についても、できれば自立指導員とかいろいろな団体からも要望を聞いて、本当にこれでいいのかということについてぜひもう一度研究し検討をしてほしい。10年据え置かれている問題について、また3年目は12日と回数が非常に短くなっている」というものである。厚生大臣の答弁は「長年生活してきたところから全く違った社会に溶け込む苦労は大変なものだと思う。特に、習慣が違うし言葉も違うことが一番困難な問題の一つだと思うが、これまでもそれぞれの希望もありできるだけ派遣をふやしたり、今では原則3年ということになっているが、いかに帰国者に日本社会に溶け込んでもらい自立を図るかということが大事なために派遣している。それぞれ個人によっても実情は違う。置かれた環境とか本人の生活習慣とか、あるいはいろいろな地域の事情もあると思うが、帰国者の実態に即して適切な派遣が行われるよう考えていかなければならないと思うので、少しでも自立を促すような対処ができないか努力をしていきたい」というものであった。

自立指導員の派遣期間が3年であることについては、これをさらに延長するという回答は政府側からは明確には示されていない。孤児本人が日本語が習得できるのに3年以上かかるケースが少なくないこと、3年間のうちに3分の1が就職できていないことが示されていて、支援の期間が3年を超過するケースが少なくないことは事実であろう。しかし、前述のように、平成9年3月25日参議院厚生委員会で厚生省社会・援護局長が「3年を経過した後は、経過した後もなお自立が困難だという人々に対しては一般の社会福祉制度等により対処する」と答弁している[80]ように、政府の考え方としては、3年までは特別の制度で対応するが、その後は特別な事情のない限り民生委員など一般の社会福祉制度で対応するという基本的な考えがあったと考えられる。これは平成20年度に新たな支援給付などが開始され、翌21年度以降に、期間が原則として限定されなくなるまで続いている。

6. 相談援助における職業訓練校・職業安定所との協力

・昭和60年当時は、職業訓練校で受講する場合、受講者と訓練校との意思の疎通を図るため引揚者生活指導員を派遣。
・昭和61年度からは、所沢の定着促進センターに入所中から、職業の指導あるいは個別の就職相談等を労働省が行う。
・現在では、自立支援通訳等派遣事業の中で就労相談員派遣が行われている。就労相談・指導や、日本の労働事情・雇用慣行及び地域の職業事情について説明を行う。

　昭和58年3月24日衆議院社会労働委員会において労働省職業訓練局管理課長は「中国残留孤児の引き揚げ者が日本で生活していくためには、職業的自立が必要である。そのために職業訓練を受けて、技術、技能の習得をすることはきわめて有効である。そこで、職業相談の過程で、日本語ができる人については積極的に職業訓練への受講を進めているし、また多少の日本語ができる人でも入校していて、職業訓練校の協力生活指導員等の協力を得ながら、職業訓練校に入って技能習得をするようにしている」と答弁している[81]。昭和60年5月23日参議

院内閣委員会で厚生省援護局業務第一課長は「中国帰国孤児対策促進センターを出た後、職業訓練は退所後という措置を今とっている。例えば職業訓練校で受講する場合、これは受講者と訓練校側との意思の疎通を図ることから、引揚者生活指導員を派遣して就労ができるような措置をとっている」と答弁した[82]。昭和61年4月10日衆議院社会労働委員会で厚生省援護局長は「孤児、特に中年であるので、職訓校に入って積極的に職業上の技術を身につけることが安定的就労の場合に非常に有利になるから、積極的に労働省にも対応してもらうが、言葉の点が隘路(あいろ)にならないように、職訓校にもう既に言葉ができる、中国語ができる生活指導員を派遣して学校側と生徒の間の意思疎通を図る仕掛けをつくっているし、また昭和61年度から日本語の補講制度をつくっている」と答弁している[83]。

前出の昭和56年4月9日衆議院社会労働委員会でも触れられているように、引揚者生活指導員と職業訓練校との協力がなされていることが分かる。

職業安定所との関係についても触れられている。昭和61年4月10日衆議院社会労働委員会で厚生省援護局長は「昭和61年度から労働省の全面的な協力を得て、所沢の定着促進センターに入所中から職業の指導あるいは個別の就職相談等を労働省でする。それでセンター入所中に就職の決まる者は決まる、決まらなくても求人申し込みは既にして落ちつき先の職安にその求人票を送ることで、さらに厚生省が委嘱している生活指導員にそういうことも十分連絡して、自立へ向けての体制づくりに全力を挙げたい」と答弁している[84]。

7. 費用負担・予算

・中国残留日本人孤児等の援護対策は国費による補助が行われる委託事業である。
・自立指導員に関しては全額国費補助である。

昭和59年3月29日衆議院社会労働委員会で厚生省援護局長は「生活指導員に対する謝金等も国が負担する」と答弁している[85]。昭和61年3月7日衆議院予算委員会第四分科会では「生活指導の面で7回にふやしたことは、地方への委託事業として、一つの補助事業という形で考えてよいのか。中央と地方の機能

の分担をどうするのかが非常に問題かと思うが、生活指導員の回数、並びに2.15倍もアップするということは、地方にも委託としての代償を相当すると解釈してよいのか」という質問がある。厚生省援護局長は「日本語の補講という面は、所沢のセンターだけで十分であるとは決して思っていない。これも今回、国の委託費で生活指導員という制度があり、月4回行っていたものをさらに3回ふやして月7回、しかもその3回は日本語の補講に充てることで、今回の予算は全体的に対前年より2.1倍にふやすことで、厚生省挙げてこの問題に真剣に取り組んでいる」「生活指導員は全額国の委託事業で運営をしているが、さらに国民の協力も得て、いわば国、地方一体となって取り組むべき国民的課題ではないかと考えている。近く全国の主管課長会議を予定しているので、非常に進んでいる先進県と、必ずしもそうでもない県があるので、できるだけ地方もその先進県に足並みをそろえていくように、また国と協力して一体として取り組むように、指導の強化を図りたい」と答弁している[86]。平成6年5月27日衆議院決算委員会第二分科会では分科員（主査）から「中国残留日本人孤児等の援護対策は、帰国孤児等に対する自立指導員等派遣事業等及び中国残留婦人等の一時帰国援護の滞在等のための経費を支出し、遺族及び留守家族等援護費として、総額1,336億4,585万円余を支出している」という発言がある[87]。

中国残留日本人孤児等の援護対策は、国費による補助が行われる委託事業として行われ、とりわけ自立指導員に関しては全額国費補助である。

しかし、これら恩恵を受けることができない場合が指摘されている。昭和60年3月7日衆議院予算委員会第四分科会での質問の中で「高知県はある社長が、引揚者である、この人が非常な寄附を出して、そして県が2分の1、市町村が4分の1、他は寄附金という形で予算を取っていろいろなことをしている。指導員も特別に雇っている。国から示された指導員以上のものを持って、18名の指導員でもってトラブルの解決や指導に当たっている。未帰還者と認められた場合は、国が負担をして、引揚証明書を発行され、帰還手当を成人の場合13万2千円もらい、公営住宅に優先入居ができ、都道府県より生活指導員の派遣を受け、あるいはカセットテープ等、その他日本語の教育、あるいは所沢における4か月間の教育が受けられる。ところが、自費で帰った人は一切これがない」というものがある[88]。当時、自費で帰国した中国残留邦人等への支援がなされていな

いことについては、他ではあまり触れられていない。帰国後の支援体制については、この質問当時と異なる部分があるが、自費で帰国した邦人への法律に基づく支援が乏しい現状は同じであるので、国費帰国者と同等の対応が必要と考えられる。

なお、これについては当時に比し改善がなされている。『令和3年度中国残留邦人等支援に係る全国担当者会議説明資料』10頁「Ⅲ帰国受入対策」「(6) 自費帰国者の帰国後の援護」によれば、次のことが可能である。

　ア　自立支度金の支給
　　永住帰国援護の対象者であるが、帰国旅費の支給申請をしないまま帰国した者であっても、帰国後1年以内に申請をすれば、自立支度金が支給される。
　イ　首都圏中国帰国者支援・交流センター定着促進事業宿泊施設への入所
　　帰国後おおむね2か月以内に首都圏中国帰国者支援・交流センター定着促進事業宿泊施設への入所の申請をすれば、入所することができる。
　ウ　公営住宅への入居など、国費帰国者と同様な援護を受けられる。
　エ　永住帰国者証明書の交付
　　永住帰国者証明書の交付を受けることができる。(同行家族は記載できない。)

このように、可能な支援もあるが、申請期限が定められているなど、国費帰国者との差異もある。

8. 相談員の体制

・自立指導員（旧・引揚者生活指導員）の選任
　国の委託事業であるため、具体的な生活指導員の選任は、各都道府県において判断される。
・相談体制
　地域において孤児世帯の定着自立指導に当たる関係諸機関が密接な連携を図るため、都道府県援護担当課が中心になり、自立研修センター、自立指導員、職業安定所、生活保護担当部局等による連絡協議の場を設けるよう要請している（平成2年6月）。

昭和60年3月8日衆議院予算委員会第四分科会における質問の中で「中国帰国孤児定着促進センターの定員では、生活指導員とか通訳とか3名ぐらいいるようであるが、狭隘(きょうあい)とハードと、これは大変な問題が横たわっているのではないか」という指摘がある[89]。

　昭和62年5月21日参議院内閣委員会では「生活指導員制度の実態はどうか」「日本語教育の問題とか生活指導員の問題とか、さまざまな改善していかなければならない問題がまだある」という質問があり、厚生省援護局庶務課長が「これは国が県に依頼して選任する体制である。国の委託事業の形で、その具体的な生活指導員の選任は、各都道府県において判断している。数は、昭和62年1月1日現在で、全国で255名になっている。歴史的には昭和47年の国交回復後多くの中国帰国者が帰り、これを世話する際に、言うなれば先輩格に当たる戦後の引揚者がいろいろ中国の事情にも詳しい、あるいは日本、中国の言葉ができるということもあり、熱心にいろいろ指導したことを踏まえながら、昭和52年度から生活指導員制度を国の委託事業として採用した。生活指導員のかなりの数は、自身戦後まもなく中国から引き揚げた人々で中国語もある程度話せるという人が多く、年齢的にもやや高い人が多い。しかし、だんだん生活指導員の数が多く要求されるようになっていて、最近は若い人々もその職についている」と答弁している[90]。引揚者生活指導員は昭和末期で250人強であり、引揚者先輩が主力であったが若い世代の採用も行われつつあったことなどが分かる。

　昭和63年4月19日参議院内閣委員会では厚生省援護局庶務課長が「昭和63年度に全国15の主要都市に新たに設置することとした中国帰国者自立研修センターは、中国帰国孤児定着促進センター修了後地域社会に定着した孤児等に対して、日本語教室、生活相談及び就職指導を行うもので、都道府県に事業の実施を委託する。日本語教室は、地域社会において通所しながら生活に密着した実践的な日本語指導を行うこととしていて、必要に応じて複数のコースを設定してきめ細かな指導を行いたい。生活相談、生活指導については、定着自立のための生活指導に熟知した相談員が常駐して種々の相談に応じるとともに適切な指導を行い、帰国者世帯に個別に派遣する自立指導員の業務を補完することにしたい」「自立指導員によるきめ細かな生活指導は引き続き拡充していきたい」と答弁している[91]。当時、主要都市に置かれた中国帰国者自立研修センターの「定着自

立のための生活指導に熟知した相談員」が自立指導員の業務を補完することが述べられている。

　前述の昭和62年5月21日参議院内閣委員会での厚生省援護局庶務課長答弁によれば、自立指導員は、昭和62年1月1日現在、全国で255名であった。47都道府県で割ると平均5.43人である。この人数について少ないことも取り上げられている。昭和63年5月12日参議院内閣委員会では「自立指導員についても身分を安定させてしかるべき待遇を改善して、本当に広い県に1けたの自立指導員ではどうにもならないので、自立指導員の数をふやし中身を充実させていくことに全力を挙げてほしい」という質問がある。厚生省援護局庶務課長は「中国帰国孤児定着促進センターの4か月の生活を終了後、地域社会に定着した孤児に対して引き続いて日本語指導を中心にした生活指導をするための自立研修センターを全国で15か所設置する。自立研修センターにおける日本語教室は、4か月の初歩的な勉強の後であるので、実践的な日本語指導を行う、あるいは孤児の言葉の覚え方に応じて複数のコースを設定することを考えている。昭和63年度設置する自立研修センターについても、事業内容についてきめ細かな配慮を行うとともに、その事業の趣旨等について、自宅派遣の自立指導員等を通じて研修への積極的な参加を指導する。また、通所が可能な孤児は必ずしも100%と見ていないが、自立指導員によるきめ細かな生活指導を地域的には実施していきたい」「自立指導員は、ボランティア的な立場できめ細かな日常生活上の指導をしていて、全国的に見るとその数は必ずしも不足していると思わないが、地域的には充足されてないことがあろうかと思うので、そうした地域については、都道府県と協力しながら自立指導員の数をふやしていく方向で検討していきたい」と答弁している[92]。必ずしも全国的に不足しているとはいえないが一部の地域では充足していない、即ち地域的な偏在がみられるという趣旨であると考えられる。大都市などが引揚者が生活しやすい地域があると考えられること、先輩引揚者や中国人のネットワークが存在するところに集まりやすいという傾向もあるのであろう[93]。

　平成2年6月12日参議院社会労働委員会では「自立研修センターと、さらに地域定着後は、派遣される自立指導員や職業安定所などとの連携をうまくとっていかなければならない。そうしたセンターの職員とか自立指導員の力に頼るわけで、いい人材をこういったところに確保しないとどうにもならない」という質問

があり、厚生省援護局長が「地域において孤児世帯の定着自立指導に当たる関係諸機関が密接な連携を図るために、都道府県援護担当課が中心になり、自立研修センター、自立指導員、職業安定所、生活保護担当部局等による連絡協議の場を設けるよういろいろな機会を通じて要請している。自立研修センターの職員等の資質の問題であるが、帰国孤児の円滑な定着自立のために直接指導に当たる者の熱意とこの指導方法が非常に大切であり、そのためには優秀な人材を確保することが大事である。年々、処遇の改善あるいは負担の軽減を図る、こういった措置をとるほか、本年度から自立研修センターの職員を対象にして、帰国孤児の日本社会への適応促進の指導に必要な研修を行うなど、優秀な人材確保のための条件づくりと資質の向上に努めている」と答弁している[94]。平成初期のこの時点で引揚者生活指導員の創設以来10年以上が経過し、自立支援員の増加とともに、良い人材の確保や現任者の資質の向上が課題となっていたことが分かる。政府側も自立指導員の処遇改善・資質向上を表明している。

平成19年3月28日衆議院厚生労働委員会では「地域の支援・交流センターが2ブロックで増設することに来年度予算で提案されている。そこまで行くこと、交通費などを考えれば、やはりもっときめ細かに、地域で、県で配置されている例えば自立指導員などの身分を保障して、継続的、安定的な支援をすることが必要である」という質問に対して、厚生労働大臣は「自立指導員の地位については今後、支援策を考える中で考えたい」と答弁している[95]。自立指導員の身分保障も取り上げられているが、これは現在まで課題が残っている。

9. 身元引受人との役割分担

・生活指導員と身元引受人の業務の内容は重複するところもあるが、それぞれ独自の性質がある。国も「生活指導員と身元引受人がやるべき業務の内容をあらかじめ明らかにして、それを世の中に公表しておくことが身元引受人に無用な心配、負担をかけない」としている。
・就職に当たっての身元保証の仕組み
（当時の）雇用促進事業団が保証人になる制度があるが、自立指導員・身元引受人も知らない。

自立指導員と身元引受人との役割分担も論点となっている[96]。昭和61年3月25日参議院社会労働委員会では「特に身元の未判明な孤児の場合に、生活指導員は、身元引受人とも孤児世帯の受け入れについて十分相談しておくように指導すべきである。そして、身元引受人に余分な心配、負担をかけないようにしておく、こういうことも配慮すべきである」という質問があり、厚生省援護局長が「生活指導員と身元引受人がやるべき業務の内容をあらかじめ明らかにして、それを世の中に公表しておくことが身元引受人に無用な心配、負担をかけないということになろうと思うので、そのようにして、都道府県にこのような形で役割分担をそれぞれがうまく有機的に機能するように指示をした」と答弁している[97]。生活指導員と身元引受人の業務の内容は、重複するところもあるであろうが、基本的にはそれぞれ独自の性格があるはずである。しかしこのときまで、両者の役割分担が明確化されていなかったことが分かる。

なお、身元保証については昭和63年4月21日衆議院社会労働委員会で、委員の「雇用促進事業団が保証人になる制度について、話を聞いた自立指導員、これはベテランであるが、その自立指導員も含めて身元引受人の5人に聞いても、だれ一人としてその制度があることを知らなかった」という質問に対して厚生大臣官房審議官が「就職に当たっての身元保証の仕組みは、労働省の協力でとれた。現実に身元引受人あるいは自立指導員として第一線にいる人々が十分承知していないという指摘があった。改めていろいろな機会、課長会議あるいはブロック会議等の機会にさらにこの徹底をし、活用が図れるようにしたい」と答弁している[98]。

10. 業務の実態

・生活指導員の活動実態は、必ずしも厚生省が想定している状態ではない、3年間で訪問が2回という人もいる。また、費用面で手当てしたから何とかなるのではない、現実には改善が進まないこともある。
・厚生省は弾力的な派遣を可としている。必要に応じて月5回も可であり、2回くらいで済ませてよいケースもある。

昭和61年4月10日衆議院社会労働委員会では質問の中で次のような実情が明らかにされている。すなわち「打開の決め手として、生活指導員にさらに何回も行って日本語の指導をするようにさせるという話だったが、その生活指導員も、聞いたところでは、厚生省が言っているように来ている状態ではない。月4回は行っているという話だったが、全国的に間違いないか」「もう3年近くたつという人に聞いたら、生活指導員は今まで2回来た。しかし、その2回というのは、1回は、病院に行くのに自分の病状の説明が自分ではできないからと言って頼んだ。もう1回は、子供の学校に入学する手続をするのに、これもまた自分ではできないからというので頼んだ。この2回しか記憶にないという。こんなに長くたつのに」「その指導員はそういう家族を4組預かっている。本業も持っている。予算を流しているからそうなっているはずだというふうに思っていたら、これが多くの実態ではないのか。この辺も調べて、本当に改善するように責任ある手を打たないと、金の面で手当てしたから何とかなっていると思っていたら、現実にはさっぱり改善は進まないのではないか」というものである。厚生省援護局長が「生活指導員は落ちつき先について一応1年間、月4回行ける計算で委託費を流していて、その生活指導員の派遣の仕方は、家庭の状況、ニーズに応じて県が弾力的な派遣をしてよいことを指示していて、非常に問題のある家庭については、場合によっては月5回行くこともあるし、余り問題のないケースについては2回くらいということで、そこは都道府県の援護課の弾力的な運用に任せている。機械的に皆一律月4回行けということとしているのではなく、4回行ける分の委託費を流している」「指摘のようなことがあってはならないわけで、本年度から生活指導員の全国の研修会をするので、直接に実態をつかみ、適切な資質の向上を図る」と答弁している[99]。厚生省（現・厚生労働省）としては、予算をつけ都道府県も指導しているから、実際にあるべき姿で当然運用されていると考えるであろう。しかし、実態としては、このような事案もないとは言い切れず、上記のものも極めて特異なものとするわけにはいかないであろう。

11. 自立指導員への名称変更

・昭和62年、従来の引揚者生活指導員の名称を「自立指導員」と変更。このとき、1年間の指導期間を2年に広げる、定着後の日本語教育指導も十分することを表明。

昭和62年4月28日参議院予算委員会で厚生大臣は「(引揚者)生活指導員制度をこれまでしいていたが、自立指導員制度としてこれまで1年間の指導期間を2年に広げる改善をして、いろいろな角度から定着促進のために全力を挙げて努力をしたい」とした[100]。昭和62年5月19日参議院予算委員会でも厚生大臣が「昭和62年から、これまで生活指導員を、名称を自立指導員と変え、内容を充実するが、生活指導員による定着後の日本語教育指導も今後十分する」答弁している[101]。これら答弁のように、引揚者生活指導員から自立指導員に改称されるとともに、内容の充実が図られたことが示されている。

12. 就労相談員・職業相談員

相談業務を行うものとして、自立指導員のほか職業相談員・就労相談員が置かれていた。
・中国帰国孤児定着促進センターなど　→　職業相談員
　日本の職業事情、雇用慣行等について指導し、世帯単位の生活設計を立てさせる。地域の公共職業安定所に求職票を提出するように指導する。
・中国帰国者自立研修センター　→　就労相談員
　個別の就労指導あるいは職場開拓、平成元年度より

中国残留邦人等に対する相談業務は自立指導員（引揚者生活指導員）を中心に行われているが、そのほかに中国帰国孤児定着促進センター等に職業相談員、また中国帰国者自立研修センターに就労相談員が置かれて、それぞれ相談業務に当たっていた。これら相談員等の活動についても質問答弁がある。

昭和62年4月28日参議院予算委員会で労働大臣は「現状を細かく見ると、もう少し丁寧にきめ細かく追跡し世話する必要があるのではないかというふうなことで、今年度から、語学研修のセンターに入ったとき、同時に労働省から相談員を並行的に中へ入れて、研修をやりながら順次あらゆる相談に乗っていく」と答弁している[102]。

　平成2年5月31日衆議院社会労働委員会では厚生省援護局長が「自立研修センターにおいては、定着促進センターを終了した後の帰国孤児世帯を対象として、通所により、8か月間入所の、習得状況に応じた日本語指導、地域社会の実情に合わせた生活指導、就労指導等を行っている。平成元年度においては、孤児世帯が自立するために就労することが最も重要であるということから、自立研修センターに個別の就労指導あるいは職場開拓を行う就労相談員を配置するなど、特に、就労等に着目したきめ細かな施策の充実により、自立支援体制の強化を図った」と答弁している[103]。また、このとき、労働省職業安定局業務調整課長が「労働省においては、中国帰国孤児定着促進センター等に職業相談員を配置するとともに、職業相談、就職指導、事業所見学等を実施している」と答弁している[104]。自立研修センターの就労相談員は、個別の就労指導あるいは職場開拓を行うことが業務であることが分かる。

　平成2年6月12日参議院社会労働委員会でも厚生省援護局長は「平成元年度においては、中国帰国者自立研修センターに就労相談員を配置した」[105]「帰国直後4か月間入所する定着促進センターにおいては、職業相談員を中心に入所孤児世帯に対して、日本の職業事情、雇用慣行等について指導して、世帯単位の生活設計を立てさせるとともに、それぞれの地域の公共職業安定所に求職票を提出するように指導している。定着促進センターを退所して地域に定着後8か月通所する自立研修センターにおいては、就労相談員が中心になり、孤児とその家族に、より具体的に地域社会での産業あるいは日本での職場での慣行等についてわかりやすく説明するよう努めて、必要に応じ、公共職業安定所、公共職業訓練施設等の見学を行い、これらの機関の利用について指導している。さらに、就労相談員が地域の企業あるいは雇用主に帰国孤児の特徴などについて理解を求めて、新たな職場開拓に努めるなどして、原則として自立研修センター修了時までには就労するよう個々の事情を踏まえながら指導を行っている」[106]と答弁している。

ここで整理されているように、職業相談員が、入所孤児世帯に対して、日本の職業事情、雇用慣行等について指導すること、世帯単位の生活設計を立てさせること、地域の公共職業安定所に求職票を提出するようにさせることに当たっていた。就労相談員は、地域の企業あるいは雇用主に帰国孤児の特徴などについて理解を求めること、新たな職場開拓に努めること、自立研修センター修了時までには就労するよう個々の事情を踏まえながら指導を行うことなどが示されている。また厚生大臣が「日常生活上の相談、各種指導を行う自立相談員を帰国後3年間派遣をするとか、就労相談員の自立研修センターへの配置とか、それから自立支援通訳の派遣とか巡回健康相談の実施等々やってきた」と答弁している[107]。

　平成4年3月11日衆議院予算委員会第四分科会で厚生省援護局長は「全国4か所の中国帰国孤児定着促進センターの入所をはじめとして、全国15か所の都市に中国帰国者自立研修センターを設置して、そこへの通所もしくは自立指導員の派遣といったようなことを行って、日本語または生活指導等を指導して、きめ細かい自立支援体制を組んできた」こととあわせて「平成4年度からは、帰国孤児世帯が就労後に安易に離職をすることを避けるということが大事なので、就労定着という意味で、就労相談員が定期的に職場を訪問して、職場との間のトラブルを解消するように努めていく、あるいは職場の同僚たちにも帰国者への理解を深めてもらうというような事業を実施する」としている[108]。

　平成4年4月15日衆議院厚生委員会で厚生省援護局長は「定着促進センター入所中の孤児二世を対象として地域体験実習事業を実施したり、自立研修センターの就労相談員による個別の就労指導など、雇用慣行について十分説明をして、理解してもらうという努力を払っている。さらに、平成4年度からは、就労相談員が定期的に職場を訪問して、孤児等と事業主等双方から相談を受けて、相互の間の調整を行っていくというような仕事を行うことにして、雇用する側にも孤児の置かれた状況や立場を十分理解してもらうという啓蒙活動を進めていきたい」と答弁している[109]。また平成4年5月19日参議院厚生委員会では厚生省援護局長が「中国帰国者の自立研修センターは、昭和63年度に全国15の都市に設置して、さらに平成元年度には就労相談員を各センターに配置して、地域交流事業の充実も進めている。平成4年度からは、帰国孤児等の安定した就労を促進するため、センターの就労相談員が就労後1か年定期的に職場を訪問して指導を

行う就労安定化事業を新たに実施することとした」と答弁している[110]。就労安定化事業が開始され、自立研修センターの就労相談員による定期的な職場訪問がなされている。ただしその実態については触れられていない。

13. 自立支援通訳

> ・自立指導員のほか自立支援通訳も派遣される。
>   医療・介護を受ける場合に、日本語が習得できていないので通訳が必要となる医療・介護を必要とする人に対して自立支援通訳を派遣している。
> ・平成17年度に派遣期間が拡充された。
>   帰国後4年以内に限定していたが、平成17年度予算で、介護・医療サービスを受ける場合の期間制限を外した。

　自立指導員とともに帰国者の通院や公的機関利用において活躍しているのが自立支援通訳である[111]。この自立支援通訳についても盛んに取り上げられている。

　平成4年4月15日衆議院厚生委員会では厚生省援護局長が「今後の定着自立対策であるが、帰国孤児世帯に対しては、今は定着促進センターでの4カ月間の入所研修、それから定着地における自立研修センターでの8カ月の通所研修を行っており、さらに帰国後1年間、そういうものを通じて日本語指導、生活指導、就労指導等を行っておるほか、自立指導員の派遣、自立支援通訳派遣事業、それから巡回健康相談事業などを実施して、自立支援体制の整備に努めている」[112]として自立支援通訳について触れている。

　平成5年5月11日参議院厚生委員会では厚生大臣官房審議官が「残留孤児あるいは残留婦人等の帰国に当たっては、従来より帰国旅費や自立支度金の支給あるいは落ちつき先における自立指導員、自立支援通訳の派遣といった施策を講じている」と答弁している[113]。

　平成17年3月16日参議院予算委員会で厚生労働大臣官房審議官は「近年、中国残留孤児が高齢化していることについて認識している。そういうことも踏まえて、関係省庁一体となり、また地方公共団体とも協力して各種の自立支援策、

例えば日本語の習得の問題、また就労支援の問題、その他の生活面での様々な支援策等講じている。例えば、平成17年度においては、医療、介護を必要とする人に対して自立支援通訳を今も派遣しているが、この派遣期間を拡充するといった施策を予定している」と答弁している[114]。平成17年3月22日参議院総務委員会でも厚生労働大臣官房審議官が「自立指導員という専門の、専属の指導員を付けて指導しているし、自立支援通訳も派遣して、日常生活に不便がないようにしておる。自立支援通訳は、来年度予算においては、介護、医療サービスを受ける場合、期間制限を外すという拡充策を講じておる」と答弁している[115]。平成17年3月29日参議院外交防衛委員会では厚生労働大臣官房審議官は「平成17年度は、新しい予算にも盛り込まれているが、高齢化の状況にある帰国者が医療とか介護を受ける場合に、どうしても日本語が習得されていないことで通訳が必要となってくる。従来、そういった場合でも帰国後4年以内に限定していたが、これを期間制限を外して、自立支援通訳を派遣できるようにする措置を講じている」と答弁している[116]。

平成17年3月30日衆議院厚生労働委員会では厚生労働副大臣が「中国からの帰国者の実態調査をして、6、7割が、帰ってきてよかったと結論しているが、まだまだ言葉も、特に最近帰国した人は高齢でもあるし、まだ期間も短いということで、言葉そのものがやはり十分ではないという事情もあり、大変苦労を相変わらず強いられているのが実態だと思う。厚生労働省としては、このような事情にかんがみて、平成17年度から、医療、介護を必要とする人も、もう高齢であるからたくさんいて、その人に自立支援通訳を派遣して、専門用語が多いから、きちっと医師または介護につなげる事業拡充をさせている」と答弁している[117]。平成17年7月7日参議院厚生労働委員会でも厚生労働大臣官房審議官が「平成17年度においては、医療、介護を必要とする帰国者の人々に対して派遣している自立支援通訳という措置についても、その対象期間をこれまで4年以内と制限されていたものを、期間制限を撤廃する形で充実を図ってきている」[118]と答弁している。

このように自立支援通訳の派遣期間制限がなくなったのは平成半ばになってからであった。

14. 中国帰国者支援・交流センター

- 中長期的に支援を行うことが必要であるという観点から、平成13年度から中国帰国者支援・交流センターを設けて、遠隔地教育、通信教育等も含めた日本語習得支援、あるいは、高齢化している人々が地域で孤立化しないようにという観点から、地域社会における交流事業を行うなどして支援の充実に取り組んでいる。
- 帰国後3年目までに限っていた措置を帰国後4年目以降もできるように、平成13年11月から新たに中国帰国者支援・交流センターを東京と大阪に開設して、就労に結び付くような日本語の習得の支援を行っている。

　平成14年3月28日参議院総務委員会で厚生労働大臣官房審議官は「残留邦人、子供を連れてくることもあるから、当初65歳だったのを順次年齢を下げて、55歳以上の残留邦人が帰国する場合には、その人を扶養するために成年の子1世帯を同伴して、帰国援護の対象にする、このような措置を講じて親子共々生活の安定を図っていこう、こういう措置をこれまで講じてきている。このような施策でも必ずしも十分ではない、不十分ではないか、特に日本語の習得が非常に問題だ、日本語の習得ができないと就業できないという話もあるので、平成13年11月から、これまで帰国後3年に限っていた措置を帰国後4年目以降もできるようにしようということで、新たに中国帰国者支援・交流センターを東京と大阪に開設して、特に日本語、就労に結び付くような日本語の習得の支援を行っている。支援センターは平成13年11月にできたが、平成14年度から本格的に稼働するということで、高齢化した帰国者の相談とか交流の場の提供、あるいは、こういう人々についてはボランティアの活用等非常に重要であるから、ボランティアの活動情報の収集とか提供をやって生活の安定を図っていきたい」[119]「中国残留邦人については、いろいろな状況を考えて必要な対策を講じてきている。昨年度設けた中国帰国者支援・交流センターの本格実施を行うので、対策を講じていきたい」[120]と答弁している。平成14年5月27日参議院予算委員会では厚生労働大臣が「中国帰国者支援・交流センターを昨年も開設して、そこで、自立をどうし

たらしてもらえるかということに最大限の手を差し伸べていくことでしている」と答弁している[121]。

平成17年3月15日参議院厚生労働委員会では厚生労働大臣官房審議官が「近年は、中長期的にこういった人々に支援を行うことが必要であるという観点に立ち、平成13年度から中国帰国者支援・交流センターを全国3か所に設けて、遠隔地教育、通信教育等も含めた日本語習得支援、あるいは、高齢化している人々が地域で孤立化しないようにという観点から、地域社会における交流事業を行うなどして支援の充実に取り組んでいる」と答弁している[122]。この時点で「孤立化」という語が登場している。

平成17年3月17日参議院予算委員会での厚生労働大臣答弁として「中国残留邦人に対する自立支援法であるが、帰国援護の対象として、原則として中国在留邦人及びその配偶者、未成年の実子等であるが、高齢となった中国残留邦人の帰国の不安を取り除き、その円滑な帰国を促進する観点から、子供等の親族が中国残留邦人本人の扶養や介助を行うなど生活をともにすることを目的として本人に同行帰国する場合には、成年の子1世帯に限り帰国援護の対象としている。この場合は、成年の子については、実子、継子、養子、いずれであるかは問わない。その後、平成13年度から、中国帰国者に同行した、同行して帰国した家族に加えて、その後日本に入国した、呼び寄せ家族と呼んでいるが、呼び寄せ家族を対象として、中国帰国者支援・交流センターにおいて、就労が可能な2、3世の自立を促すための日本語教育や生活相談の実施、他の帰国者や地域住民、ボランティア等との交流の場の提供など、それなりの支援はしているが、その差があることは事実である」というものがある[123]。

平成17年3月22日参議院総務委員会では厚生労働大臣官房審議官が「継続的な支援が必要だということで、中国帰国者支援・交流センターを設置して、就労に結び付くような日本語習得支援、あるいは高齢化の中で引きこもり等にならないように、そういったことを防止するための地域との交流事業等、各般の施策を進めておる。そういった意味では、特別の対策を取っている」と答弁している[124]。

平成17年3月30日衆議院厚生労働委員会では「残留邦人に対しては政府のさらなる関与が必要ではないか」という質問があり、厚生労働副大臣が「最近

においては、帰国当初おおむね3年の支援であったが、それにとどまらず、中長期的に支援を継続的に行うことを方針として、平成13年度から、中国帰国者支援・交流センター、これは東京、大阪、福岡に設置しているが、開設して、日本語の習得の支援、それから地域交流等の手伝いもしている。帰国者及びその家族に対する今後の生活支援は、このセンターを核として中長期的な支援の充実を図ることが基本だと考えている」と答弁している。また「中国帰国者支援・交流センターをつくって、今そういうところを拠点としていろいろなことをやっている。これは今、東京、大阪、福岡の3カ所にあり、いわゆる帰国一世、そして今は二世、この人たちの子どもがいて、そういう人も積極的にこういう場所を使わなくてはいけないだろうと思う。また、帰国者支援センターは、パンフレットを見たら、中国から来た人に限らず、樺太からの人たちに関しても日本語習得の支援をしている。この支援・交流センター、設立していろいろなことをしていると書いてあるが、今後、一世の高齢化に伴い、このセンターの使い方も、できるだけ使い勝手がいいようにしていきたい、そういうふうにした方がいいと思うが、内容的にこれから重点的にやっていく部分があるか」という質問に対して厚生労働省大臣官房審議官は「中国帰国者が高齢化している、また帰国する二世、三世も増加をしておる。帰国者も多様化していて、日本社会に円滑に適応する面でいろいろな課題がある。中国帰国者支援・交流センターにおいては、事業内容としては、就労が可能な二世、三世に対して、就労に結びつくような日本語教育、あるいは生活相談もしているし、また、他の帰国者とか地域住民あるいはボランティアとの交流事業などもしている。あるいはまた、高齢帰国者については、地域での孤立化ということも見られるので、帰国者宅に中国語で電話をする、あるいはまたボランティアが自宅を訪問するといった形で話し相手になることをはじめとして、高齢者向けのさまざまな対策を講じておる。今後も、それぞれの日本語の習得度に応じた日本語教育、遠隔地教育も含めた教育、特に就労に結びつくような教育、また、高齢化している人々に対する引きこもり防止対策に引き続き重点を置いて事業を推進したい」と答弁している[125]。

　平成17年7月7日参議院厚生労働委員会で厚生労働大臣官房審議官は「つい最近までは、帰国直後おおむね3年程度の対策、この期間に集中的に諸対策を講じることを中心にやってきたが、近年では、中長期的にこういった人々に対する

支援を継続的に行うことが必要だという認識をして、平成13年度から中国帰国者支援・交流センターを開設するなどして、帰国者の高齢化あるいは同行して帰国する二世・三世の就労支援の問題等々いろいろな問題があるので、こういった課題に対して着実に対応できるように、実態に応じた日本語習得支援あるいは就労に向けての支援等々強化をしておる」「今後とも、この支援・交流センターを核として、継続的に必要な支援策をきめ細かく丁寧に講じていきたいと考えている」と答弁している[126]。

15. 帰国者の生活状況について（平成15年度中国帰国者生活実態調査から）

- 「平成15年度中国帰国者生活実態調査」について取り上げられている。生活保護受給率は全体で58.0％。帰国した本人については、やはり高齢化などの理由により、自立が困難。
- 帰国者の子供の世帯は、就労・日本語の習得の面において、帰国者本人と比べるとより自立している傾向が出ている。帰国者本人を子供世帯が生活面・精神面で支えている。

平成17年3月29日参議院外交防衛委員会で厚生労働大臣官房審議官は「このたびの中国帰国者の調査（平成15年度中国帰国者生活実態調査）結果においては、生活保護受給率が全体で58.0％である。この調査結果全体を通して見ると、帰国した本人についてはやはり高齢化などの理由により自立が困難となっている面がある。一方で帰国者の子供の世帯、これは帰国者本人と一緒に同伴して帰国した人もいるし、また、その後何年かたって呼び寄せという形で来ている人も多いが、こういった帰国者の子供の世帯の人々についてもある程度調査しており、その結果を見ると、就労の面あるいは日本語の習得の面において、帰国者本人と比べるとより自立している傾向が出ているし、また、帰国者本人をそういった子供世帯が生活面あるいは精神面で支えているという面がうかがえる結果となっている。帰国援護、そしてまた帰国後の自立支援ということでこれまで様々な諸施策を講じてきておるが、このたびの調査により把握された本人の生活実態

あるいは家族との関係、結び付き、就労状況、日本語の習得状況と、そういったことを更に詳細に分析して、帰国者が地域社会で安定した生活ができるように、さらに従来の施策に加えてどのような支援が可能かということを十分検討をしたい」と答弁している[127]。

16. その他

・生活保護を打ち切られないために、日本語学校に行っていることを口実にしながら生活保護の上に安住する事例もある。
・きめ細かな定着自立促進対策が重要。
・定住希望地を自由に選択することにする場合、帰国者が数か所の大都市に皆集まる。大都市を希望する。
・不法入国事件に巻き込まれないようにするために注意が促されている。

次のような質問答弁もなされている。昭和61年4月10日衆議院社会労働委員会で、厚生省援護局長は答弁の中で「孤児の中には生活保護を打ち切られないために、日本語ができないから日本語学校に行っているということを口実にしながら生活保護の上に安住する向きもあるやに生活指導員からの報告を受けて、大変憂慮している」と指摘している[128]。

昭和62年5月26日参議院社会労働委員会で厚生省援護局長は「昭和57年3月に中国残留日本人孤児問題懇談会を開催して、今まで基本的な提言を昭和57年8月と昭和61年7月の2回にわたりもらっている。しかし、対策が調査から受け入れへと重点が移るに従い、よりきめ細かな定着自立促進対策がどうしても重要だと考えられる。この懇談会のワーキンググループという位置づけで、日ごろから孤児に毎日接して身元引受人として、あるいは日本語学校の教員として、あるいは生活相談室の相談員として定着自立を援助しているボランティア、当面11名に集まってもらい4月23日に第1回の実務家会合を持ち、5月27日には2回目を持つ。こういった専門家の意見を聞きながら具体的な問題について、あるいは今後の中、長期的な問題について意見を踏まえて今後の政策にできるだけ反映したい」と答弁している[129]。

昭和63年4月21日衆議院社会労働委員会で、厚生省援護局長は答弁の中で「自立研修センターの研修を終わった後も、肉親または身元引受人、自立指導員、福祉事務所のケースワーカー、それから職業安定所の職員等が十分に連絡をとりながら、早期に自立できるようきめ細かな指導を行いたい」としている[130]。

また、平成5年5月11日参議院厚生委員会でも、厚生大臣官房審議官から「定住希望地を自由に選択することにする場合、帰国者が数か所の大都市に皆集まる、大都市を希望するといったことがある。そういった場合、公営住宅の確保あるいは自立指導員の確保等、具体的に現実問題として困難な問題が出て、かえって十分な帰国援護措置が講じにくい場面も生ずる」[131]「残留孤児あるいは残留婦人等の帰国に当たっては、従来より帰国旅費や自立支度金の支給あるいは落ちつき先における自立指導員、自立支援通訳の派遣といった施策を講じている」[132]という答弁がある。

さらには不法入国に関して、平成11年3月23日参議院国民福祉委員会で厚生省社会・援護局長は「厚生省としては、中国残留邦人が不法入国事件に巻き込まれないようにするために、本人に対して、日本に来るときにまず文書でこのような事件が頻発しているということで注意を促している。日本に来て身元保証人、また自立指導員等の世話になるが、これらの人々に対してもこのような事件に巻き込まれないように注意をするよう、都道府県を通じて指導している」[133]としている。

17. 本章のまとめ

国会における質問答弁から、中国残留邦人に関する相談員についての議論の傾向・特徴をまとめると、次のようなことがいえる。

自立支援員の制度は、当初の名称が「引揚者生活指導員」であり、昭和52年度から開始した。この引揚者生活指導員は、いわゆる中国残留孤児のみを対象とするのではなく、中国からの引揚者全体を対象として活動することとされた。引揚者について、日本語の習得、生活習慣の指導、就労斡旋などの活動をしている。福祉の各種制度の活用について相談に乗り、助言・援助することを、政府は期待している。引揚者生活指導員の多くは、かつて早くに中国から帰国した人で

ある。これは、中国語・日本語ができ引揚者の心情も十分理解できることを期待されていることによる。昭和56年4月9日衆議院社会労働委員会での援護局長答弁のように、月に4回・1年間引揚者の家庭を訪問して生活指導や言葉の指導、就労指導するところから出発している。この派遣事業は厚生省が補助を行う都道府県の事業である。また、当時から引揚者の職業訓練をする職業訓練の協力校に対して生活指導員を派遣していた。

　昭和61年3月7日衆議院予算委員会第四分科会での厚生省援護局長答弁は、①生活指導員は全額国の委託事業ということで運営をしている、②国民の協力も得て、いわば国、地方一体となって取り組むべき国民的課題ではないか、としている。自立指導員（旧・引揚者生活指導員）の派遣事業は国（厚生労働省（旧厚生省））の取り組みだけでは不十分であり、自治体や民間の協力があって初めて実をあげることができるといえる。

　自立指導員は引揚者OBであるので、日本語・中国語双方に通じていて、日常会話の指導をはじめとして、実質的に初歩的な日本語教育を行うという取り組みは、引揚者生活指導員の時代から強調されている。しかし、自立指導員の日本語教育の技術習得はあまり触れられていない。さらに初歩的な日常会話にとどまり、「引揚者生活指導員による日常会話の指導だけでは就職に結びつく実用性のある日本語運用能力の習得には結びつきにくい」という事象も生じている。

　昭和59年2月に所沢に中国帰国孤児定着促進センターが開所され、そこにおいて、4か月間、教育・指導が行われるようになり、地元に帰った後で各世帯に引揚者生活指導員が派遣され、指導や相談が行われるようになった。内容が充実するように二段構えになっている。ただし、第一段階の中国帰国孤児定着促進センターは国の責任で行われ、第二段階の部分は都道府県や生活指導員などに任せられるという指摘もある。

　引揚者生活指導員の派遣の期間・回数が当時このように定められていた理由については昭和58年3月4日衆議院予算委員会第四分科会の厚生省援護局長答弁で「予算に限りがあるので、1年間ということで生活相談におもむく」とはっきり答弁している。予算の増加により派遣される期間や回数は増加してきた。派遣回数は増加されてきたが、昭和61年4月3日衆議院社会労働委員会で明らかにされているように「社会に出て実践的な言葉の勉強をする方がいい」「社会に

出て、センターの4か月間の初歩的な日本語の勉強を踏まえながらそれをさらに伸ばすという形の補講体制を整備していった方が本当に身についた日本語になる」ということも指摘されている。そして派遣回数の増加分は「日本語の補講にすべて振り向ける」こととされた。

　自立指導員の派遣期間が有期であったとき、最後は3年間とされたが、これは予算の都合だけではなく、厚生省社会・援護局長答弁のように「帰国後3年ぐらい経過したところで大半がおおむね日本の社会に適応できている」「3年を経過した後は、経過した後もなお自立が困難だという人々に対しては一般の社会福祉制度等により対処する」という理由であった。このように、帰国後3年をめどに特別の対策から社会福祉一般での対策に切り替わるべきであるという考え方がある。

　当時でも、3年間という年限を区切ってもなお派遣が必要なケースについて処置がなされていないわけではなかった。平成10年3月19日参議院国民福祉委員会で詳しく取り上げられているように、弾力条項があり、厚生省社会・援護局長も「3年を超えてもなお継続して派遣する必要がある世帯は延長することができることにしている」としていた。しかし、実際には同制度が使いづらい・周知されていない、そのために機能していないのではないかということが指摘されている。

　自立指導員の派遣は機械的に上限回数を行えばよいというものではなく、ニーズに応じたものであるべきであるという考え方に基づいた制度設計もされていることに注目すべきである。これは昭和61年4月10日衆議院社会労働委員会で厚生省援護局長が「1年間、月4回行ける計算で委託費を流して」いること、「生活指導員の派遣の仕方は、家庭の状況、ニーズに応じて県が弾力的な派遣をしてよいことを指示していて、非常に問題のある家庭については、場合によっては月5回行くこともあるし、余り問題のないケースについては2回くらいということで、そこは都道府県の援護課の弾力的な運用に任せている」ことを明らかにしている。回数については「機械的に皆一律月4回行けということしているのではなく、4回行ける分の委託費を流している」ということを指摘している点は重要である。なお、この「流している」という意味は、国庫から地方公共団体へ必要経費分を渡しているという意味であり、国庫からの支出をもって第一義的な責

任を果たしているという意味にも解釈できる。

　昭和61年4月10日衆議院社会労働委員会の厚生省援護局長答弁で「補講を行うために、昭和61年度から生活指導員の月4回分を7回分にして、その3回分を語学の補講に当てるように家庭に派遣するなり」している場合があり「北九州のようにある程度数のまとまったところは夜間の日本語学校も開設してもらって、そこに集めて、生活指導員の名において講師として日本語の補講」をしていることを例示している。日本語指導ではこの方法が有効であるということは理解できるが、集合して行う生活指導としてはグループワークも可能ではないかと考えられる。しかし、この増加回数分をグループワークに充てるべきであるという議論は出てこない。自立のための補講体制の一手段としてグループワークも有効ではないかと考えられる。例えば、帰国者同士で帰国後の生活面での困難を話し合う、生活習慣などの技術を身につける、などという場面において日本語を用いて話し合い解決手段を探ったり、日本語の練習を兼ねながら生活指導員から生活技術を教わるということがあってもよいと考えられる。

　引揚者生活指導員の名称は昭和62年に自立指導員に改められた。派遣期間が2年間に延長されたのと同時期である。昭和62年4月28日参議院予算委員会で厚生大臣は「定着促進のために全力を挙げて努力をしたい」、昭和62年5月19日参議院予算委員会では「名称を変え、内容を充実するが、生活指導員による定着後の日本語教育指導も今後十分する」とそれぞれ答弁している。自立という文言が前面に出てきたという特徴がみられる。

　自立指導員の選任についても指摘されている。当初、引揚者の先輩が引揚者生活指導員（当時）に就くという形態が多かったが、昭和47年の日中国交回復から年月を経て、昭和時代の帰国者数とは状況が変わってきた。昭和末期の昭和62年5月21日参議院内閣委員会での厚生省援護局庶務課長の答弁でも、「昭和52年度から生活指導員制度を国の委託事業として採用した。生活指導員のかなりの数は、自身戦後まもなく中国から引き揚げた人々で中国語もある程度話せるという人が多く、年齢的にもやや高い人が多い。しかし、だんだんその生活指導員の数が多く要求されるようになっていて、最近は若い人々もその職についている」とされている。すでに昭和末期から若い世代の採用も行われつつあったことが分かる。

自立指導員が充足しているかどうかという問題も挙げられている。昭和63年5月12日参議院内閣委員会で厚生省援護局庶務課長は「全国的に見るとその数は必ずしも不足していると思わないが、地域的には充足されてない」ところもあり、「そうした地域については、都道府県と協力しながら自立指導員の数をふやしていく方向で検討していきたい」としている。この地域的な偏在には、引揚者本人の出身都道府県だけではなく、先輩引揚者や中国人のネットワークの有無によるところが大きいと考えられる。

　自立指導員の身分保障は相談援助活動の質を維持するためにも重要な課題である。平成19年3月28日衆議院厚生労働委員会では「地域で、県で配置されている例えば自立指導員などの身分を保障して、継続的、安定的な支援をすることが必要である」という質問に対して厚生労働大臣の「自立指導員の地位については今後、支援策を考える中で考えたい」という答弁もあるが、実現は進んでいない。例えば令和2年度の西東京市の場合、会計年度任用職員として1人が公募されている[134]。常勤職員とは大きく異なり、身分の安定性という点で改善が進むことが求められる。

　自立指導員の業務の実態についても浮き彫りにされている。定められた年数・期間、実際に訪問等を行い、指導してこそ期待された効果が表れる。しかし、昭和61年4月10日衆議院社会労働委員会で明らかにされているように、3年間のうち訪問回数が2回しかない事例がある。質問の中で「予算を流しているからそうなっているはずだというふうに思っていたら、これが多くの実態ではないのか」「金の面で手当てしたから何とかなっていると思っていたら、現実にはさっぱり改善は進まないのではないか」と指摘されている。この懸念は払拭されなければならない。

　自立指導員と身元引受人との役割分担が明確でないことも取り上げられている。昭和61年3月25日参議院社会労働委員会の質問で①身元が未判明な孤児の場合に生活指導員が身元引受人とも孤児世帯の受け入れについて十分相談しておくようにすべきであること、②身元引受人に余分な心配・負担をかけないようにすること、の2点が求められている。厚生省援護局長も「生活指導員と身元引受人がやるべき業務の内容をあらかじめ明らかにして」「公表しておくことが身元引受人に無用な心配、負担をかけないということになろうと思う」と答弁して

いる。

　昭和63年4月21日衆議院社会労働委員会では身元保証について質問がなされている。「(当時の)雇用促進事業団が保証人になる制度について、話を聞いた自立指導員、これはベテランであるが、その自立指導員も含めて身元引受人の5人に聞いても、だれ一人としてその制度があることを知らなかった」という内容である。これは身元保証について適正に行われなければならないということとともに、自立指導員の研修がより適切にそして充実しなければならないことも示している。厚生大臣官房審議官は「いろいろな機会、課長会議あるいはブロック会議等の機会にさらにこの徹底をし、活用が図れるようにしたい」と答弁している。援護制度は複雑であるので、自立指導員等の相談業務にあたる者の研修が重要になってくる。

　中国残留邦人等に対する相談業務の担い手として質問答弁に多く登場しているのは、自立指導員（旧・引揚者生活指導員）である。しかし、中国帰国孤児定着促進センター等の職業相談員、中国帰国者自立研修センターの就労相談員による活動も取り上げられている。平成13年1月の中央省庁再編前は厚生省と労働省に分かれていて、職業相談・就職指導等の相談業務については労働省管轄であった。このため労働大臣や労働省職業安定局業務調整課長による答弁もみられる。就労相談員については「就労の相談」だけではなく、帰国者の安易な離職の防止も職務として重要視されている。定期的な職場訪問により「孤児等と事業主等双方から相談を受けて、相互の間の調整を行っていく」「雇用する側にも孤児の置かれた状況や立場を十分理解してもらう」というような相談支援活動を行うことはもちろんであるが、それとともに職場でのトラブルを解消することも求められている。

　なお、昭和54年4月24日参議院社会労働委員会での委員質問のように、引揚者および配偶者とその同伴家族の就業の斡旋について、職業安定所の紹介と地方自治体および引揚者生活指導員（現・自立指導員）による斡旋が非常に近い数値になっている。相談業務から一歩踏み出し、公共職業安定所並みに職業斡旋も担っている実情が分かる。

　相談援助活動は自立指導員をはじめとする旧厚生省側の施策だけで完結するものではない。旧労働省の管轄である職業訓練校・職業安定所との協力も欠かす

ことはできない。昭和58年3月24日衆議院社会労働委員会での労働省職業訓練局管理課長答弁のように「中国残留孤児の引揚者が日本で生活していくためには、職業的自立が必要で」「職業訓練校の協力生活指導員等の協力を得ながら、職業訓練校に入って技能習得をする」ことが自立への経路として重要である。

昭和52年7月に始まった引揚者生活指導員制度は、自立指導員と名称を変え、40年以上続いている。戦後80年近くが経過し、引揚者本人に対する支援から引揚者の子・孫に対する支援へと対象の比重が変化しつつあると言える。帰国後も、言葉や生活習慣の違いから、日本での生活に慣れることに時間がかかるケースも少なくないと考えられる。引揚者のコミュニティへの支援も充実させることが大切である。

本章は、自立指導員を中心とした中国残留邦人等に対する特別な相談員や相談体制について検討した。しかし、帰国後は一般の日本人社会の中で、通常の社会福祉体制の下でも生活している。中国残留邦人等の帰国後の生活全体を通して考えるとき、一般の民生委員等の相談体制の中でどのような課題が生じているかを究明することも大切であると考える。

中国残留邦人等に対する相談業務の開始は戦後30年以上経過してからであり、遅れが著しい。中国残留邦人等の帰国が本格化したのが日中国交回復後に本格化したことを考えても、国としてそれ以前から対処する必要があったことは否めない。引揚者生活指導員は昭和52年度から発足している。この人たちの多くはいわば引揚者の先輩であるが、この人たちに対する生活指導・支援は十分に行われてこなかったのではないかということが窺える。ただし、これは引き揚げまでに要した期間が長ければ長いほど帰国後の支援も必要になることを示していると言える。例えば、仮に中国に滞在していた期間が半年程度であれば、日本語を忘れてしまう・日本の生活習慣に馴染めないという事態は想定しにくい。しかし、帰国が30年後であれば、終戦時に成人であったとしても日本語や生活習慣に大きな壁ができてしまうことが容易に予想できる。

引揚者生活指導員（自立指導員）の制度発足後は、国によって各種の支援体制が体系的に作られている。また、引揚者生活指導員の業務として、（例えば開始当初）月に4回・1年間・家庭訪問というように、明確化されていることを指摘できる。自然発生的に生じたものとは異なり、国策として日本社会への適応を

強力に進めようとしていたことが分かる。また、これら施策が可能であった背景として、中国残留邦人・樺太残留邦人等の人数が限定的であったことが考えられる。厚生労働省によれば、令和5年1月31日現在の中国残留邦人等の状況は、中国残留邦人の永住帰国者の総数は6,724人（家族を含めた総数2万911人）、樺太等残留邦人の永住帰国者の総数111人（家族を含めた総数278人）にとどまる[135]。先の大戦における戦没者数は310万人ともいわれる[136]が、そのような人数に対する施策とは異なり、範囲を限定できることから可能であったと考えられる。

　従前から置かれている自立指導員・自立支援通訳に関する質問答弁は上述の通り多い。しかし、現在の支援給付に移行した後に置かれている支援・相談員に関する質問答弁はほとんど見られない。これには複合的な要因がある。中国残留邦人等による国に対する裁判を通して、現在の支援給付が手厚くなり、過去に問題とされていたことの多くが緩和されたこともある。その一方で、当事者、とりわけ1世が高齢化し、国会議員への働きかけが難しくなっていることも無視できない。現実の支援体制を見ると、例えば大阪市では、自立指導員から支援・相談員に主力が移りつつあると考えられるが、その充実策についてあまり取り上げられていないようである。当事者が高齢化により減少したり、声を上げにくくなっていることは、問題の解決というよりは自然消滅と言った方がよく、問題の根本的解決を図り、今後の同種の事象に備えるという意味では不十分な解消方法と言える。新しい支援給付になった平成20年から15年以上が経過している。その間、新規の帰国者が大幅に減少したことも要因としてあると考えられる。また、平成20年は終戦後58年であるが、この後、現役世代で社会活動も活発であった帰国者1世が現役から引退したことも要因と考えられる。特に1世に関する職業訓練・斡旋・紹介に関しては、それまで自立指導員が担ってきたそれら業務の必要性が消滅したと言える。また、新規の帰国者がないので、身元引受などの問題も発生しにくくなる。

　自立指導員の業務内容として、言葉や生活習慣の指導に比重が置かれている。引揚者の先輩であり、日本語と中国語（ロシア語の場合もあるであろう）が理解可能である人が選任基準であったということからもそうなるであろう。当然、日中（または日ソ［日露］）双方の生活習慣や言葉に精通していることが望

ましいので、引揚者の先輩等も選任されることも必要であろう。一方で、日本における社会生活を円滑に進めるためには、社会資源を活用して生活基盤を確立し、それを継続させるための方策を有する者も選任されることが望ましい。日中（または日ソ［日露］）双方の生活習慣や言葉に精通していて、かつ社会福祉としての相談援助業務にも精通している者が選任されることが一番望ましいのであろうが、そのような人はごく僅かであると考えられる。相談業務を行う担当者の選任枠として、語学・生活習慣によるものと、社会福祉の知識によるものを並存させることが必要ではないかと考えられる。これはもともと、言葉の習得や生活習慣を身に付けることにより社会生活に適応させようという観点で制度が組み立てられ、社会福祉の枠からの観点が十分ではなかったことに起因しているといえる。ソーシャルワークの力量を基盤にした対応が重要であり、充実させていくことが重要であると考える。

　自立指導員が言葉の指導を担ってきたが、言語習得の効率性という面から考えると、例えば日本語教師資格を有する者等といった言語指導に専門性を有する者も自立指導員として一定数配置することが望ましいのではないかと考えられる。言語習得の速度・効率性だけではなく、就職に結びつくか、各種の社会資源を必要に応じて利用し、自立に結びつくかという観点からも、言語指導の専門家が求められると考える（もちろん帰国者自身の教育水準、帰国前の日本語学習歴も習得能力に関係するし、帰国前の居住地がいわゆるアルタイ諸語の系統の少数民族の居住地の場合も日本語習得が極めて容易であることが考えられる）。引揚者の先輩であると、日常生活に用いる言葉の指導は可能であるが、職業生活にも応用可能なあるいは子どもが学校教育にも適応可能な、抽象性の高い言語習得には言語専門家の助力が必要と考える。社会資源の活用にも抽象性の高い言語能力は必要である。

　自立指導員の派遣期間については、1年間であったものが徐々に延長されて3年間になり、新しい支援給付が開始されてからは基本的にそれら制限がなくなっている。新しい支援給付が開始される3年程度前に帰国したケースでは、途切れることがない。新しい支援給付の制度では、自立指導員だけではなく、支援・相談員も置かれている。中国帰国者支援・交流センターも平成13年に設置され、就労に結び付く日本語の習得等の支援が行われている。しかし、例えば昭和50

年代のような早期に帰国したケースでは、引揚者生活指導員による相談支援が終了し、その後支援が長期間途切れていたことになる。日本滞在が長期になればなるほど日本語の習得や生活習慣になじむことは自然と行われたのであろうが、早期の帰国者が不利になっているとも言える。特別な施策は、帰国後早期に重点的に行い、諸課題の軽減後は、一般の社会福祉制度を利用させたり、それに若干の工夫を加える支援を行うことにより、特別対策を解消し、日本国民との公平性を保とうとしたものと考えられる。

帰国者、とりわけ残留孤児は、昭和50年代の帰国当時、30歳代・40歳代が中心で、高齢期にはやや時間がある世代であった。若い世代であることから1年間ないし3年間という期限を切った引揚者生活指導員による支援であっても、日本社会に早く溶け込むことによって諸課題を解決できると考えられたのであろう。しかしその後、時代が下るほど帰国者の年齢も上がり、高齢期に差し掛かった人や既に高齢者となった人が増加してくる。そうなると、日本語を早期に習得し、就職先を見つけ働く中で高齢期を迎えるという生活様式ではなくなる。既に高齢期に差し掛かり、日本語の習得が困難、日本社会での人間関係が十分育っていないという状況では、高齢期の孤立という問題が顕著になるであろう。従前行われていた対策、すなわち日本語習得や日本の生活習慣を身に付けることを相談業務の柱に据える施策や年金・手当を中心とする経済的な支援が中心であったことにも一定の効果があったことは否定しがたいが、十分ではなく、これを一歩進めた議論が必要となっていると言える。また、30歳代・40歳代に帰国した人々も高齢期に差し掛かることになり、従前行われていた対策による効果が十分であったかが問われることとなろう。他方、帰国していない中国残留邦人等の数は、（中国残留邦人等の子孫の問題はあるが）年々減少していく。自立指導員の職務内容を調整（変更）したり、先輩である引揚者以外を採用することも必要となるであろう。自立指導員は、本来、帰国者宅を定期的に訪問し、生活状態を把握し相談に乗り、必要に応じて様々な社会資源に結びつけることが求められているはずであるが、国や地方自治体の意図とは異なり、その勤務姿勢に疑問が生じるケースがあることもわかる。

自立指導員に関する勤務条件に関する質問答弁は少ないようである。日額制の報酬や通勤費・期末手当などが支給され、社会保険に加入している場合もある

ので、この種の相談業務を行う非常勤職員としての待遇は一定程度保たれているといえる。しかし、この業務に専従し一家の生計を立てることは、困難であると考えられる。

　中国残留邦人等は戦争犠牲者であることは確かである。しかし、国との雇用関係があった者は皆無とは言えないが、ごくわずかである。多くは一般人であり、内地であれば一般戦災者としてその戦災について等しく受忍すべき立場にある。しかし、外国において長期間とどまらざるをえなかったことから言葉や生活習慣の問題が生じ、特別な支援を必要としているのである。その点が重視され、国も特別の援護を行っているのである。ただし、中国残留邦人の多くが戦争終結時に幼少期であったこと、中国においてその子孫を有していることから、援護は当分の間続くと考えられる。内地にいて被災した人や戦争終結後の早い時期に帰国した人が多い軍人・軍属のケースとは、この点が異なる。言葉の問題や子孫に対する支援が必要になっている。

　なお、日本への帰国を行おうとするとき、日本国籍を証明する様々な資料が散逸していて、そもそも中国残留邦人等であることを証明することに困難が生じているケースがある。それに対して、自立指導員は引き揚げ後に生じる様々な課題への対処を支援することとなっている。

第2章
中国残留邦人等に対する相談援助活動の実態調査
（インタビュー調査）

　中国残留邦人等に対する相談援助活動について、次の7回にわたりインタビュー調査を行った。
　ⅰ）令和4年5月20日　大阪YWCA　Y氏・B氏
　ⅱ）令和4年7月1日　大阪YWCA　B氏
　Ⅲ）令和4年8月20日　大阪YWCA　利用者S氏
　ⅳ）令和4年4月22日　大阪中国帰国者センター　N氏
　ⅴ）令和4年6月22日　大阪中国帰国者センター　N氏
　ⅵ）令和4年10月12日　大阪中国帰国者センター　利用者5人及びN氏
　ⅶ）令和4年9月6日　大阪市福祉局生活福祉部保護課　担当係長H氏

　これらインタビュー調査については関西福祉科学大学研究倫理審査委員会の承認（承認番号22-31）を得ている。
　インタビュー調査を行った際の説明書の内容は注記載の通りである[1]。なお、今井の住所・電話番号等記載の一部省略している。
　以下のインタビューについては、各回とも対応いただいた方に文字に起こしたものについて誤りがないか確認いただいている。しかし、いずれも長期にわたる期間のことを振り返っていただいたので、上記ⅰからⅱのインタビュー相互間において、回答者によって年代の相違があったり事物の名称が一致しないもの、あるいは事柄の認識が一致しないもの等も見られるが、基本的にインタビュー内容の通りの記載としている。

第1節　大阪YWCAによる中国帰国者支援に関する各種事業についての聞き取り（1）

　令和4年5月20日、大阪YWCA職員のY氏・B氏から聞き取りを行った。以下はその内容である。

今井：自立指導員と支援・相談員や自立支援通訳との関係について伺いたい。
Y氏：大阪YWCAが自立支援通訳及び自立指導員の派遣について大阪市より事業を受託したのは2008年4月から2018年3月である。ちょうど10年間受託した。
今井：2018年3月までとなったのはなぜか。
Y氏：現在の制度では支援・相談員制度があり、実際に一般社団法人大阪中国帰国者センターが大阪市より受託され、実施をされている。2008〜2018年度は自立指導員・自立支援通訳の派遣事業のみを大阪YWCAが担当していたので、派遣をする個々の帰国者の詳細な生活状況をよく理解して指導員や通訳を派遣することが難しい事情もあった。新たな支援策が始まってからは全面的に支援・相談員が帰国者の相談業務を担っている。より効果的に実施するため、自立指導員派遣・自立支援通訳派遣事業は支援・相談員業務と一緒に中国帰国者センターに受託するのがいいという判断を公募の選考段階で大阪市がされたのだと思う。中国帰国者等の高齢化に伴い、帰国者が医療機関を受診する機会も増加している。また、自立支援通訳や支援・相談員の知識技術の向上も求められている。そこで「医療通訳」に関する研修への必要性が各自治体において認識されるようになり、大阪府・京都府・兵庫県の持ち回りで、近畿圏の自立支援通訳、自立指導員、支援・相談員対象の医療通訳研修会を実施することとなった。年度によっては、この研修を大阪YWCAで受託、実施した。直近では、2018年は兵庫県、2019年は大阪府が主催し、大阪YWCAが受託、実施している。2020年と2021年は新型コロナウィルスの感染拡大の影響で実施がされなかった。1コマ2時間で、午前・午後の4時間である。これを5〜7回の

日程で行い、期間は約3か月である。参加者は各年度とも多くが重複している。そのため委託を受けた場合カリキュラム作成時に留意している点としては、「医療通訳研修会」と銘打っているが、自立支援通訳のほか、支援・相談員も参加しているので、実務経験が長いこれらの人にも合うように、多様な需要に合わせた講義内容になるよう工夫している。この研修会を準備する過程で、大阪YWCAとして医療・介護・大学との繋がりができ、その他の中国帰国者支援事業にその繋がりを活かす等、私たち自身にも良い機会となっている。過去2回では45～50人程度の参加があった。参加者のうちには福井県や和歌山県など遠方からの参加者もあった。研修会参加者からは「知識・スキルを学び自信につながっている」「一人で工夫しながら手探りで業務を行うことも多いので、研修会への参加は精神的安定につながる」との声を聞いている。

今井：制度として存在していても現在は機能していないものはないか。

Y氏：大阪は新規の帰国者は10年程度ない。身元引受人の制度があり登録している人がいるが、身元引受人制度が活用される機会は減っていると思う。

今井：中国帰国者等といった場合、南樺太からの引揚者も含むが、実際に支援されたケースはあるか。南樺太は終戦時には内地に編入されていたので、日本語指導の面で、満洲や中国本土とは様子も異なると思うがどうか。

Y氏：大阪YWCAで南樺太からの引揚者について支援したケースはない。

今井：帰国者の日本語指導において、珍しいケースはないか。4世くらいになると日本語能力は他の日本人と大きく異ならないという話も聞くがどうか。

B氏：中国帰国者支援事業の支援対象は帰国者3世までである。帰国者3世の配偶者が韓国人（中国語も堪能）であり、その人に対する日本語指導をしたケースがあった。なお、4世や3世も親の仕事の都合や教育方針等によりある一定年齢まで中国に住んでいるケースがある。そうした場合、3世・4世も日本語習得を目的に、当財団が厚生労働省から受託実施している近畿中国帰国者支援・交流センターの利用を希望するケースがある。ただし、4世は事業の対象外なので、センターの講座ではなく大阪YWCAの一般外国人対象の講座や、自治体やボランティア団体が実施している外部の日本語教室の情報を提供している。

第2節　大阪YWCAによる中国帰国者支援に関する各種事業についての聞き取り (2)

　令和4年7月1日、大阪YWCA職員のB氏から聞き取りを行った。以下はその内容である。

今井：自立指導員・自立支援通訳の派遣事業について伺いたい。
B氏：自立指導員・自立支援通訳の派遣事業は2018年度（2019年3月）まで大阪市から受託していた。大阪市内在住で、1世と国費帰国かつ生活保護受給の2世が派遣対象である。自立指導員・自立支援通訳の派遣事業は2019年度からは大阪中国帰国者センターが受託している。大阪YWCAで受託していた当時、自立支援通訳は約30人登録していて、うち約半分は自立指導員としても登録していた。平成20年度に新たな支援策が始まったとき、自立指導員の派遣期間（帰国後3年間）は撤廃になっている。
今井：大阪市からの受託事業について伺いたい。
B氏：今年度は「永住帰国した中国残留邦人等およびその家族に対する地域生活支援事業」のうち、「身近な地域での日本語教育支援事業」を大阪YWCAとして大阪市から受託している。日本語教育支援事業は通学してくる人を対象としているが、中国帰国者1世等も高齢化が進んでいる。大阪市北区の教室に来ることが難しいケースもあり、今後はさらに増えると思われる。そうした現状に対応するため、地域に出前のクラスも設けている。平野区と東淀川区に開講している。出前クラスを始める際、一番苦労するのは場所の確保であるが、平野区も東淀川区もそれぞれの地域の自治会が大変協力的で、自治会の集会所的なところを提供してもらっている。
今井：今後の支援の方向性はどうか。
B氏：厚生労働省として、「1世世代の老後を支える」ことが大きな課題となっており、「孤立防止のための交流活動」「通院、介護のための通訳派遣」「日本語学習のための身近な地域での日本語学習」等、地域での支援を促進し

ている。ただし、各自治体が実施する地域生活支援事業のうち、通訳派遣や日本語学習参加に伴う際の交通費の支給等、対象が限られる支援もある。こうした支援は「1世に同伴して帰国した国費帰国かつ生活保護受給者」が対象になる。なお、自費で帰国した1世は数が少ない（日中国交回復直後、国の帰国支援事業が始まる以前に日本に帰国したというケースがある）。

今井：「近畿中国帰国者支援・交流センター（略称：近畿センター）」としての事業の受託期間は単年度か複数年度か。

B氏：「近畿中国帰国者支援・交流センター（略称：近畿センター）」としての事業は厚生労働省から単年度で受託している。

今井：支援・相談員との連携について伺いたい。

B氏：支援・相談員との連携であるが、通所者の中で支援の必要な人がいたり、相談があれば、当事者に情報提供をしたり、各自治体の担当職員や支援・相談員に必要に応じて連絡をしている。日常的な連絡は電話がほとんどであるが、各自治体を訪問する機会を作る等、何かあった時に連携できるよう関係構築に努めている。

今井：日本語学習について伺いたい。

B氏：近畿センターは地域での出前授業はなく、センター内で実施している。2～3世の若年層も対象としているため、働きながら日本語学習が継続できるよう日曜日に多くのクラスを開講している。また、日本語能力試験対策や通訳案内士対策等、就労に役立つクラスも開講している。大阪市から受託している日本語教育支援事業は、概ね50歳以上を対象とし、高齢者が自分のペースで学習が継続できるよう、1世を中心とした内容で実施している。また通所が難しい高齢者のため、集住地域にクラスを開講している。各自治体が実施する地域生活支援事業は"身近な地域"での日本語教育を目的に、継続的、安定的に実施ができるよう、1世が1人でも在籍していれば日本語クラスの実施可能となっている。そのため、2世・3世も自治体が実施する日本語クラスに参加は可能である。

今井：「近畿中国帰国者支援・交流センターが実施する事業」についてホームページにも載っているがもう少し詳しく伺いたい。

B氏：近畿中国帰国者支援・交流センターが実施する事業は、大きく①日本語学習支援事業、②交流事業、③相談事業、④ボランティア団体や自治体との連携等、地域支援、⑤中国残留邦人への理解を深める普及啓発活動、⑥介護支援事業がある。交流事業では１世向けのレクリエーションとして、健康体操、和洋裁、パソコンなど趣味の活動ができる場を提供している。普及啓発活動は毎年中国残留邦人に関するシンポジウムを実施していたが、コロナの影響でここ２年は実施していない。昨年度は尼崎市主催の「中国残留邦人に理解を求める集い」に協賛した。またコロナ前には、若い世代への普及啓発として、大学生が実施する「子ども食堂」で子ども、大学生と一緒に中国帰国者が水餃子作りをするプログラムを実施したこともある。介護支援事業では「語りかけボランティア訪問」を実施している。中国残留邦人がより介護を利用しやすくなるよう、中国語でおしゃべり相手になる語りかけボランティアの派遣を行っている。言葉や習慣の違いから介護サービスの利用を躊躇したり、利用しても孤独感から精神的に不安定になるケースがある。おしゃべり相手になりつつ、介護施設の職員や一般の日本人利用者とのコミュニケーションを手伝うこともある。語りかけボランティアを派遣できるのは、デイサービスを利用している時やホームヘルパーが家に来ている時など、介護保険制度利用時が派遣対象になっている。

第３節　大阪YWCA利用者S氏からの聞き取り

　令和４年８月20日、大阪YWCA利用者のS氏から聞き取りを行った。以下はその内容である。

今井：冊子『高砂日本語教室10周年記念誌』を見せてもらい、帰国までの経緯を読んだ。これに基づいて話を伺いたい。1965年に中国で生まれ、日本へは1994年に帰国で間違いないか。
S氏：そうである。

今井：日本に来る前に居住していた南山村は吉林省か。
S氏：吉林省琿春県南山村である。
今井：冊子『高砂日本語教室10周年記念誌』に記載されている引き揚げの経緯を、今回の話をまとめるときに、必要に応じて要約して転載しても差し支えないか。
S氏：構わない。
今井：引き揚げの経緯を読んでみてよく分からなかったのが、引き揚げにあたってお金がかかるということである。冊子内の記述に「手続きにお金をいっぱいつかいました」「お金を払わずに日本に行くことはできません」という内容がある。中国残留邦人に対する施策を研究している立場からすると意外である。最近の国の施策の資料、例えば『令和3年度中国残留邦人等支援に係る全国担当者会議（説明資料）』を見てみると、日本政府からかなり経済支援が出ていて、帰国にあたりそこまで困らないようにしているように思われる。しかし、日本に実際に帰るにあたっては、中国でいろいろと金を使わないと帰国が難しいのか。もちろんいろいろ金がかかり0円とはいかないということも分かるが、どうか。
S氏：1世は国費で帰国する。2世は1世とともに帰る家族のみである。私のところは父母と弟が一緒に国費で帰国した。私は4人きょうだいである。1世そして結婚していない子どもは国費で日本に帰ることができる。残った子どもたちは私費で日本に帰国する。国は2世までは国費を使っていない。
今井：弟さんは国費か。
S氏：私と妹2人の計3人は私費である。私と妹は私費で、岐阜県岐阜市の縫製会社を保証人として来た。中国でもこれらの手続きをする人がいる。仲介会社にお金を入れないと日本に来ることができない。そのときの条件として、日本の戸籍謄本がある人が手続きができるというものであった。
今井：戸籍謄本を持っている人でないと、そもそも手続きができないということか。
S氏：難しいであろう。最初、岐阜に行ったら一番多いときで50人くらいの寮で一緒に生活した。黒竜江省・吉林省・遼寧省の2世（娘）、そのほか2

世の妻、3世も一緒に来ていた。皆、お金を払って日本に来た。
今井：その50人は2世・3世ないしその家族か。
S氏：そうである。2世・3世ないし配偶者である。そのとき1人高齢女性がいたが、本人は戦争が終わってそんなに長くないうちに日本に戻っていたが、その夫は長く中国にいた。日本に帰ってきたら別に家庭を持ち子どもが生まれた。向こうでできた子どもを呼びたいようであったが、自分もそう長くないからそのままになっていた人がいた。
今井：これまで国費帰国者を中心に施策の内容を研究している。以前であれば所沢のセンターで日本語や日本の生活習慣などの必要な訓練を受けて、そのほかにもいろいろな支援があって、地元に帰って来ても自立指導員（現在であれば支援・相談員）の支援を受けて、大変な状況の中でも生活がなんとか成り立つようになって、暮らしている人も少なくないと思う。しかし、Sさんのように私費での帰国、それも就労ビザによって帰国し、縫製工場で働く場合、国が行っている様々な施策（経済的給付や相談制度）を受けることができたか、受けてよかったものはあるか。
S氏：そのような施策があることは一切知らなかった。妹とともに岐阜で1年間仕事をしたが、妹は体調が悪くなり妹は中国に帰りたがった。帰国前に借りた金を返済していたので、金が全然ない、中国に帰ることもできない。岐阜県大垣に友達がいて、助けてもらって会社を出た。そのときは何も分からなかった。中国人の友達の親戚の人である日本国籍の人を保証人として会社を出た。友達の娘が大阪府八尾市にいるので八尾に来た。八尾に来たが、帰国者向けの施策は分からなかった。私と妹はすぐに仕事を探して就いた。仕事をして給料をもらって生活が安定して、私の夫と子どもを中国から日本に呼んだ。大垣の会社は日本の施策、日本語の勉強・教室については教えてくれなかった。しかし、父たちは帰ってきたら大阪市住之江区の帰国者定着促進センターに3～4か月行った。弟は日本語教室に行った。4月に帰国して8月に和歌山に戻った。弟も結婚した。日本語の学習に費用はかからないが、弟は生活のことがあるので仕事を探して勉強を続けなかった。弟は国の施策の通りであったが、私たちは全然わからないし教えてくれる人もいなくて全然分からなかった。後になって、「自費で帰

国した2世は市役所で相談し、言葉が分からず生活に困っていれば、生活保護を受けることもできた。鶴橋の日本語教室で勉強をした人もいる」という話を聞いたことがあった。その話を聞いて、いいなと思った。2世は人それぞれ状況が異なる。

今井：法律や制度を研究していると皆が利用できると思ってしまう。実際には情報が届いていないという場合もあることが分かった。岐阜県岐阜市の工場のときも情報を教えてくれる人もいなかったのか。

S氏：父母が帰って来てからいろいろな情報が入ってきた。

今井：父母経由ということであるか。

S氏：1世は国費帰国であるが、私は1世である親より先に日本に来たので、私の方には情報は来なかった。

今井：SさんがYWCAと接点を持つようになった経緯を伺いたい。YWCAと接点を持つようになると情報も入手しやすくなると思うが。

S氏：95年に八尾に引っ越し、96年1月に八尾市の八尾中学校夜間学級と八尾市の国際交流センターに日本語の勉強に行っていた。その後（2001年支援・交流センターができて間もなく）、YWCAに日本語の勉強するところがあると国際交流センターで教えてもらい、場所も教えてもらった。

今井：現在は国の施策の情報も届くようになり、今、利用しているものはあるか。

S氏：今は介護の仕事をしている。2世たちも70歳代に差し掛かっている。年金の制度について知ることがある。自身は、帰国当初、アルバイトの仕事のときは年金保険料の支払いはなかった。正社員になっていないので。自分で保険料を払う余裕はなかった。今、ある61歳の2世の人は帰国当時40歳代であった。正社員になって20年ぐらい年金保険料を納付して、現在受給が近くなっているが金額は大きくない。その人は視力に障害があるが、障害年金のことは不案内である。障害年金があることは知っていても、受給要件などは分からない。介護の仕事をするようになって知ったが、帰国者は、以前保険料納付をしていなくても、追納する方法があるようである。2世について年金問題があるが分かりやすくしてほしい。

今井：手元にある資料『令和3年度中国残留邦人等支援に係る全国担当者会議

（説明資料）』では、満額の年金をもらえるようになる条件の対象として明治44年4月2日以降に生まれ、かつ、昭和21年12月31までに生まれたということが書いてある。Sさんのように1965年・昭和40年生まれの人は該当しないこととなる。

S氏：父は国家賠償請求訴訟[2)]前は生活保護であった。年金は当時月額2万2,000円程度であった。裁判後は制度ができて、普通の国民年金の金額（6万円台半ば）をもらっている。

今井：国民年金満額と、足りない分については支援の給付が出ているということか。

S氏：そうである。しかし、それは1世に限られ2世はそうではない。支援充実を求めて、今、署名活動をしている人もいるようだ。

今井：利用できるものが少ないことが分かった。岐阜市の縫製工場勤務の後、八尾でもいくつかの仕事に従事していることを伺った。仕事や生活のことで大変なことがあると思う。中国と異なる日本の仕組みなどがあり知識もいると思う。そういったときに相談相手になってくれる人、すなわち国の制度であれば、従来であれば自立指導員、現在であれば支援・相談員が相談に乗ることになっていると思うが、先ほどの話でも様々な制度を知るのに時間がかかったということであった。相談する相手がいないまま、就労し自分でやってきたのか。

S氏：中国の人たちはこのような制度が全然わからない。自分の頭の中では仕事ができるということで生活保護などのことは思わなかった。仕事は自分でできるが、言葉の面の問題がある。家屋解体の仕事はきついが、中国と比べると給料もよい。しんどいといわれるがそこまでしんどいとは思わなかった。昼仕事をして、夜間学級にも行った。しかし、生活習慣は違った。娘が中学校の時不登校気味となった。その時どうしたらよいかと思った。娘が中国に帰りたいとも言った。日本語もうまくまだ話せないときで、どうしたらよいかと思った。会社の社長の奥さんにも話した。夜間学級でも担任に相談したが、そこでは「行きたくないと言っているときに親が無理に登校を促さなくてもよい」といわれた。「もっと行きたくなくなる」と言われた。しかし、子どもはそのとき勉強しないといけない、夜間

学級ではそんなに多くの勉強ができないと思った。しかし、少し学校を休んで、その年、娘は中国に1回帰った。向こうでは皆が日本へ行きたいと言っていた。日中の懸け橋になることをしたらいい。今は発展しているが、20数年前は小さな村であった。娘は2週間くらい中国にいた。学校の先生、友達、私の妹たちも、父母が日本にいるから住むのは日本がよいのではないかといって、娘は帰ってきた。帰って来て中学校を卒業して、高校生の時また不登校気味となった。高校へ行かなかったら高校卒業にもならないし、あとの仕事が何もできない。学校から連絡があり、私と担任とで相談して、担任は通信制高校があるからそこに編入したらよいかもしれないといった。娘は小学校5年生で日本に来た。大学受験は高認もある。通信制高校に移り、京都の大学に行った。不登校についてはなかなか理解できない。そのときとても困った。学校の先生や会社の社長の妻にいろいろ相談した。やっと学校を卒業した。国の施策を利用することはあまりなかった。しかし、今、ヘルパーの資格を取るのに80％の補助金がある。ヘルパーの資格を取得する時、中国残留孤児援護基金に申し込みをするともらえる。

今井：Sさんもそれを利用して資格を取得したか。

S氏：私が資格を取得したのは20年前でそのときはそのような制度はなかった。

今井：1世は帰国後、相当高齢になっている。2世も高齢期に差し掛かっている。2世が帰国した20年前を考えてみるとちょうど子育て期にあたるであろう。大垣の工場でも帰国者が50人くらいいたと聞いたが、八尾市近辺でも帰国者が何人かいるか。

S氏：以前勤務していた会社で6人くらいいた。

今井：6人いるとコミュニティのようなもの、帰国者同士の付き合いがあるのではないか。6人の家族も含めると相当な人数になるのではないか。帰国者同士のコミュニティ、付き合い、助け合い、情報交換のようなものはあるか。定期的な情報交換の集まりはあるか。何らかの方法はあるか。

S氏：10人くらいとは連絡を取っている。愛知県・長野県・滋賀県在住などである。正月などに連絡する。定期的に中国帰国者だけで集まる会があるようだが、私はあまり参加していない。八尾で日中友好協会の日本語教室が

火曜日と金曜日にある。そこでは1世はほとんどいなくて2世はいる。夜に家の近くの公園で踊り、運動のため、10～20人、1世はほとんどいなくて2世である。自身は参加したことはないが話は聞いている。高砂日本語教室に属しているが、そこは皆中国人である。

今井：中国にゆかりがある人には帰国者のほか華僑(かきょう)や近年仕事で日本に来た中国人もいるが、その人たちとの付き合いはどうか。

S氏：以前食事会に行ったことがある。企業経営者も多かった。自分は仕事も忙しいし、恥ずかしいという思いもあるので、あまり参加していない。今年7月23日に120人くらい集まったようであるが、その日は仕事の都合で行けなかった。あとで話を聞いたところ、参加者は社長・会長もいて交流していたようである。YWCAで勉強していた人もいるようである。中国人のいろいろな会がある。参加すれば情報が入るが、私は介護の仕事に従事しているので時間もあまりない。

今井：今従事している訪問介護事業所の利用者は（もともとの）日本人も帰国者もいるか。デイサービスの場合は利用者が帰国者に特化ないし帰国者中心であるところもあるが。Sさんの訪問介護事業所の利用者は帰国者が多いか。

S氏：利用者で帰国者は多くない、日本人の障害者、北朝鮮からの帰国者もいる。障害者が多い。帰国者は4人だけである。帰国者の2世で訪問介護やデイサービスに従事している人は多い。大阪をはじめ、帰国者や中国人が従事している訪問介護やデイサービスは多い。私の会社は3年前にできたが、帰国者は競争になっている。

今井：訪問介護に従事している人に帰国者も少なくないと聞いたが、Sさんの事業所は何人いるか。

S氏：私の事業所のヘルパーに帰国者は多い。2世・3世である。日本人のヘルパーは1人だけである。今は10人くらいいる。訪問介護利用者は中国帰国者以外が多い。今はデイサービスが、しにくくなっている。前はしやすかった。今は小規模ではできない。今は19人以下、前は10人以下であった。

今井：今後のことについて伺いたい。生活のことなどで困ったことについて相

談したい場合もあると思う。今困っていること、あるいはあったらよい施策、暮らしやすくするためにしてほしいことがあれば教えてほしい。

S氏：2世は病院に行くための通訳が難しい。大阪府にも1世向けの通訳はいる。2世は、八尾では水曜日と金曜日である。予約しないと、今日病院に行くからといってすぐにはできない。また、生活保護と支援給付では全然違う。最近2～3年は中国に帰ることができなかった。皆、中国に帰りたい。親や親戚にも会いたい。しかし、2週間を超過して中国に行っていると生活保護がなくなる。

今井：資料『令和3年度中国残留邦人等支援に係る全国担当者会議（説明資料）』にも正当な理由がなく2週間を超えると給付が止まる旨が記載してある。1世は支援給付であるが2世は生活保護であるから余計に難しくなってくるであろう。

S氏：これについてはよい施策を期待したい。私は日本語をある程度自由に話すことができる。同じ年齢層で、自分の孫を連れて行って通訳をしてもらわないと不自由している人がいる。2世向けで何かあればすぐに頼める通訳があれば便利だと思っている。病気のこともある。

今井：病院での通訳については、通訳との相性のこともあるし、同じ痛いということであっても体の外側から痛いのか、あるいは内側から痛いのか、微妙な言い回しがあり、よく知った人でないと、1回1回依頼した人であるとなかなか通じないとも聞く。あるいは通訳と病院に行く日を合わせることが難しい、とも聞く。今痛いからすぐ病院に行きたいが通訳と日時が合わない、ということも聞くがそうか。

S氏：勉強の機会があると助かる。病院に連れていくには症状を言わなければならない。ヒリヒリ痛いのか。自分が頼まれれば勉強し資料を見て、どのような症状でどうなっているかを言う。本人を連れて行っても難しい。市役所に行った場合も同じである。帰国後20年以上になるが、ずっと仕事をしている。八尾市役所は3階に通訳がいる。月・金に市役所に通訳がいる。その曜日であれば、市役所の中のことは全て通訳をしてもらえる。私は今は訪問介護事業所で働いているが、もう少ししたら、みんなの相談にも乗りたい。60歳で退職してもまだ仕事はできる、まだ何かしたい。帰

国者の相談窓口があればよいがなかなか難しい。

今井：今伺って思ったのは、高齢化に伴う医療・介護について、2世そしてこれから3世の高齢化に伴う支援が必要であるということである。国費帰国の1世については支援制度が種々あるが、2世・3世はそういったものも乏しいので、これから必要になってくる。また、高齢化に伴って人生をこれからどう過ごしていくか、話を聞いて一緒に考えてもらう仕組みがあるとより生活しやすいか。

S氏：帰国後、最初は困っていた。今考えてみて、市役所や銀行に行くとき何も分からなかった。市役所で相談できることも知らなかった。今、3世の妻のことがある。3世本人は日本語は大丈夫であろう。しかし、3世自身は仕事に行っていて、その妻が言葉が分からない。八尾市の教育センターで夏休み・冬休み前に懇談会の通訳に行く。子どもたちが幼稚園から小学校に入る。幼稚園は遊び中心で勉強は少ないが、子どもを小学校でどのようにしたらよいか親も分からない。そのとき、教育センターに相談する。私もそのとき、学校の見学に一緒に行った。若い3世の配偶者である。夫である3世本人は言葉が分かる。子どもが生まれたら幼稚園に入って、全て日本語が必要になる。しかし、母はそんなに日本語が分からない。3世である父が帰宅すれば父ができるであろうが、3世が仕事に行っていれば通訳が必要である。今年の夏休み前に中学校で1人通訳を頼まれた。そのとき、子どもが中学生であるから、母も来日して十数年となる。しかし、その人は子どもの父である元夫とは離婚して母子家庭となり、母は、来日以来、仕事に行って日本語学習をしていない。そのため、中学校の教師によると「（母は日本語で）簡単なことは分かる。しかし、学校としても中国語での説明は難しい」ということで教育委員会が私（S氏）に通訳を頼んだ。最初電話を受けたとき「もう中学生になる子どもがいるぐらい日本にいるのに、日本語でのコミュニケーションが難しいのか」と思った。

今井：2世も仕事を引退する時期となり、3世とその配偶者、その子である4世もまだまだ支援が必要であるということであるか。

S氏：そうである。

第4節　大阪中国帰国者センター常務理事N氏からの聞き取り
(1)

　令和4年4月22日、大阪中国帰国者センター常務理事のN氏から聞き取りを行った。以下はその内容である。

今井：まず伺いたいのは、貴センターが受託している「地域生活支援事業」である。貴センターは「自立支援通訳派遣事業」も受託している。自立指導員や自立支援通訳、こういった事業で現在課題になっていること等について教えていただきたい。引揚者生活指導員が自立指導員に名称変更した。もともとは府県に配置されていたのが、現在は市に配置されている。これが移行したのはいつごろか。

N氏：支援給付ができた2008年4月1日である。

今井：自立指導員の業務内容として国が言っているのが「社会生活、日本における生活になるべく早く適応してもらいたい、日本語をどのように効果的に早く覚えるかが大きな問題である、以前は所沢の定着促進センターで4か月の集中的な言語教育・生活慣習を行い、地元へ帰ってからは、生活指導員を派遣して相談相手になる」というものであったと思う。今も日本語の指導・教育は大きな重点であるか。

N氏：所沢のセンターは国の力で行っていた。我々は民間の力で行っている。現在も日本語の指導・教育は重要であり、所沢のセンターがあった時代と目的は一緒である。中国とは文化・習慣が違う。帰国者たちが日本に帰って来たとき、日本で生活できるように、社会で必要なことを勉強する。昔は4か月センターにいて、日本語を勉強して、あわせて生活に必要なことを学んだ。帰国者たちは地下鉄の切符を買うこともできなかった。切符をどう買うのかも指導した。先生が買い物に一緒に行って必要なものを買う指導をしたこともある。センター退所後は、市営住宅・府営住宅といった公営住宅に住み、センターに通って日本語を勉強した。

今井：自立指導員の派遣について、国はもともと3年までといっていた。

N氏：正直言って3年間で何もできない。ハローワークに連れて行ったり、就職活動の支援をしたりするなど多くの支援をしていた。

今井：3年の期限が切れた後も援助していったのか。

N氏：そうである。

今井：自立指導員について、国がどのようなことを言っているか見てみると、3年間の派遣がある、それが過ぎた後は一般の社会福祉の方に移行する。特別な事情がある場合は弾力条項でもう少し派遣をのばすことができる。こういったことを平成10年に言っている。実際には3年間で切られた場合が多いか。

N氏：その時の詳しい話は分からない。子供たちの就職や学校に関することをかなり支援していた。帰ってきた本人（残留孤児）たちは40歳代・50歳代で子どもたちは10歳代・20歳代である。ただし、残留婦人の場合は子どもがすでに40歳代・50歳代である。帰国後すぐ生活保護を受ける。職業訓練校で学び、そのあと就職する。私も同様で、1990年に帰国し、センターに入り、日本語の勉強をした。その後、職業訓練校でトレースの勉強をした。トレースの仕事で就職をした。

今井：就職斡旋の話も出たが、今はどうか。昭和54年の資料でみると、親族・知人の斡旋が多かったが、30年くらい前であると、職業訓練校や公共職業安定所による紹介が多くなっていたか。

N氏：職業訓練校経由が多くなっていったと思う。私のころは、1つの行事として、先生がハローワークに連れていき、どんな仕事がしたいか、いろいろな仕事があることを教えてくれた。

今井：自立指導員に話が戻るが、最初のころは1年間の派遣で月4回、昭和61年からは月7回、毎週派遣するのとは別に日本語の補講で3回分追加された。昭和63年度からは3年間も実施することとなった。現在は自立指導員はどのくらいの割合で訪問しているか。

N氏：2008年4月に新しい政策が出た。支援給付ができて、支援・相談員、私たち6人が大阪市内の2世たちを支援している。年1回は訪問をする。家庭訪問をしている。必要であれば行く。家庭訪問だけではなく、公的機関にも同行する。要介護認定の申請のときの手伝いや、病院への付き添いも

している。体調不良で本人が動けないときも訪問している。
体調不良や確認事項があれば、随時訪問することもある。あるいは必要であれば、随時訪問する。

今井：体調不良時の訪問も支援・相談員がしているのか。

N氏：そうである。

今井：自立指導員から支援・相談員に主力が移ったということであるか。特に大阪の場合は支援・相談員に主力が移っているのか。

N氏：そうである。地域によって違うと思うが、大阪は支援・相談員に主力が移っている

今井：今度は自立支援通訳の課題について教えてほしい。課題があるとも聞いている。私が大阪市生活保護等関連事業委託事業者選定会議の委員を務めていて、貴団体提出の企画提案書添付資料を見た中で「被支援者の受診予定日を支援通訳の都合で変更している」「受診当日になって自立支援通訳から急に行けなくなったと告げる」「歯科など、被支援者が望んでいない受診治療まで勧め、不必要な医療通訳を行い報酬を不当に得ようとする」「被支援者の訴えをそのまま訳さず、非常に簡単に訳しているためそのまましっかり伝わったかどうか不安になる」「1日に同じ病院内で複数の被支援者の医療通訳を行っている」「被支援者と適切な距離が保てず、食事をご馳走してもらったりすることがある」「通訳業務時、支援通訳自身の家族の通訳も同時に行うことがあり、公私混同している」というものがあった[3]。コミュニケーションの困難からこのような訴えもあるのか。

N氏：自立支援通訳は平成31年度から委託されている。通訳は通訳派遣のところに依頼している。我々支援・相談員は、本人たちに信頼されて信頼関係ができている。自立支援通訳の場合はなかなかそうもいかないところがある。自立支援通訳の契約をするときに「被支援者の受診予定日を支援通訳の都合で変更」などということがないように指導している。

今井：食事も初回はお礼の気持ちでしたかもしれないが、2度・3度と続くと負担になるのではないか。

N氏：そう言えるであろう。

今井：体の痛みや症状を的確に通訳することが難しいと聞いた。日本語に訳した

り、中国語でも地方によって方言がかなり異なる。自立支援通訳に依頼する中で痛みや症状をどう通訳してもらうかという難しさがあるのではないか。

N氏：中国語ができるだけでは適切な医療通訳ができない。我々支援・相談員も医療のことを勉強し、医療通訳の資格を取っている。急な傷病で、自立支援通訳に依頼するのが間に合わないこともある。そのときは我々支援・相談員が訪問している。知識を増やすべく勉強している。その時、我々支援・相談員が同行している。

今井：慢性疾患など毎週等定期の通院があるものは自立支援通訳で間に合うが、急な腹痛など突発的なものは医療通訳の資格を取った支援・相談員が同行しているのか。

N氏：そうである。全て自立支援通訳に依頼しているわけではない。

今井：制度的なことは国会の質問答弁や大阪市の資料でかなり分かるが、制度としては存在していても、実際の必要時に間に合っていない・うまくいかないことや別の方法を用いたことがよい場合も多々あるのではないか。自立支援通訳もそうであろう。

N氏：高齢化に伴い認知症が多くなっている。物忘れが激しくなっている。通訳と行く日を決めていてもそれを忘れていることが多々ある。病院に自立支援通訳が来ても本人がいないという事象も少なくない。

今井：自立支援通訳とは、直接、病院で待ち合わせるのか。

N氏：そうである。

今井：認知症や物忘れが激しくなると、いったん習得し生活の中で使っている日本語を忘れ、小さいころに覚えた中国語に戻るのではないか。

N氏：日本語を覚え全部日本語で対応していた利用者が認知症になり、施設に入所してほぼ中国語になったケースもある。

今井：そういったケースでは施設での対応が難しいのではないか。

N氏：確かに難しい。しかし、認知症の場合はまだ対応しやすいこともある。認知症ではなく、体が不自由になり施設・病院等に入所・入院した場合に、大変なことがある。入院して食事が口に合わない・おなかがすいた・眠れない・食事の補充をしてほしいという連絡がソーシャルワーカーからくる

ことがある。入院して治療するが、病院のものが食べられない、どうしよう、お粥が出てもご飯と違い満腹感がない、などである。

今井：好みのことであり、毎日の食事になるから大変であろう。

N氏：病院にもお願いするがすぐ解決できない。

今井：新規に帰国する人の数が減っていると思う。生活保護・障害福祉など他分野では自立支援計画が立てられているが、帰国後に自立支援計画はあるか。

N氏：最近は新規に帰国する人がほとんどいない。以前は計画も作っていたであろうが今はない。

今井：最近は新規の帰国はないか。

N氏：自分はこの業務に2009年から従事しているが新規の帰国者はない。

今井：日本で中国系文化を持つ人は帰国者のほかに華僑もいる。中国文化・中国語という意味では共通性があるのではないか。華僑の団体との交流はあるか。

N氏：帰国者とはレベルが違うのであまりない。イベントをするとき華僑団体のところに参加しに行くものがある。「ひろばダンス」であり、グループの舞台発表である。

今井：レベルの違いとは生活レベルのことか。華僑の方が財力があったり、定着の度合いが進んでいたり、生活レベルも高いということか。

N氏：華僑は生活レベルが高い。帰国者は中国の中でも辺鄙（へんぴ）なところで生活し、学校へ行ったことのない者もいる。勉強するとき、ペンの持ち方から教える場合もある。そのような人たちが日本語を勉強するのは大変である。そういったことからも華僑とは大いに異なる。

今井：華僑の場合は日本生まれも多く、中国から学問やビジネスで来日するケースも、中国で日本語をしっかり学んできているであろう。一定以上の生活水準である場合も多いであろう。

N氏：そうである。帰国者も3世になるともともとの日本人に近づく。3世になると日本語ができて中国語ができないケースがあり、家庭内のコミュニケーションにも不便をきたす場合がある。

今井：自分は広島県出身で広島県は旧満州にわたった人も多い。いろいろな動機

があったと思う。もちろん、公用で満洲に渡った人もいるであろうが、農漁村の三男・四男で新天地を求めて渡った人も少なくないのではないか。
N氏：その通りである。宣伝もあり行っている。新しい土地を得ようとした場合もあるであろう。
今井：日本で受け継ぐべき家産も少ないので、新天地へ行ったケースもあるであろう。跡取りとは違う立場であった人も多いとも聞くが。
N氏：開拓団で渡った人も多い。
今井：戦後、養父母のもとで生活せざるを得ず、辺鄙なところで、経済的に困難な生活を送らざるを得なかった人が多いのではないか。
N氏：日本語ができないので、帰国後も体力を使う仕事しかできない。体が弱い人もいて、生活保護を受けるしかない人もいる。職場や生活場面でいじめを受けていた人もいる。
今井：言葉の壁もあり、他の日本人とは賃金にも差が出るのであろう。国会の質問答弁の中で、本人・家族が何でも相談できる駆け込み寺のようなものが欲しいというものがある。それが貴センターのようなものか。
N氏：そうである。センターでは様々な相談を受け、いろいろなところに付き添いもしている。郵便局にいて連絡が来ることもある。警察に付き添うこともある。電話の通訳もある。
今井：本人のほかに支援者からも連絡があり、貴センターにて対応しているのか。自立指導員は3年間で終了していたので、その後は支援・相談員が対応する、それも長期的に対応するということになったのか。
N氏：そうである。当センターの初代の理事長が国費・私費に関わらず支援していく方針であった。委託事業としては国費帰国者が原則である。帰国者の中でも1世は国費で帰国した。20歳までの子どもも国費帰国であった。（将来、本人の世話が必要になることを見越して）20歳以上の子どもは1人だけ国費帰国とされた。あとは私費で帰国している。家族の呼び寄せを私費でしている人もいる。1世は私費帰国は少ない。
今井：私費で帰国した人は、国費帰国者と比べて様々な給付制度に限界があるのではないか。
N氏：そうである。

今井：コロナの状況で支援活動で大変なことは何か。

N氏：受診控えが起きている。どうしても病院に行きたくないというケースもあり、支援・相談員が薬を取りに行くこともある。対応せざるを得ない。

今井：自立指導員は引揚者の先輩が多いということを聞くが、支援・相談員はどうか。もともと日本在住の日本人か。

N氏：当センターには支援・相談員が6人いる。2世が3人、2世の配偶者が2人、留学生が1名である。支援・相談員は帰国者の生活状況を理解しないと業務ができない。

今井：樺太残留邦人の支援はどうか。

N氏：大阪では1人だけである。その人は日ソ国交回復後の早い時期に帰国したし、日本語も上手で、特段、生活に支障をきたしていない。

第5節　大阪中国帰国者センター常務理事N氏からの聞き取り (2)

　令和4年6月22日、大阪中国帰国者センター常務理事のN氏から聞き取りを行った。以下は、その内容である。

今井：前回こちらに伺った後、交流センターへ行きいくつか話を伺ったが、その中で医療通訳研修会をしていることを聞き、プログラムも少し見せてもらった。帰国者センターでは医療通訳研修会を受講しているか。

N氏：それはやっていない。これは大阪府・京都府・兵庫県は3者で合同でしている。それが全部バイタル支援でお願いしている。毎年そうなっているのでこちらはそういった委託をされていない。しかし、医療通訳派遣は本センターでしている。向こうが研修会をしていたらこちらも積極的に参加する。派遣の通訳、ここで派遣している通訳たちにも参加するように促している。

今井：交流センターで研修会があり、それに対して研修会の案内があれば、帰国者センターや自立支援通訳の人々も参加することがあるということか。

N氏：そうである。
今井：自立支援通訳等に対する医療通訳研修会を交流センターでしているが、自立支援通訳に対する日ごろの研修ないし交流会を、帰国者センターとして独自にしているか。
N氏：本センターで年1回、人権研修を兼ねて、帰国者を理解するための「理解集い」（中国残留邦人等への理解を深める集い）があり、皆に案内して参加してもらっている。やはり通訳でも帰国者のことを理解できないと、ただの通訳ではないから、理解するように案内している。センターでしているものもあるし、他府県例えば兵庫県など、いろいろなところでしているのにも参加するようにしている。
今井：帰国者センターには常駐している支援・相談員もいると思うが、何名か。
N氏：6名である。
今井：6名と伺った。支援・相談員の研修はどうか。行政の研修もあり、帰国者センター独自の研修もあるかもしれないが、どのような研修をしているか。
N氏：仕事をうまくするため毎朝朝礼をしている。受け持ちの帰国者において発生した問題について、支援・相談員が1人で解決できない場合はどうしたらよいか検討し、それと情報をお互い把握するために、例えば担当の相談員がいない場合は他の相談員も対応できるようにしている。我々も、検討してもどうしても解決できない場合は市役所の担当と相談して、指示を頂き、解決できるようにしている。
今井：市役所はどうか。委託事業であるから委託を受けるときに研修というか、事業の説明会はおそらくあると思うが、それ以外で支援・相談員の研修はあるか。
N氏：ある。大阪府が毎年している。コロナで2年間なくなって今年どうなるかまだ分からないが以前はしていた。以前は毎年1回はあった。難しいケースを当センターで書いて研修会で検討してもらった。
今井：毎年1回大阪府で研修会があって、難しいケース等についてみんなで話し合うという形態か。
N氏：そうである。当センターは毎回ケースを出している。

今井：貴センターは大阪市の委託事業である。大阪府の研修ということは、府内の他の市町村の支援・相談員とともにということか。

N氏：そうである。それぞれの市（福祉事務所）の管轄である。おそらく多くの市では通訳兼支援・相談員である。堺市も支援・相談員と自立支援通訳がついている。堺市の帰国者も少し多い。大阪府内では帰国者は大阪市内が一番多い。

今井：大阪市は支援・相談員は貴センターが受託しているか。

N氏：そうである。

今井：大阪市、堺市、他の市町村も、あるところとないところがあるであろうが。そういった人たちを一堂に集めて研修会をしているということか。

N氏：そうである。

今井：それはコロナ以前はいつの時期にあったか。

N氏：大体11月ないし12月くらいであった。昨年・一昨年も心づもりをしてセンターとして予定し、ケースも用意していたがコロナで中止となった。今年（令和4年）はどうなるか情報が来ていない。

今井：それはひとところに集まって丸1日するという形か。

N氏：半日である。大体1時から4時までである。長い時間である。

今井：さきほど支援・相談員が自立支援通訳も兼ねているところがあるということであった。貴センターは支援・相談員と登録の自立支援通訳がいるという体制であろうが、他の市町村は兼ねているところも少なくないという意味であろう。他の市町村の体制まで思いが至らなかった。

N氏：市町村によっては人数が少ない。支援・相談員兼自立支援通訳ということで病院に付き添ったりしている。大阪市の場合は帰国者の人数が多い。ただし、我々6名の支援・相談員も自立支援通訳を兼務している。自立支援通訳を急に派遣できない場合は、我々支援・相談員が走っている。休日などの場合はすぐに派遣できないので、支援・相談員が走っている。また、被支援者たちもそれぞれ自分の好みがあるので、自立支援通訳が信用できないという人もあり、その場合は支援・相談員が付き添う。

今井：確かにそれはあるであろう。普段から話をしていてよくわかってもらえる、あるいは体の症状のことであるから同じ「痛い」にしても体の外側か

ら痛いのか内側から痛いのかがあるであろう。
N氏：そうである。痛みの表現はいろいろある。
今井：自分のことをわかってもらっていて医師に伝えてもらう方がよい場合もあれば、逆に医療知識が豊富でそれに基づいて伝えてもらった方がよい、いろいろなケースがあるであろう。それによって帰国者本人も今回はこの人に依頼しよう、という判断をするケースもあるか。
N氏：そうである。かなり長期にわたり自立支援通訳がついているケースもある。そうなるとその人の病状を通訳がよく把握している、そういうケースもある。しかし、相性が合わないなど自立支援通訳に対して何かあった場合は「もうこの通訳はいらない」ということになることもある。
今井：そうなると支援・相談員に回ってくるのか。
N氏：対応している。そのようなとき、次の自立支援通訳を派遣するか、急ぎの場合は我々支援・相談員が対応する。
今井：自立支援通訳と本人の相性が合うかそうでないかは、今話を伺うまで思いが及ばなかった。
N氏：相性はある。最近のことであるが、帰国者が間質性肺炎であり、通訳が1人で対応しているが、必ず前日に電話し「明日病院に行く」ということを伝えないと本人が忘れることがある。そこで通訳が電話したときに「いやいらない、あなたの通訳はいらない」と本人が言い、通訳がびっくりして「なぜ」と聞いた。中国は出身地により言葉のアクセントがあるので分からない、といっていた。その通訳は南の方の出身である。特に言葉の通訳に支障をきたしているようには思えないが、帰国者本人は「いらない」といい、夜中9時半ころ私（N氏）の携帯電話に電話があり「明日受診があるのにどうしよう」となった。そういうケースもある。高齢になると精神的に不安定になったりする人もいて、そういう人の対応は難しい。特に、病院で通訳がきちんと通訳しているのにもかかわらず、医師が言っている内容が、それが本人の気持ちに沿ったものではないので、「自分は病気が重いのになぜ問題ないと言われるのか、通訳が正しく通訳しているか」ということになるときもある。
今井：中国は広大なので北と南で言葉が若干異なるか。

N氏：そうである。

今井：自立支援通訳は様々な学習をしていると思うが、北京官話が中心か。南の方の方言もあるであろう。

N氏：そうである。帰国者に福建省出身の人が7～8人くらいいて、その人たちには福建語ができる支援・相談員が1人いるので担当している。自立支援通訳も1人は福建語ができる人に依頼している。福建語は我々が聞いても全然わからない。

今井：漢族の言葉はよいとして、中国は広いので少数民族の言葉はどうか。特に、満洲の場合は残留邦人が満洲族のもとで長年生活していた場合はどうか。中国語と少数民族の言葉を併用している場合がほとんどであると思うが。少数民族の言葉が主になっているケースはあるか。

N氏：それはない。満洲族の場合もそれはない。中国は全体で標準語（北京官話）を使っているから、ない。

今井：少数民族の言葉中心のケースが出て来ると難しいのではないか。

N氏：そうなるであろう。福建省出身者は我々も対応できない。普通の人はある程度標準語が分かるが、福建省の人はほとんど学校に行っていないし、その人たちは標準語も分からない。我々が標準語で話しかけても分からない。難しいときは子どもが間に入っている。今、支援・相談員の中に福建省出身の人がいるので、その人に全部してもらっている。

今井：地域によって言葉がかなり違うか。

N氏：かなり違う。

今井：支援・相談員と自立支援通訳、大阪市の場合は支援・相談員が自立支援通訳を兼ねているが、自立支援通訳単独の人もいる。他の市町村の場合は支援・相談員と自立支援通訳を皆兼務しているところもある。兼務しているのはやりやすいのか、逆に難しい面もあるのか。他の市町村に関して聞くことはあるか。

N氏：支援・相談員は常勤であり、自立支援通訳は派遣で受診だけ連れて行ったりする。本人の信頼関係もあるのでそんなに問題はない。自立支援通訳の報告書は毎月あげてくるので、支援・相談員は被支援者の病状などを一度全て読んで情報を確認している。今、結構うまくしている。

今井：自立支援通訳の報告書の書式を見た。本当に細かい内容である。あそこまで細かく書いていれば、支援・相談員のところにあがって来た時、どういう状態かしっかりつかむことができるであろう。

N氏：自立支援通訳は以前はバイタル支援という名称で実施していた。3年前から本センターに回ってきた。本当にこれはよかった。被支援者の病気の情報を支援・相談員も把握し、助言できる。我々も安心できる。本人たちも支援・相談員が自分のことをわかっていると思う。これはとても良かった。

今井：3年前から来たのか。

N氏：2019年から本センターに来た。

今井：2019年に貴センターが受託する前はどうであったか。

N氏：前はバイタル支援であった。交流センターが受託していた。名称もバイタル支援であった。

今井：日常的に交流センターとの連携はあるか。

N氏：ある。最初この職に就いて、事業について不案内なところもあったが、いろいろなことを交流センターにも問い合わせをした。当時は交流センターで通訳を派遣していた。今は、生徒はそこで日本語教室に通ったり、「理解集い」の情報を互いに伝えたりしている。

今井：情報交換は定期的に面談形式で行っているか。

N氏：いや、そのつど電話で行っている。

今井：いろいろなところとの連携を行っているか。

N氏：それが必要である。

今井：市役所や交流センターか。

N氏：区役所もである。生徒が年1回健康講座をするとき区役所の保健師に依頼している。警察署にも交通安全や地震への備え、消防署にも年1回消防訓練をしてもらっている。昨日6月21日もした。

今井：公共機関に来てもらって研修をするなど、日ごろのつながりがあるといざという時に役に立つか。

N氏：困ったことがあり、どこに相談したらよいかという場合に、すぐに相談できる。区役所の福祉課や警察署からも、中国語が通じないから何とかし

てくれないかという時も電話がかかってくる。我々が電話で通訳したりする。区役所のケースワーカーが2世の家に家庭訪問に行くのに、言葉が通じないので、電話で通訳したり、頼まれれば現場へ行く。お互いに協力しないと、こちらが困ったときに向こうにお願いすることもある。

今井：日ごろから協力し、顔を合わせていれば、いざという時やりやすいであろう。

N氏：病院もそうである。帰国者が病院に入院するなど何かあれば、我々も病院のソーシャルワーカーと病院が困っていることはないか確認して、もし何か困っていることがあれば我々が本人や家族に説明している。帰国者が嫌われないようにしている。嫌われれば、次の帰国者がその病院に行くとき拒否されるのではないかという懸念を持っている。きちんとしなければいけないと思っている。

今井：大阪市あるいは大阪府の中のいわば帰国者コミュニティへの支援はどうか。帰国後の生活の中で種々困難があると思う。それについて話し合う、あるいは貴センターとしてコミュニティに対する支援をしていれば聞かせてほしい。

N氏：ある。一番簡単なことで言えばごみの分別がある。帰国者はやり方が分からない。生ごみ・資源ごみなど日にちが決まっている。地域でトラブルになった場合には、当センターから説明に行って理解してもらったり、センターに通っている生徒にも（昨年はしていないが、その前は）年2回程度ごみ分別の話をしていた。

今井：年2回というと頻回ではないか。

N氏：高齢者（80歳前後の人たち）がすぐ忘れてしまう。そのときは分かるが、時間の経過とともにわからなくなる。センターのごみ箱も分別の表記をしているが、間違えて入れることもよくある。定期的に説明しないといけない。

今井：ごみを捨てるという行為であるが、訓練という意味合いもあるか。

N氏：そうである。2世・3世が学校でいじめられると、学校へ行って教員に説明して理解してもらう。何回か行ったことがある。それも地域支援というか地域に溶け込んでもらうために大切であろう。

今井：公営住宅であれば帰国者が何人か住んでいるケースもあるのではないか。そういった人たちを引き合わせる、協力して生活していくための働きかけはどうか。

N氏：一緒にするということはないが、近所での騒音トラブル、例えば上・下の階の音が大きい、というようなことはよくある。音が大きいと言って、警察や市の公営住宅の係の職員を呼ぶことがある。高齢の帰国者1人で大きな音をさせることが考えづらいケースもある。申し立てている人が精神障害の場合もある。帰国者が多い地域について、その地域の人と一緒に食事会をしたこともある。一緒に餃子を作ったり交流もしていた。この3年間コロナの影響でできない。地域の高校・デイサービスでも交流をしている。踊ったり、教えたり。近隣の自彊館など。大阪の春節祭も参加して、ダンスの披露などをしていた。

今井：今は新規の帰国者が少なくなり、かつ新しい制度で支援・相談員が支援業務にあたっている。その中で、一般の社会福祉制度の活用、民生委員との連携はどうか。どういった課題があるか。

N氏：自立指導員派遣の3年間が終了した後、帰国者で困ったことがあれば当センターで対応してきた。支援・相談員制度ができる前も通訳が対応していて、支援・相談員制度ができた後、現在は支援・相談員が全て対応している。

今井：民生委員との連携はどうか。

N氏：民生委員とは近所のトラブルの時などに連携している。帰国者が多い地域、団地については「理解集い」に参加していただくように案内をしている。「理解集い」は以前はここで70～80人で参加してもらっていた。東淀川区長にも参加してもらっていた。昨年はコロナのこともあり、30人限定でした。

今井：自立支援通訳は今何人登録しているか。

N氏：31人である。うち6名は、支援・相談員である。

第 6 節　大阪中国帰国者センター利用者 5 人及び常務理事 N 氏からの聞き取り

　令和 4 年 10 月 12 日、大阪中国帰国者センター利用者 5 人（X 1 ～ X 5 の各氏）から聞き取りを行った。通訳は同センター常務理事 N 氏に依頼し、5 人からの聞き取りの後、N 氏から補足的に話を聞いた。以下はその内容である。

今井：まず 1 世の人に話を伺いたい。X 1 氏に伺う。日本に帰国後、年数が経過していると思う。生活面での困難あるいは必要としている施策について伺いたい。

X 1 氏：77 歳である。吉林省長春から 1988 年に帰国した。34 年間日本で生活している。最初、日本に帰国したとき、日本語ができないので正直言って大変困った。そのとき、一般の日本人たちは私たちのことを理解してくれず、一緒に仕事をしたら「邪魔」あるいは「仕事をとられている」と言われたこともある。2002 年から我々原告団は日本政府を相手に訴訟を起こした。当時の安倍総理大臣に感謝している。安倍総理大臣が新しい支援給付の政策を作ってくださり、今の生活は住宅、医療（受診）、介護等についても解決してもらっている。支援・相談員（通訳）もついているので、今は生活が非常に安定している。困っていることもある。高齢になって、今後の介護の問題であるが、残留邦人のために高齢者施設を国によって作ってほしい。なぜならば、我々は通常の日本人の高齢者施設に入ると、食事も合わないし日本語もできない、残留邦人同士の互いの交流もできなくなる。もし、残留邦人のために設立された老人ホームであるならば互いに交流できる。こういった施策を望んでいる。

今井：次に X 2 氏に伺う。日本に帰国して大変なこともあるであろう。逆に支援施策が充実していて生活しやすいこともあるのではないか。様々な思いがあると思うがどうか。

X 2 氏：1999 年に遼寧省（りょうねい）から帰国し、23 年間日本で生活している。78 歳である。帰国後、最初に困ったことが言葉の問題、言葉の壁であった。帰国後

当初は、厚生省から委託されている帰国者センターとYWCAにおいて日本語の勉強をした。また、日本語のみならず日常生活に関する知識も教えてもらい、今は帰国者センターで体操教室・脳トレ・パソコン・広場ダンスなどを通じて日本語の学習を続けている。言葉の問題もあるが、年齢を重ね、現在、医療を要するようになり入院することもある。今、通訳の派遣もある。これらにより充実した生活を送ることができている。私が困っていることはＸ１氏と同様のことである。よく考えることは、動けなくなった時どうすればよいかということである。デイサービスはあるが、デイサービスに行ったら夜は帰宅しなければならない。自分で生活できなくなったら、高齢者施設、老人ホームに入らなければいけない。私は、日本人と一緒に老人ホームに入るのが嫌なのではなく、日本語が不自由であるので一緒に交流できなくて精神的には苦痛であろう、と思う。もし我々帰国者たちが一緒に入所することのできる老人ホームであるならば、互いに励まし合ったり交流したりといったことを通じて精神的に安心できるのではないかと思う。

今井：今度は２世のＸ３氏に伺いたい。２世は１世と支援内容がかなり異なるが、普段の生活の中で、支援内容が薄い、２世にももっと支援があれば、と思うことがあれば教えてほしい。

Ｘ３氏：２世で70歳である。福建省出身である。２世とはいっても70歳代になっている人が多い。もう、高齢に近い。１世と同じような支援をしてほしい。今困っていることは、センターの職員に相談している。老後、私たちが一緒に生活できたら、互いに交流ができるので、それを望んでいる。

今井：生活の中で困っていることや、あればよいと思う支援策について教えてほしい。

Ｘ４氏：１世で78歳である。遼寧省から帰国した。生活は大丈夫である。幸せである。日本政府に感謝する。センターの先生たちは優しい。こういう場所を提供してもらい、私たちはいろいろな活動をして互いの交流もできている。活動が今少なくなっている。前は週１回していたが、今は月２回しかない。可能であれば、これを週１回に戻してもらえたら、我々も活動したり楽しくできると思う。

今井：さらにあればよいと思う支援策、あるいは現在多く利用している支援策について教えていただきたい。

X5氏：1世で77歳である。遼寧省出身から帰国した。支援としては、このセンターの活動が継続できることを希望する。楽しくしているので。大阪市在住ではなく大東市在住である。大東市の場合は医療通訳の派遣がない。年齢を重ねて受診の回数も増加するが、病院に通院しても言葉が通じないのでうまく伝えられない。ここの点は改善してほしい。一つ要望がある。我々は日本語を上手に話すことができないので、日本人との交流が難しい。歳をとって思うことは、我々のための老人ホームを作ってほしいということである。みんな一緒にいて、精神的に互いに支えになると思うのでぜひお願いしたい。高齢化して、年に数人亡くなっている。だからそれが切実な問題であると思う。

今井：こちらのセンターでも皆さんが交流をしていると思うが、地元で元々住んでいる日本人との交流ないし付き合いについて、どのようなものか教えてほしい。どなたからでも結構である。

X1氏：1か月に1回の掃除のときに地元の皆さんに会うが、何を言っているかよくわからなくて横で聞くだけである。

今井：日常的な挨拶はある、あるいは地域の清掃活動のときに少し話をすることはあるが言葉の壁もあって交流があまり進んでいない、ということか。

X1氏：話している内容を聞き取ることはできない。

X4氏：特に高齢者は方言が強いのでより聞き取りにくい。学校で学ぶのは標準語であるが、いったん地域に出てしまえば地域の言葉と接する。特に大阪弁は分かりにくい。

今井：地域には民生委員がいるが、帰国者の人にとっては、何事かあったときに支援・相談員との方が話しやすいか。

X4氏：やはり支援・相談員の方が相談しやすい。民生委員がいてもほとんど連絡がない。困ることがあれば、支援・相談員に解決してもらっている。帰国者センターがなくなるようなことがあれば困る。地域の人にお願いしても言葉が通じない。帰国者センターが永遠に継続することを願う。ここに来れば安心である。困ることがあればすべてここに持ち込んでいる。公的

機関に連れて行ってもらうこともある。言葉ができない。すべての問題は言葉である。現在よりももう少し活動を増やしてほしい。

X5氏：皆高齢になり、一人暮らしが多い。単身世帯であれば、自宅内で孤独である。ここに来ればみんな一緒で相談もできるし、互いに交流もできる。ずっと家にいるならば病気になりやすいのではないかと思う。

X4氏：老後、動けなくなったら、みんなで一緒に入れる我々のための老人ホームができたらいいな、と思う。

また、終了後に常務理事N氏から補足説明を受けた。

今井：今日会った利用者5人は皆元気で話もしっかりできている。自身の思いや希望をしっかり話すことができる。

N氏：今日の午前中は体操クラスである。今日会ってもらったのは皆元気な人である。今日の午後は脳トレのクラスで利用者数はもっと多く、20〜30人くらいである。見た目は大変元気であるが、しかし年相応に忘れっぽいところもある。以前は毎週1回あった。例えば、水曜日ということであれば皆それを覚えている。しかし、月2回となり、第1・第3水曜日となると、開催されている日が分からなくなっていることがある。例えば第2水曜日に来所することもあり、それについては大変困っている。支援・相談員たちは大きな紙にスケジュールを書いて、開催されている日について確認してから家を出発してほしい旨を伝えている。また、迷っていたら来所する前に電話をして確認してほしいことも言っている。高齢者に対してはその点が困っている。

今井：やはり毎週あった方が分かりやすいか。様々な誤解も生じないか。

N氏：そうである。国も財政難で予算が少なくなっていることは承知している。例えば5つの教室で開催しているものを3つに集約して毎週開催するという方が高齢者のためになる。

今井：今日は体操クラスであるか。

N氏：第2水曜日の午前中が体操クラスである。午後が脳トレである。

今井：脳トレは体操クラスの利用者と別か。

N氏：同一の利用者もいれば別の利用者もいる。
今井：体操クラスは、現在、月に2回か。
N氏：そうである。
今井：皆さんに話を伺った中では、帰国者向けの老人ホームを作ってほしいという意見が多かったように思う。通常の日本人高齢者とは言葉の壁がある、ということか。
N氏：皆、嫌ではないが言葉が通じないし食事も合わない。食事のことも大事である。帰国者同士でなければ、精神的な苦痛になるのではないかと思う。毎日の生活の中で、病気になるようなことがあればもっと不安になるのではないか。

第7節　令和4年9月6日大阪市福祉局生活福祉部保護課担当係長H氏からの聞き取り

　令和4年9月6日、大阪市福祉局生活福祉部保護課担当係長H氏から聞き取りを行った。以下はその内容である。

今井：現在、大阪市に中国帰国者（樺太からの帰国者を含め）は何人いるか。
H氏：9月6日現在、151世帯、228人である。
今井：大阪市はかなり集中しているように思える。
H氏：大阪府内でも、堺市の2倍はいる。堺市は80〜90人と聞いている。政令指定都市でも突出している。
今井：都市部の方が住みやすい、支援施策もある、あるいは帰国者のうち誰かが1人住み出すとその知り合いの人が伝手を頼って集中して住むという現象もあるか。
H氏：それはあるかもしれない。
今井：支援・相談員と自立指導員の役割の相違について伺いたい。現在、実際に自立指導員は機能しているかも伺いたい。支援団体である帰国者センターや支援・交流センターで尋ねても、事実上、支援・相談員が帰国者の相談

業務に当たっていると言えるのではないか、ということであった。支援・相談員が自立指導員を兼務していて、実際には、支援・相談員の業務として実施しているのではないか。

H氏：厚労省の通知（自立指導員派遣事業実施要領）の自立指導員の定義をみても支援・相談員の業務と重複する部分が多く、少なくとも過去3年間は委託先の支援・相談員が実務において明確なすみわけを意識しながら業務を行っているわけではない（即ち自立指導員と支援・相談員の役割分担が不明瞭な）状況であったと感じている。今年度からは自立支援通訳派遣事務を自立指導員の業務として位置付けるなど、役割の明確化を図っている。根拠法を見ても、支援・相談員と自立指導員のすみわけが明確ではないといえる。この意味で、各自治体に役割分担について、裁量として委ねられているのではないかと考えている。指導という語があるので、支援給付という制度の適正な実施について活動してもらうということではないかと考えている。支援というよりは、指導という語が入っているのでそのような印象を持っている。具体的な実績としては上がってきていない。大阪市との業務委託上は、自立指導員と支援・相談員が兼務しているという位置付けであるので、指導員としての役割をもう少し機能させたいと思っている。市役所本庁にも支援・相談員が1名いる。業務委託の支援・相談員と本庁で勤務している支援・相談員がいる。その役割は若干違っていて、業務委託の支援・相談員は本当に直接的な支援である。本庁の支援・相談員は、現場で揉めるということがあったときの対応や、あとは、取りまとめとして主に医療と介護の適正実施について活動してもらっている。本庁の支援・相談員の方が指導員としての性格が色濃いのではないかと考えられる。

今井：本庁勤務の支援・相談員は非常勤職員か。

H氏：非常勤職員である。

今井：委託の支援・相談員は帰国者センターの6人か。

H氏：その6人である。本庁の支援・相談員と合計で7人である。

今井：昭和50年代からの国会の議論を会議録でたどってみた。自立指導員の派遣も含め、これら中国帰国者支援についての特別な制度は、帰国者各人に

ついて当初は1年間であったが、それが3年に延長になった。新しい支援給付になったときにその3年間という縛りが外れたのか。

H氏：そうである。

今井：大阪市以外の自治体の帰国者支援制度を見てみると、例えば自立指導員の派遣について、概ね3年以内とうたっているところもある。大阪市の場合は、期限は設けていないか。

H氏：大阪市は期限を設けていない。

今井：「本庁勤務の支援・相談員が医療支援給付の適正実施を目的として、レセプトチェック、重複受診の是正、かかりつけ薬局設定の推進等を行っており、当該業務を自立指導員の業務として捉えている」ということを伺ったが、どうか。

H氏：その通りである。業務委託先の支援・相談員は、自立支援通訳の派遣事務を今年度（令和4年度）から位置付けている。昨年まではそのような位置付けではなかった。少しずつ役割の明確化を図っていきたいと考えている。支援・相談員の立場上、本人に寄り添う支援が主になるが、法律の適正実施という面で、本人の意向との兼ね合いで、法律上困難なことを本人がしたいと言った場合、そうではないということを説明しなければならない。主としては医療と介護である。その点に関する説明がなかなか通らない。本庁の支援・相談員が担当の支援・相談員に「このような状況になっているので改善を」と言っても、それがうまく説明できない。強く指導できない。何らかの理由で是正がうまくできない。それら指導の部分をもっとしっかりしていかないと医療の適正化を図れない。高齢化が進んでいるので、医療の適正化が支援の中の主になっている。いろいろな病院がある中で、日本語の壁があって、薬が出てもその薬がどのようなものかわからなかったりする。いろいろな病院に行って重なった薬をたくさんもらって、分からず飲んでしまうという事象も実際に起こっている。それを防いで、飲みすぎにならないように、健康な状態で長生きできるようにと思っているが、その思いと制度的な兼ね合いも、支援・相談員に伝わっていると思うが、帰国者本人に浸透しない。「行きたい病院に行って何がいけないのか」ということになり、難しい。

今井：それらが自立指導員の役割となるか。

H氏：そのように思っている。

今井：そのような役割に重きを置くとなると、医療的知識を有する人を自立指導員に任用しているか、あるいは今後そのようなことを考えているか。

H氏：今までは本庁勤務の支援・相談員がレセプトチェックをしている。本庁に生活保護の医療担当がいる。レセプトの確認を民間に委託し、その内容を確認してきたが、もう少し踏み込んだチェックが必要ということで、今年度契約内容を見直している。重複のリストであったり、ほかの法律が活用できるのではないかということもあるし、あるいは頻回に通院するケースなどをリストアップできるように業者との契約内容を次年度に向けて見直している。それが上がってくれば、それに基づいた指導ができると考える。薬がどのような効用があるかなど、専門知識がないと限界もあるが、その部分を業者と連携していきたいと考え、計画している。

今井：看護師・薬剤師を自立指導員に任用するのがよいのではないか。

H氏：それがよいと考えるが、難しい点もある。

今井：委託の経費のこともあるであろう。

H氏：レセプトチェックをする委託業者との連携を考えている。また、本人にかかりつけの薬局を持ってもらうことを勧めている。やはり飲み合わせという点で、いろいろな薬局にかかると管理できなくなることが多いので、身近な薬局を1つ決めて、お薬手帳で管理する、それを居宅療養管理などで薬剤師に家庭訪問してもらい、薬の飲み合わせの管理もしてもらうなどの形である。薬のチェックを介護職員に依頼するという連携も必要ではないかと考えている。

今井：生活保護の場合であれば、審査支払機関である社会保険診療報酬支払基金でレセプトのチェックをある程度するが、残留邦人の医療支援給付は、審査支払機関は通さないのか。

H氏：通している。ある程度はしている。しかし、レセプトが上がるのは2か月後くらいである。その時その時にリアルタイムで、この薬は多過ぎるということを把握できない。受診後であると改善は難しい。何とか事前に食い止めたい。

今井：この件については支援・交流センターや帰国者センターでは触れられなかったし、話を聞くことが難しい部分であろうと思う。自立支援通訳の場合は、委託事業の選定の際にも出ていたが、通訳の都合に合わせて通訳自身が受診するときに本人と一緒に行ったり、受診後に食事をご馳走してもらうなどという弊害があるようであるがどうか。

H氏：正式には、それらの件は報告として上ってきていないが、通訳としては回数が重なると報酬が増える。本当に本人にとって必要な受診なのかが疑問な部分もある。必要性の乏しい受診かもしれない。1か月に1回眼科受診をする必要があるのか、2か月分の薬をもらうこともできるのではないか。それに関して法的に「不可」とは言えないが。

今井：自立支援通訳が回数を増やすことで収入を増やそうとしたり、通訳自身が何らかの疾患があり、その受診を兼ねて帰国者を連れて行ったり、利用者と親しくなり受診後の帰路にどこかの店舗に行ったりするというようなことも考えられるか。

H氏：正式には聞いていない。現行システムでは、受診回数を重ねることで、自立支援通訳の報酬が増える仕組みになっている。

今井：現行システム上、そのようなことになりかねない側面を有している。言ってみれば出来高払い。

H氏：支援・相談員の事業と自立支援通訳、2つセットにしたのは、本人の状況をよくわかっている支援・相談員が自立支援通訳の派遣の管理をすることで、重複・頻回の受診について、少なくともあまりにはなはだしいもの、法律に基づいていないものを止められるのではないかということもある。令和4年度から2つセットの契約にしている。

今井：生活保護や障害福祉の場合のように様々な分野で自立支援計画が策定されているが、帰国者の支援にあたり自立支援計画のようなものはあるか。

H氏：毎年世帯ごとの支援方針を策定している。

今井：以前からか。

H氏：少なくとも平成20年度以降はずっとある。帰国者支援は生活保護に準ずる制度である。生活保護の場合も、毎年、援助方針を作っているので、それと同様な形で作っている。

今井：現在の支援給付になったころからずっとということであるか。

H氏：そうである。

今井：支援方針を作成してもそれに従ってもらえない・逸脱する、あるいは支援方針に意義を見いだしてもらえない、というようなケースはあるか。高齢化に伴い、生じているのではないか。

H氏：一番問題となっているのは重複受診である。重複受診に関して、1年に1度見直すということで、大阪市と支援・相談員の共通認識、この世帯は重複受診をしがちなので気をつけないといけない、そこで見直すということである。何世帯かはある。支援方針上は本人たちが、何かしてはいけないことをするというのは、その程度である。問題となるのは、身寄りがなくてキーパーソンとなる人がいないことや、日本語が不自由で高齢化していくことである。どう支援していくかという体制を作る部分が大事になっている。そこの支援計画を細かく立てていかないといけないのではないかと考えている。

今井：生活保護に準じるということであるが、生活保護の場合は生活保護法指定医療機関で受診することになる。帰国者の場合はどうか。医療機関の選択は全く自由か。

H氏：生活保護制度と同じである。生活保護及び中国残留邦人の指定医療機関で受診することとなる。

今井：制度上存在していても、現在、機能していない支援内容はどうか。例えば身元引受人に関しては、新規の帰国者がほとんどないので、制度上はあるが実際に活用されることがないということも聞くが。

H氏：次の2事業については、少なくとも過去5年実績がない。すなわち、就労相談員派遣事業（中国残留邦人等の2世・3世に対する就労支援）、就労に役立つ日本語等の資格取得のための教育訓練給付金事業、である。帰国者本人が就労する年齢を超えている。帰国者本人（1世）は65歳未満がいないのではないか。ほぼ75歳以上である。本人世帯の就労はない状態である。2世・3世に対する就労支援についても、就労支援が必要な2世・3世は概ね生活保護を受給していて、生活保護の中での就労支援を活用しているので、2世・3世に特化した就労支援はニーズがない。必要なもの

は生活保護制度でカバーされている。生活保護を受けていない人は、自分で仕事をしている。ハローワークにも中国語対応が可能な相談員が常駐しているし、そのような求人もある。特に同伴するなどといったことを依頼される相談はない。

今井：就労相談員派遣事業や就労に役立つ日本語等の資格取得のための教育訓練給付金事業を必要とする場面もないのか。

H氏：そうである。

今井：昭和54年ころの国会の質問答弁を見てみると、就労の斡旋について、家族・知人・友人が多く、公的機関によるものが必ずしも多くないというものがある。現在も同じ傾向がみられるか。

H氏：市役所を通しての実績は少ないのではないか。生活保護を受けていない2世・3世か、生活困窮者自立支援事業を通して相談に来ていることはあるかもしれないが、ハローワークの事業で中国語対応が可能なところもあるので、そこにつなぐということは市役所でも行う場合があるかもしれない。

今井：就労の斡旋や紹介の場面で市役所と公共職業安定所の役割分担があまりはっきりしていないということも言えるのではないか。中国ではなく南樺太からの引揚者はいるか。南樺太は昭和18年に完全に内地編入されていることもあり、日本語の不自由はないのではないか。

H氏：樺太残留邦人であった人も1人いる。日本語の支援は特段要しないが、高齢であり、孤立を防ぐための寄り添った支援は必要である。中国残留邦人と樺太残留邦人では経過が異なるので、本人が過去の経験を共有できる人がいない。

今井：社会的孤立に対応する支援ということであるか。

H氏：そうである。

今井：一般の社会福祉制度との連携について伺いたい。現在の支援給付になる以前、残留邦人支援は、多くの制度が3年間という期限を設け、そこから先は一般の社会福祉制度で対応すると（当時の）厚生省も言っていた。現在の制度であれば、帰国後3年経過後も支援が続いていくが、日本での生活が長くなると、他の日本人と同様に、一般の社会福祉で対応していった方

がよいことや、一般の社会福祉制度・専門家との連携が必要なことがあるのではないか。民生委員の活用なども含めてどうか。

H氏：中国残留邦人等の高齢化に伴い、介護保険制度との連携場面が増えている。対象世帯の生活状況の把握にあたっては、ケアマネジャー、サービス管理責任者、ヘルパー、地域包括支援センター等との情報連携が重要であるとの認識である。制度上の連携は障害福祉・難病対策などいろいろとある。実際に本人に関わる人との連携となると、介護保険制度との連携の場面が多い。インフォーマルな面では、家族と介護職員と支援・相談員で情報を共有し連携しつつ、支援に当たる場面が多い。

今井：民生委員との連携はどうか。支援・相談員が活躍する場面が多いのではないか。地域との交流があまり進んでいないのではないか。

H氏：地域でも高齢者向けのサロンもあるが、そこに行っている人というのはあまり聞かない。センターで行われている交流事業には行くが、社協のサロンに行くというケースはない。町会長とのやり取りをしている人もいるが、民生委員が出てくる場面はあまりない。

今井：理解のある町会長がいる地域は交流がある。

H氏：帰国者世帯は公営住宅に居住しているケースが多い。そこにずっと住んでいれば、そこでのコミュニティはできてくる。

今井：支援・相談員もいろいろなトラブルにも対応していると聞く。民生委員よりも支援・相談員がトラブル対応にあたっているケースが多いのではないか。騒音トラブルについても聞いている。

H氏：皆が言っているのは家族に迷惑をかけたくないということである。そこで、支援・相談員の負担が増えてくるのではないか。

今井：トラブルの仲介をしていく中で地域の活動に結びつけることを考えていると思うが、結びつくのに時間がかかるということか。帰国者支援についての今後の方向性について伺いたい。高齢化が最大の直面している課題ではないかと思う。それに伴い医療・介護が必要になってくるのではないか。また、3世・4世のこともあると考えられる。大阪市としてどのように考えているか、方向性について伺いたい。これら事業の多くが厚生労働省の委託事業・補助事業であり、社会・援護局の考え方次第であることは理解

したうえで伺うが。

H氏：3世・4世は帰国者のキーパーソンとしてあがってくる。3世・4世は、生まれも育ちも日本であるので、日本の文化に馴染んでいて日本語に不自由しない。2世ではまだ言葉の壁がある。いろいろな契約や手続きに孫である3世・4世が同伴してくることが少なくないが、それら手続等の場で会う人はしっかりしていて、その限りでは3世・4世に対する支援が表面化していない。関わってくる人はみなしっかりしている。

今井：4世になると言葉の壁はないか。

H氏：全くないように感じる。

今井：制度を利用したり就労したりすることを含めて、社会生活を送るうえで一般の日本人と相違はないか。

H氏：そのように思う。そこに帰国者本人や2世・3世が頼っている部分があると、固有な悩みとなることがあるかもしれない。

今井：4世であると相当若い人もいると思う。帰国者や2世が高齢化していく中でヤングケアラーのような形で頼るということがあれば、4世自身の自立に支障が出るのではないか。

H氏：あるかもしれない。

今井：対象世帯減への対応もあると考えられる。増加要因は考えにくいので、対象者は年々減少すると考えられるが。

H氏：増加することはないので減になっていく。大阪市は減少しているが、まだ多い方である。他の自治体では1世帯などもあるし、府内でも10世帯以下がほとんどである。支援のなり手も、高齢化したり見つからなかったりする。1世帯だけのための地域生活支援事業は自治体としてはしづらい。身近な地域でそれら事業をするということができないと様々な支援に結びついていかないので、格差が生まれている感じもする。大阪市もいずれそのように減少すると考えられる。もともと大阪府の事業が市町村におろされているので、もう一度広域化することも検討してもらったらよいのではないかと思う。全くこれら事業をしていない1～2世帯の地域の人は孤立してしまう。

今井：大阪府から大阪市にこれら事業が移管されたのはいつか。

H氏：新しい支援の体系になった平成20年度からである。大阪YWCAや帰国者センターはもともと大阪府とやりとりをしていたが、事業が大阪市に移管された後、それら団体とのやりとりが始まったことが記録に残っている。ネットワーク事業、日本語事業については当初は大阪YWCAに委託していた。その後帰国者センターが受託するようになった。

今井：自立指導員や支援・相談員の研修について。支援・相談員の研修は「年1回以上が望ましい」とあるが、実際に開催されているか。

H氏：開催している。ただし、令和2年度・令和3年度は、コロナのことがあり、中止になっている。事前に資料も用意していたが。

今井：年1回開催というのは、1日の日程でしているか。

H氏：そうである。

今井：中国帰国者支援は生活保護の行政組織で行われているが、その方が、生活保護との連携がしやすい、あるいは重複する部分があるということか。国も、元々、生活保護は厚生省の社会局で、未帰還者や残留邦人等については引揚援護局で行われていたものが、社会・援護局に統合になっている。国の組織がそうなっているので自治体でもそれに準じて、ということか。

H氏：生活保護との関連では、医療・介護に関しては、一緒に社会保険診療報酬支払基金に請求している。しかし、制度的に違う部分も多い。大阪市の場合、生活保護の（コンピュータ上の）システムに帰国者のものが入っていない。システム上の連携が取れないのですべて手作業である。エクセルで別に作業を行っている。システムの導入ができればいろいろな場面でもっと連携が可能になるが、対象者数が減少する帰国者支援について費用対効果の面でこれまでできていたものをいまさらシステム導入が必要か、ということを問われるであろう。実現は難しい。

今井：昭和50年代初めで帰国者がどんどん増える時代であれば、いろいろなシステムの導入も可能であったかもしれないが、新規の帰国者が少なくなり、かつ本人も高齢化してきている。2世・3世・4世になると、一般の社会福祉でということであろう。

H氏：生活保護の（コンピュータ上の）システムは大阪市独自のものである。大阪府や他の自治体が使っているシステムはパッケージもので中に帰国者の

システムが入っているものを使用している。大阪市は独自に開発したものを使っている。

今井：大阪市は対象者も多いので、早い時期に独自のものを開発し使用することとなったのではないか。

H氏：そのように考えられる。生活保護と（コンピュータ上の）システムの連携をしてほしいと職員は思っているが、実際には困難であろう。

第8節　インタビューの分析

　本章のインタビューについては、大阪YWCA職員の2回と大阪市担当係長の1回は日本語でやりとりを行った。一方、その他は主として日本語・中国語を併用しつつ行った。中国語については通訳を交えて行った。高齢者が多く、単純な通訳だけではなく、補足をしてもらったり、記憶違いの補正をしてもらったりすることによってはじめて聞き取りが可能となった。また、インタビュー当事者や施設利用者のプライバシー、あるいは行政運営の機微に関わる内容も多かった。このため、インタビュー内容については、文字に起こしたものを事後に確認していただき、差支えのない内容・表現に限定している。これら制約のもとで逐語的な分析手法を用いることは困難である。ただし、整理・要約した内容からも傾向を読み取ることはできる。処理ソフト「テキストマイニング」を用い「共起キーワード」による分析を行った。以下がその結果である。青は名詞、赤は動詞、緑は形容詞である。

1. 令和4年5月20日、大阪YWCA職員のY氏・B氏の発言

　名詞では「帰国者」「支援」という語が最頻出でそれぞれ12回であり、そのほか「大阪」9回、「実施」8回も登場する。「帰国者」は「中国」という語との結びつきが強い。「自立」を中心に「通訳」「自立支援」「派遣」「指導員」という語との結びつきが強い。自立指導員や自立支援通訳の派遣事業、医療通訳研修会について聞き取りをしたことが影響していると考えられる。

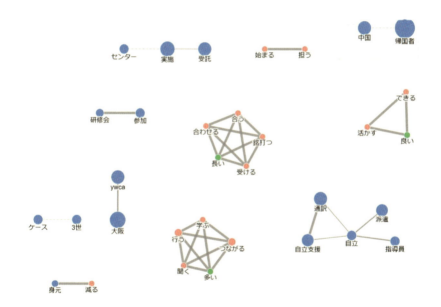

2. 令和4年7月1日、大阪YWCA職員のB氏の発言

　記録からは、B氏の発言のうち名詞では「事業」という語が最頻出で17回、「支援」16回、「実施」13回、「地域」12回が登場する。「事業」は「支援」「地域」「実施」「自治体」「学習」等との関連が強くみられる。大阪YWCAが「身近な地域での日本語教育支援事業」をはじめとする事業を実施していて自治体から受託していることを中心に、内容を展開したことを示している。

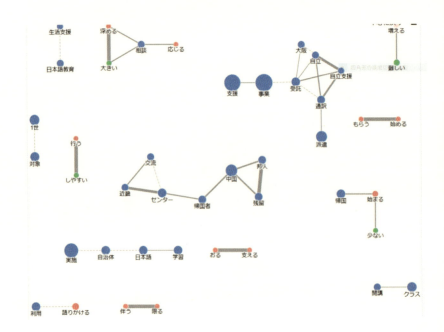

3. 令和4年8月20日、大阪 YWCA 利用者のS氏の発言

　記録からは、S氏の発言のうち名詞は「仕事」という語が最頻出で20回、「2世」18回、「中国」16回、「日本」15回が登場する。国費ではなく私費で帰国し、いくつか仕事をかわったことから「1世」「2世」「国費」「帰国」という結びつき、子どもの教育で困難を抱えていたことから「中国」「娘」「学校」「相談」という結びつき、介護業務に従事していることから「帰国者」「訪問介護」という結びつきが、それぞれみられる。

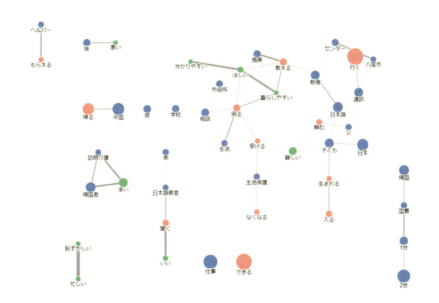

4. 令和4年4月22日、大阪中国帰国者センター常務理事のN氏の発言

「支援」と「相談員」、「自立支援」と「通訳」の結びつきが強い。新しい支援給付に基づく支援・相談員、そして従前からの制度である自立支援通訳の業務内容について説明を受けたことが影響していると考えられる。「帰国」と「国費」、あるいは「日本語」「勉強」「センター」についても、国費帰国者が大阪中国帰国者センターで日本語の勉強をしているという文脈の聞き取りをしたことが結果に反映されていると考えられる。

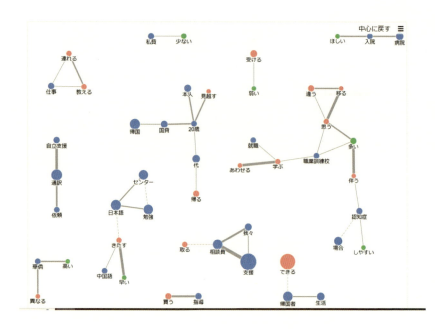

5. 令和4年6月22日、大阪中国帰国者センター常務理事のN氏の発言

　名詞では「通訳」33回、「支援」26回、「相談員」20回、「帰国者」16回、「センター」15回などが頻回に登場している。大阪中国帰国者センターにおける支援・相談員の活動や、自立支援通訳（医療通訳）の派遣について説明を受けたので、必然的にこれらの語が上位になっている。一方で、「理解」「参加」「集い」という語の間にも強い関連がみられる。説明の中で帰国者の理解のための集いを強調していたことが影響していると考えられる。

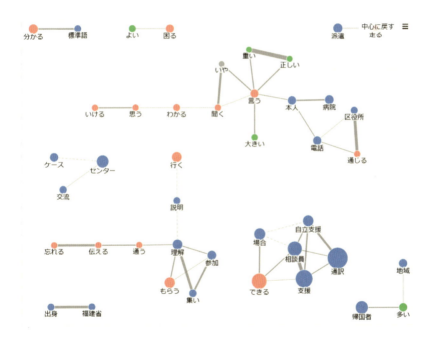

6. 令和4年10月12日、大阪中国帰国者センター利用者5人（X1～X5の各氏）の発言

「帰国者」と「センター」、「支援」と「相談員」に強い関連がみられるのは、利用者が大阪中国帰国者センターで支援を受けていることによるものである。「残留」と「邦人」すなわち中国残留邦人と「高齢者施設」や「老人ホーム」も1つのグループに入るが、中国残留邦人が高齢期に差し掛かり、中国残留邦人等を対象とする高齢者施設を強く希望していることが表れている。「言葉」「問題」「聞き取りにくい」なども登場しているが、日本語によるコミュニケーションの困難さを表していると考えられる。

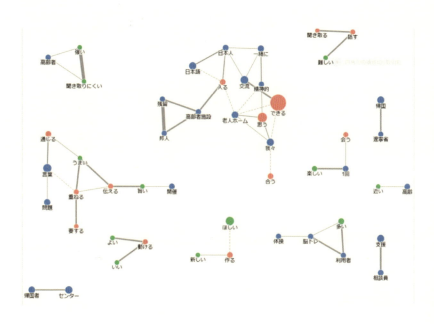

7. 令和4年9月6日、大阪市福祉局生活福祉部保護課担当係長H氏の発言

　「支援」45回、「相談員」23回、「事業」15回、「本人」14回、「生活保護」13回などの語が頻出である。「支援」「相談員」、「自立」「支援」「通訳」などが強い関連を持っているのは、他の6回の聞き取りと同様の傾向である。大阪市の中国帰国者等の支援事業や支援・相談員について聞き取りを行ったことによるものと考えられる。また、中国帰国者等の支援事業は生活保護ではないが、生活保護の部署で実施されていて、情報システムも生活保護のものを転用しているため、「生活保護」の語が頻回に登場する。「薬」「受診」の語も登場しているが、大阪市として適正な受診を指導していることを聞き取ったことが影響している。

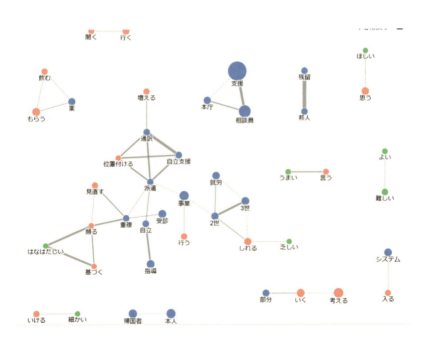

8. まとめ

「共起キーワード」による分析では、各回のインタビューにおいてトピックとなる1から3程度の話題を中心に、そこで登場する関連語句に強い関係性（連結）がみられるというごく常識的な結果となった。

完全に逐語的に録音を起こしたものではないことなどから生じる限界もある。

インタビューを開始した当初は、自立指導員について現在の活動を詳しく質問することを狙いとしていたが、実際には、支援・相談員や自立支援通訳に関する話題が多く登場した。「共起キーワード」にもそのことが反映していて、「自立」「支援」「相談」など、支援・相談員や自立支援通訳に関連する語句が多く登場し、それら同士の結びつきが強く見られる。

第9節　本章のまとめ

令和4年10月12日大阪中国帰国者センター利用者5人のインタビューでは、新しい支援給付が開始した後の日本政府の現在の援護施策に感謝している人が多かった。この人たちは、帰国者センターを通じて公的な施策を一定程度受けている人たちである。生活を充実させるためにより充実した施策を求める気持ちもあるであろうが、帰国以来、生計を何とか維持できていることから、公的施策への感謝の気持ちが強いと考えられる。また、心身状態が概ね良好で、帰国者センターの事業に参加するなど活動的であることから、前向きな気持ちになっていることも考えられる。さらには、日中両国の国家体制の相違があり、帰国までの長期間を過ごした中国の生活様式から、日本においても政府に感謝の念をもちやすいとも考えられる。

中国残留邦人等の支援にあたっては、資料が揃っている国費帰国者に目を向けがちであるが、様々なルートで私費帰国をしている人がいることにも注目しなければならない。

言語習得や意思疎通については、帰国前と帰国後の「方言」に関して、十分

な対応がとられていないことが分かる。すなわち、中国語の場合には地域によって方言の差が大きく、北京官話と福建語のように隔たりの大きいものもある。自立指導員や支援・相談員が置かれ相談業務がなされているが、各地の方言に十分対応できるものとはなっていない。インタビューでは登場しなかったが、中国の少数民族の言語やロシア語への対応が必要な帰国者が自治体の管内に1人でも発生した場合に、通訳や生活支援をするための人員を揃えることが完了するまで長期間かかることが予想される。また、帰国後の日本語習得では、日本語の標準語による教育が行われている。しかし、大阪市在住の帰国者の場合に「大阪弁がよく分からない」という人もいる。帰住先が青森県や鹿児島県、沖縄県のケースでは、帰国者への短期間の標準語教育では社会生活適応が極めて困難なケースが容易に想定できる。

　行政機構や予算は今後減少することが予想される。高齢化に伴い、帰国した人の数が減少する。帰国者の子孫は当然、日本社会において今後も相当長期の年数存在するであろう。ただし、日本社会全体の少子化の影響もあり、その増減の傾向については明らかではない。また、帰国者の配偶者などは別として、子孫は（両親ともに）外国から移住した異民族出身ではなく、本来、日本人の末裔であるから、帰国後に特別な施策が必要とされるのは3世・4世が限度であり、仮に10世や20世になったときにも特別な施策が必要とは考えにくい。行政だけではなく、帰国者を支援する民間団体の活動も含めて、どこかの時点で区切りをつけることが必要になるであろう。また、1世や早期に帰国した2世の高齢化が進展している。老人ホーム等の高齢者施策の充実が必要となっている。

　中国帰国者には、満洲などへの渡航前から経済的基盤が弱い層である家庭の出身が多くみられる（戦前からの日本の一定以上の階層の子弟が、終戦に伴う中国からの帰国の混乱時に現地で誘拐や拉致監禁されるなどして、残留孤児になったケースもあることを否定するものではもちろんない）。さらに、中国人養父母のもとでの生活も経済的に困難を極め、通学・進学ができなかったため、職業上必要となる知識を習得することができなかったりして、日本への帰国後も就労が困難であったり、低賃金の仕事にしか就くことができず生活に困窮しているケースがみられる。基礎学力や学習習慣は、日本語の習得にも大いに影響していると考えられる。

インタビューした人たちは1世・2世とも高齢者になっていて、日本の社会福祉システムに適応しにくくなっている様子が窺える。特別養護老人ホームなど高齢者の居住施設を帰国者向けに作ってほしいという要望もある。地域の民生委員ではなく支援・相談員に相談している状況から、帰国者の生活状況を十分把握し意思疎通が可能な人による支援を求めていることが分かる。高齢期は認知症を発症しやすい時期であるが、習得した日本語が脳の機能の衰えによって使えなくなり、中国語中心の会話になったときに、日本の社会資源を使うことが難しいことが考えられる。記憶力の衰えから、福祉施設への通所日などを失念することも多くなり、ひいては身体的な機能の低下にもつながると考えられる。

中国残留邦人等の支援制度はこれらが開始して以来充実しつつあり、帰国者が活用困難で問題となっているケースはインタビューからは見えてこない。一方で、新規の帰国者がほぼいない状態であるので、帰国直後の支援体制については機能していないと言える。これについては、中国や樺太などとは異なり、戦後も国交が未だ回復していない地域について国交が樹立され、新規の帰国者（日本人の子孫を含む）が生じたときのため、廃止するわけにはいかないであろう。さらに、今回のインタビューでも「中国残留邦人と樺太残留邦人では経過が異なるので、本人が過去の経験を共有できる人がいない」という指摘があった。中国残留邦人支援の枠組みに他の地域から帰国した人を入れる場合には、孤立を防ぐための支援がより一層必要であると考えられる。

とりわけ国費帰国者の場合は、年金や手当により生活の保障は一定程度図られていて、帰国者が現在経済面で極めて困窮しているという状況は、今回のインタビューからは窺えない。その一方で、ゴミ出しや騒音などの日常の生活行為や子・孫の学校教育など生活習慣や関わりのレベルで（従来から生活している）日本人と馴染めないという問題が見えてくる。この問題は、国籍や民族性とは必ずしも一致しないから、在日外国人の4世・5世で出生時から日本で生活している人よりも深刻な問題かもしれない。

大阪市の場合には、帰国者センターや大阪YWCAなどの支援団体が、国費による支援事業を受託している。利用者も「帰国者センターがなくなるようなことがあれば困る」「帰国者センターが永遠に継続することを願う。ここに来れば安心である。困ることがあればすべてここに持ち込んでいる」というように、これ

ら機関による支援を期待している。一方で、今後１世がさらに減少したとき、予算や支援体制の縮小もなされることが考えられることから、そこをどのように手当てしていくべきかが問題となる。

　行政体制は生活保護の部署において行われている。大阪市の場合は、帰国者やその家族の人数が多いため、行政部内においても専従の職員が置かれているが、帰国者等が１人から数人の自治体では、業務量が僅少であるため、生活保護の事務の一部として処理せざるを得ないと考えられる。国レベルにおいても引揚援護の業務と生活保護の業務が同じ局で行われるようになっていることや、帰国者に対する現在の支援給付に移行する以前に生活保護受給者が多かったこと、今後さらなる業務量減少が見込まれること、などから生活保護行政に付随して行われることに一定の合理性があると考えられる。

　華僑など同じ中国文化圏の人々との関わりが大きいのではないかと推測しつつインタビューを行ったが、実際には生活水準の相違から関わりが少ないことも分かった。華僑の場合、日本滞在の期間が長い人も多く、日本語による意思疎通が十分可能であり、あるいは日本語しか話せない人も多くいるであろう。また、実業家など経済水準が高い人が多く、帰国者とは生活レベルが著しく異なることも要因である。

　高齢化に伴い、医療・介護面が重要になっている。その中で、自立支援通訳が医療機関職員などとの間で症状を説明したり、療養上の注意事項を伝えたりすることが重要になっている。通訳は医療知識が十分にあるとは限らないので、研修等により医療面の知識を増やすことが求められている。また、必ずしもその実態が明らかではないが、受診等に際して自立支援通訳の業務が十分に行われていないのではないかということが窺える事象もある。帰国者が不必要な負担をしたりすることがなく、適切な医療・介護を十分に受けることができるような配慮がなされなければならない。これら支援の場面では、言葉の正確な通訳ができることのみならず、ソーシャルワークの視点を持った人の対応が必要である。

　相談業務に当たる支援・相談員と自立指導員の役割分担について聞いたが、大阪市も受託している事業者も明確な回答は困難なようであった。ただし、大阪市は自立指導員に対して適切な医療の受診についての役割を担わせる方向で検討していることが分かる。

今後、帰国者等の孤立防止が重要な課題と考えられるが、言葉の壁がまだ大きいことから、単に日本人集団のところに連れ出すというのではなく、帰国者をはじめとする中国語を理解しうる集団と本人とが関係構築を図ることができるように仲介することが必要であると考える。

第3章
戦傷病者への支援～防空監視隊員を例として

　本章では、戦傷病者への支援の例として、防空監視隊員について国会における質問答弁を中心に議論を整理しつつ考察する。また、本章は拙著「防空監視隊員に関する法制度の研究」[1]を一部改変したものである。

　有事において、国土への外敵の侵入を防ぐとともに、万一防ぎきれなかった場合にも被害を軽減することが重要である。防空活動は有事において、防衛施設など国家機関だけではなく、国民の生命財産をも直接に守る、極めて大切な業務である。戦時下において、防空監視隊員など防空従事者が防空活動にあたっていた。

　防空従事者に関しては、その死傷についての補償制度として防空従事者扶助令が定められていた。それが、戦後ほとんど機能しなかった。そのこともあり、戦傷病者戦没者遺族援護法による準軍属として処遇することにより死傷者の補償を進めようとする動きが、昭和40年代まで活発であった。防空監視隊員は、軍の防空計画の一環として軍の定めた基準に従って行動したことや原則として常勤であったことから、戦傷病者戦没者遺族等援護法上の準軍属とされた。

第1節　防空体制と防空従事者

1. 防空法と防空体制

　防空法は昭和12年に公布施行された。防空法第1条は「防空ト称スルハ戦時又ハ事変ニ際シ航空機ノ来襲ニ因リ生ズベキ危害ヲ防止シ又ハ之ニ因ル被害ヲ軽減スル為陸海軍ノ行フ防衛ニ則応シテ陸海軍以外ノ者ノ行フ灯火管制、消防、防毒、避難及救護並ニ此等ニ関シ必要ナル監視、通信及警報ヲ（略）謂フ」とされていた。

　「防空ヲ実施スル場合ニ於テ航空機ノ来襲ニ関シテハ」4種類の「区分ニ依リ防空警報ヲ発ス」こととされた（防空法第7条第1項）。
① 　警戒警報　　航空機ノ来襲ノ虞アル場合
② 　警戒警報解除　航空機ノ来襲ノ虞ナキニ至リタル場合
③ 　空襲警報　　航空機ノ来襲ノ危険アル場合
④ 　空襲警報解除　航空機ノ来襲ノ危険ナキニ至リタル場合

　防空従事者は、これら防空警報を発令するための情報収集や避難誘導に当たっていたのである。昭和52年4月8日衆議院社会労働委員会で厚生省援護局援護課長は、防空従事者は「防空法の改正規定により16年に防空法の体系に取り入れ」られたと答弁している[2]。昭和41年6月9日社会労働委員会では質問の中で「昭和18年、19年、さらに20年にかけて、つまり本土決戦にあたり防空体制を整備した。そのときに昭和19年9月22日の閣議の決定に基づき、地方防空本部の各級段階の体制が最終的に整備をされた。それとともに帝都の防空体制を整備することについては勅令が出ている」[3]という指摘がある。

　行政面では、昭和16年9月、内務省に防空局が設置され、企画課・業務課・整備課・施設課の4課が置かれた。

　昭和43年3月12日衆議院予算委員会第三分科会の質問中で指摘されているように、防空法は昭和21年1月30日、「占領時代の特殊事情から考えてこれは廃止された」[4]。戦争が終わり、実質的に役割を終えたと考えられたのである[5]。

ただし、後に見るように防空法に基づく業務の残務整理については十分な手当てがなされなかった。

2. 防空従事者制度

（1）防空従事者に対する拘束性と防空業務従事令書

　防空法に基づき各種の防空従事者が置かれた。昭和41年6月9日社会労働委員会では質問の中で「防空法に基づく、つまり防空従事者扶助令第2条に列挙された1号から7号までの問題のうちで、たとえば防空監視隊員についてこの点の命令関係、勤務関係、それについては防空監視隊令が昭和16年勅令1136号で出ているが、防空監視隊員の中には警察官やその他技術を持っておる官吏が一緒に入って、そして防空監視隊を編成するという規定もある。これは罰則がついている」[6]。旧防空法によれば、警察署長その他の防空総本部の命令に従わなければ1年以下の懲役または1,000円以下の罰金に処された。罰則は罰金刑だけではなく懲役刑が含まれ、人身に対する拘束の程度（強制性）が高いといえる。また、防空監視隊員の中に官吏が入っていたことは、拘束性とは別に公務性が強かったことを補強する要素であると考えられる。

　身分的な拘束を伴うことから、現在、準軍属として戦傷病者戦没者遺族等援護法の対象となっている。昭和52年5月24日参議院内閣委員会では厚生省援護局長が「防空に従事した人においても、防空監視隊員とか警防団員等、要するに身分的に従事令書を受ける、その他の拘束を受け、しかも許可なくそれを離れる場合にはそれに伴う罰則が伴う人々について、当然、援護法の対象」となると答弁している[7]。昭和59年7月19日衆議院社会労働委員会では厚生省援護局長が「防空法の中には、確かに監視員なり医療従事者あるいは警防団等のほかに、いろいろな人々が対象になっているが、現在援護法の対象になっている防空監視隊員とか、特殊技能を持っておる者は、旧防空法の内容から見ると、あらかじめ指令書、従事命令書が渡されており、要するに有事の際には出られるように待機をしておった。それだけ義務が課せられたために、義務違反の場合には罰則もかかった」と答弁している[8]。昭和60年6月4日参議院社会労働委員会では厚生省援護局長が「戦争は軍人軍属だけでするわけではなく、日本国内における一般

国民も、国家総動員法あるいは防空法による防空従事者とか、いろいろな形で動員がかかってきた。そういう動員のかかった人々については、国との関係、特別な関係に入ったという考え方のもとに、援護法でも遺族年金あるいは障害年金の援護の対象にしておる。そういう意味では、要するに軍人軍属でなくて当時の非常に大規模な戦争のもとで動員された結果、国との関係に入ってきた人々については国の立場から補償を行っている」と答弁している[9]。軍人軍属ないし文官という公務員身分はないにしても、指令書・従事命令書が交付されたうえで、生死にかかわる場面において罰則付きで出動・待機を求められていたのであるから、拘束性は明白である。このようなケースでは死傷の際の補償についても、当然に軍人軍属と同等のものがなされなければならないであろう。政府自身が、戦争は軍人軍属だけでするわけではないことを明言していることにも意味がある。

防空従事書の様式としては、防空監視隊員に対するものではないが、国会で実際に取り上げられた例として昭和42年4月21日衆議院予算委員会第四分科会の質問の中で次のようなものが示されている。すなわち「『防空業務従事令書　赤木ヨシ　何月何日生　住所広島県広島市平塚町220番地　右防空法第6条ノ規定ニ依リ左記ノ通防空救護業務ニ従事スヘシ　県知事松村光麿　昭和20年2月28日　防空業務ニ従事スヘキ場所、広島市　従事スヘキ期間、自昭和20年3月1日至昭和20年8月31日』というように、何月何日まで広島市を離れてはいけないという防空業務従事令書を個人個人に出している」[10]。字句は若干異なるであろうが、その他の防空従事者も同様の内容と考えられる。

(2) 防空業務の公務性

防空業務が公務か否かということも援護法の適用において重要なポイントとなる。これについて、昭和41年6月9日社会労働委員会で厚生省援護局長は「防空法に基づく防空従事者、命令をもらって防空活動に従事する、その防空活動は公務かどうかは、公務であると考えられる」[11]、また昭和60年6月4日参議院社会労働委員会で厚生省援護局長は「国家総動員法による動員、あるいは防空法に基づく防空従事者、こういう人々は、援護法でも準軍属として公務上の傷害については援護の対象にしている」[12]と答弁している。身分的拘束の下に防空業務に従事することが公務の遂行であることについては疑う余地はないであろ

う。

（3） 防空従事者扶助令

　防空業務は危険性の高いものであるから、職務遂行中に死傷者が発生することが予測される。これについての補償規定が防空従事者扶助令である。昭和41年6月9日社会労働委員会では質問の中で「防空法第12条に基づき、防空の実施並びに訓練に従事した者を対象として、それに伴う傷害、疾病、死亡等に対して扶助規定を勅令で設けることにしている」という指摘がある[13]。具体的には昭和48年4月12日衆議院社会労働委員会で厚生省援護局長が昭和16年12月17日勅令第1137号として「防空従事者扶助令は昭和16年12月17日に制定されている」ことを答弁している[14]。昭和44年4月24日衆議院社会労働委員会の質問中に指摘されているように、防空従事者扶助令第2条には防空監視隊員（第1号）などが挙げられ「この人々には、扶助令に基づくいわゆる年金なり一時金を給するとなって」いる[15]。昭和41年6月9日社会労働委員会の質問の中で「防空従事者扶助令が防空法第12条に基づいて勅令として制定された。その中には一覧表があり、第一欄、第二欄とあって、項目別に1,500円から500円というふうないろいろなランクがある」という指摘がある[16]。昭和44年4月24日衆議院社会労働委員会では質問の中で「昭和19年に防空従事者扶助令が一部改正をされている。この防空従事者扶助令は最低500円から最高1,500円くらいまでだったが、死亡した者、負傷した者に一時金を出している」ことが指摘されている[17]。ただし、戦後の混乱によりこれが実行されていない場合が少なくない。またそもそも、死傷者に対しての補償が一時金だけで十分か、公務員と同じく年金払いの補償の必要性があったのではないかという問題もあるであろう。

（4） 防空従事者制度の廃止

　昭和41年7月19日衆議院予算委員会では質問の中で「昭和21年1月30日に防空法は廃止になっている。廃止になっているが、防空法12条で規定をしている防空の実施と訓練に従事した死没者や傷害者（ママ）、犠牲者に対しては、扶助をする勅令が出ている。この勅令は、昭和21年1月30日の防空法が廃止されたときにも、附則において残してある」[18]という指摘がある。昭和42年4

月21日衆議院予算委員会第四分科会での質問にもあるように、「防空従事者の犠牲に対しては扶助令を設けたが、その扶助令は、戦後、防空法が廃止されても、これは存続することになっておった。この事務の性質上、事務の継承」として「扶助令は法律上残っておる。防空法が廃止された昭和21年1月30日以降も扶助に関する事務は、この問題については廃止しないという附則があり、残っている」[19]。また昭和21年1月31日法律第2号の防空法廃止法律によれば、その附則に「本法施行前ニ発生シタル事由ニ因ル扶助金」の「弁償ニ関シテハ旧法ハ本法施行後ト雖モ仍共ノ効力ヲ有ス」と、法律によって勅令の効力は残っている[20]。このように防空法や防空従事者制度は廃止されたが扶助規定は形式上は残っている。しかし、この残った扶助規定が実行されなかったことから問題が生じているのである。

（5） 防空従事者に対する戦後の補償

戦傷病者戦没者遺族等援護法は「軍人軍属等の公務上の負傷若しくは疾病又は死亡に関し、国家補償の精神に基き、軍人軍属等であつた者又はこれらの者の遺族を援護すること」を目的としている（第1条）。援護法が適用される範囲が拡大して犠牲者の救済が図られてきた。昭和51年5月11日参議院社会労働委員会での質問でも「政府は戦争犠牲者対策を軍人軍属及びその遺族など約18万人に限定してきた。昭和34年に動員学徒が、38年に内地勤務の軍属が、44年に防空監視隊員が、また49年には防空従事者がそれぞれ新たに対象とされるなど、若干の範囲の拡大はあった」という指摘がある[21]。昭和41年6月9日社会労働委員会での質問中の指摘のように「戦傷病者戦没者遺族等援護法が制定されてから、軍人軍属、準軍属とそれぞれ範囲が拡大された」[22]のであり、昭和47年4月20日衆議院社会労働委員会の質問でも登場するように、大まかな分類としては「月給は出して、そして雇用関係があったというのは軍属になっておる。そうでない、命令によって、告示によって戦争に動員された犠牲者は概括的に準軍属になっておる」[23]のである。防空監視隊員をこの定義に当てはめてみると準軍属ということになる。防空従事者については、昭和44年、防空法の規定による防空監視隊員が「準軍属」に加えられた。昭和44年2月24日衆議院予算委員会第三分科会で厚生省援護局長は「厚生省としては、旧防空法の防空従事者、

防空監視隊員について、その業務の実施中に死亡した人の遺族、あるいは業務実施中に障害を受けた人々に対して、これを戦傷病者戦没者遺族援護法の中の準軍属として処遇する」[24]こととしたと答弁しているように、法改正が実現したのである。防空監視隊員は国との雇用契約は結ばれていないため軍属とはいえないであろうが、軍人・警察官と活動を共にし、民防空とともに軍防空としての要素もかなり強いことから、例えるならば、軍属と準軍属の中間に位置しているといえるのではないであろうか。

第2節　防空監視隊員の規定と準軍属

1. 根拠規定と活動

　防空法第6条ノ2では「行政官庁ハ防空上必要アルトキハ命令ノ定ムル所ニ依リ予メ適当ト認ムル者ヲ指定シ監視ニ従事セシムルコトヲ得」と規定した。この規定を受けて防空監視隊令が昭和16年12月17日勅令第1136号として制定された。防空監視隊令には、組織、任命、要員その他が規定されている。第1条は「地方長官ハ航空機ノ来襲ノ監視ニ従事セシムル為防空監視隊ヲ設置スベシ」と定める。昭和41年6月9日社会労働委員会で警察庁長官官房長は「それぞれの県における配置とか編成等は、地方長官が防空計画で定めることになっている。大体組織としては、本部と数か所の監視哨員からなっていて、本部には隊長、副隊長、本部員、監視哨に哨長、副哨長及び哨員等がおり、それぞれ地方長官が命免しておる。なお、隊員は地方長官が指定した者をもって組織するとことになっているが、警察官吏等もそれに加わることができるという形になって」いたと答弁している[25]。

　昭和48年3月29日衆議院社会労働委員会では委員の中で、防空業務に従事した者の中で防空監視隊員は「防空監視哨で警察とか軍隊と一緒にやって、死んだり被害を受けた」ことが指摘されている[26]。昭和42年4月21日衆議院予算委員会第四分科会の質問の中では「防空監視隊員のように、軍人や警察官とともにやぐらの上に立って防空監視をする役割の人があった、防空壕なしで防空監視

の役に当たった」という発言がある[27]。昭和44年4月24日衆議院社会労働委員会では質問中で「広島市役所の上では、軍隊と警察官とそれから防空法によって動員された防空監視隊員が全部一緒で防空監視していて、B29が原爆を落としたときには警戒警報はなかったが、突然炸裂して吹っ飛んだ」という指摘がある[28]。昭和48年4月5日衆議院社会労働委員会では厚生省援護局長が防空監視隊員の勤務場所については「防空監視哨に勤務していて、敵の航空機の来襲に際して、その方向なり機種等を監視していて、おそらく防空監視哨は大都会のまん中ではなく山間部なり島嶼部に設けられていた」場合が多いと答弁している[29) 30)]。

前述の防空警報を発令するに当たっては防空監視隊が収集した情報も用いられ、防空監視隊の情報は、警察を経由し軍に渡ることとなっていた。空襲に備え防空壕なしで防空監視に当たっていたこと等も含めて、軍人・警察官と同等の活動をしていたと考えられる[31]。

2. 準軍属たる根拠

防空従事者の援護については、昭和40年以来、衆議院社会労働委員会での決議が行われた。厚生省は、昭和42年に援護問題懇談会を設けて、防空従事者を援護法上いかに処遇すべきかという点について議論した。結果として、防空従事者のうち防空監視隊員は警防団員などよりも早くから戦傷病者戦没者遺族等援護法の対象となっている。

その理由は次のようなものである。すなわち昭和48年4月5日衆議院社会労働委員会で厚生省援護局長は「援護問題懇談会において厚生大臣に出された意見が、旧防空法の第6条ノ2の第1項の指定を受けた者、つまり防空監視隊員、これを準軍属として援護法上処遇するのに相当である、適当である」というもので、「その答申に基づき、昭和44年の改正において防空監視隊員を準軍属にした。なぜ防空監視隊員を準軍属として扱ったかは、防空監視隊員は軍の防空計画の一環となっておって、軍の定めた法令により、基準によって行動することとされておった。それから原則として勤務の態様は常勤である。しかも相当重い罰則がつけられた、こういった観点から、防空監視隊員は準軍属として扱うのに適

当である」という見解であった、という答弁がある[32]。つまり昭和44年4月24日衆議院社会労働委員会での厚生省援護局長答弁のように「常勤的につとめてもらった者との間に差があるということで、防空監視隊員だけを準軍属に取り上げた」[33]のである。常勤ということも準軍属としての地位が与えられる根拠となっている。

昭和48年4月5日衆議院社会労働委員会で厚生省援護局長は「準軍属とは軍人、軍属に準ずる立場において戦争に協力させられていたので、準軍属として処遇するためには、軍とのかかわり合いが相当強い、あるいは法令等の強制力によって戦争に参加させられていた、こういう実態が必要であろうかと思う。そこで防空法関係の防空監視隊員は、勤務がまさに軍と一体的に、軍防空の一環として、しかも防空監視隊令によれば、防空監視隊員の業務は軍の定める基準に従って行動しなければならぬというふうに規定されている。それから空襲等の場合だけではなく常時監視に当たっていた。つまり常勤的状態で、しかも業務違反に対しては重い罰則があった。こういった点から準軍属として扱う実態があったのではないか」「防空法の罰則は、第19条に『左ノ各号ノ一二該当スル者ハ1年以下ノ懲役又ハ1,000円以下ノ罰金ニ処ス』とあり、1号は「第6条ノ2第1項ノ規定ニ依ル命令ニ従ハザル者」これが防空監視隊員に対する罰則である」と答弁している[34]。

昭和46年3月25日衆議院社会労働委員会で厚生省援護局長は「「（戦傷病者戦没者遺族等の援護の問題に関する）懇談会の意見としては、防空監視隊員についてその措置をなすべきであるという意見であった。昭和44年度の法律改正として、防空監視隊員を準軍属として処遇することとした」と答弁している[35]。

昭和60年4月25日衆議院社会労働委員会で厚生省援護局長は「援護法は、軍属、準軍属のように国との関係で一定の関係がある者に対する国家補償という制度になっている。戦闘参加者も軍の要請によりということで国との関係が生じている。防空監視隊員あるいは防空従事者もそれぞれ出すところは違うが指定書というようなものが出ており、それで国との関係を認めて」準軍属に加えたことを答弁している[36]。指定書（従事令書など）の存在が準軍属としての性格付けを補強している。

なお、総務省行政不服審査会第1部会平成29年6月13日平成29年度答申第

7号「戦没者等の遺族に対する特別弔慰金請求却下処分に関する件」答申書によれば、準軍属とは「直接軍に雇用された者ではない、旧国民徴用令（略）などにより総動員業務に従事させられたり、軍の命令により直接の戦闘又は戦闘を幇助する用務に携わったりした者など国との雇用類似の関係にあった者をいう」のである。ここでは軍との直接の雇用関係がないことが準軍属の定義となっている。

第3節　防空従事者扶助令による支給事務の引継ぎ

　防空従事者扶助令による扶助業務は戦後も形式上残っていた。この事務をどこが引き継いだかが問題となる。次のようなものがある。
　昭和41年6月9日社会労働委員会では、警察庁長官官房長が「終戦とともに防空関係の業務は一切これがなくなったという考え方に立ったものと思われ、当時防空関係は、法律によって防空法が廃止されて、それぞれの訓令によりいろいろな組織が廃止されている。扶助令等について、これがそのまま経過措置で残っておるという分野も一部あるようである。原則的には引き継ぎなしに廃止された。その残っておる問題について、その間の引き継ぎの事情を調査したい」[37]、厚生省援護局長は「厚生省は、この問題を引き継いだ記録もないしそういう実態もない」[38]、自治省行政局行政課長「いろいろ調べたが、現在の自治省の系統でその（防空従事者扶助令による給付）事務を取り扱った記録はない」[39] とそれぞれ答弁している。
　このように各省庁とも明確に引き継いでいないのが実態であった。国会の議論をたどっていくと、防空関係の業務を引き継いだと明言している官庁は見当たらない。これは極めて異例で通常は考えにくいが、法令に定められた業務をどこも・誰も引き継がない事態が想定される場合には法律の附則等にいずれの官庁が引き継いで所管すべきかを、明示する必要がある事例と考えられる。

第4節　防空従事者援護と戦傷病者戦没者遺族等援護法の適用についての国の考え方

1. 防空従事者の援護についての考え方

　昭和44年2月24日衆議院予算委員会第三分科会で厚生大臣は「防空監視隊員は専属的に、ほとんど職業的に防空監視に従事してもらった」「防空要員の人々がほんとうに防空のために尽くしてくれたことを感謝している」と答弁し[40]、昭和44年4月24日衆議院社会労働委員会で厚生省援護局長も「事務当局としても、一日も早く未処遇問題、その他の問題について善処していきたい」と答弁している[41]。国家に奉公した防空監視隊員に対し感謝の念を持ち補償を進めたいという姿勢が表れている。

2. 援護法の適用についての考え方

　昭和41年7月19日衆議院予算委員会では厚生大臣は「防空活動に従事している者が、防空法によって一定の計画のもとに活動をしていた。現実にそういう爆撃その他の災害にあたって、防空活動に現実に従事していたかどうか、この事実を確認する問題が、この判断を下す場合においてきわめて重要な点」だと答弁している[42]。これについて、昭和44年4月24日衆議院社会労働委員会で厚生省援護局長が「防空従事者の中から準軍属に加えた防空監視隊員のごとく、単なる民防空という立場ではなくて、純然たる軍の防空計画の仕事を遂行したということと、それから全く常勤として給与もこっちから出していたというふうな軍人、軍属の身分のある人と全く同じかっこうで犠牲になった人」[43]と答弁している。軍の防空計画に組み込まれていたこと、軍人・警察官とともに常勤的に活動していたことから、この要件を満たすことは十分可能であった。

　結局のところ、昭和44年4月3日衆議院社会労働委員会で厚生省援護局長が答弁しているように「未処遇者の処遇は、昭和42年10月以来、学識経験者からなる援護問題懇談会を開催して、検討」された「意見の趣旨に沿い、逐次措置

を講じているところで、今回も、旧防空法による防空監視隊員を準軍属の範囲に加える」こととなった[44]、昭和44年4月24日衆議院社会労働委員会で厚生大臣は「戦傷病者等援護法により、防空監視隊員に対しては、これは準軍属の扱いにすることに改正をして、そしてそれぞれ年金なりあるいは一時金を出すように改正」[45]すると答弁している。

昭和48年4月5日衆議院社会労働委員会の厚生大臣の「法の解釈として、個別的な、個人を指定して従事令書を、防空法に基づいて指定を受けた者は当然援護法の中で処理せられるべきものである」[46]という答弁がある。個人に従事令書が交付されていたか（本来は交付すべきものが何らかの事情で遅れていた場合もあるであろうから、正確には、交付すべきこととなっていたか）が準軍属として援護法の対象となるか否かの1つの基準であるといえる。

昭和48年4月12日衆議院社会労働委員会で厚生大臣は「援護法は国家と特別な権力関係にある、国家に対する一つの身分を保持しておる者、これが中心の法律で、国民すべてに対する行動の制限をしておることを対象としておるものではない。軍人軍属その他国家に対する身分的な特別権力関係にあった者、それが援護法の対象である」「援護法は国家に対する特別権力関係の身分が設定されておる者」と答弁していて[47]、そのように考えるべきである。昭和52年5月24日参議院内閣委員会で厚生省援護局長は「援護法による援護は、国と一定の身分関係のあった者に対して使用者としての国が国家補償として行うものである。基本にほぼ類似している者をさらに包括するということで、防空活動をとってみても国民義勇隊員のほか、防空監視隊員」等「地方長官の命によって身分を拘束され、公共防空に従事した者に限られる」と答弁している[48]。

昭和59年7月19日衆議院社会労働委員会で厚生省援護局長は「防空従事者、援護法の対象になっているのは、特殊技能を有する者で、医師、看護婦等の医療従事者、防空の実施に関する特別の教育訓練を受けた者で」「特に行政官庁が指定した者で、防空監視隊員が入っておる」と答弁している[49]。平成28年4月5日参議院厚生労働委員会で厚生労働大臣官房審議官は「国が所管する戦傷病者戦没者遺族等援護法は、国と雇用関係にあった軍人軍属や雇用類似の関係にあった準軍属が、公務等による傷病により障害の状態になった又は死亡した場合に、国が国家補償の精神に基づき使用者の立場から補償を行うもので、国と雇用関係に

あった軍人軍属以外も、雇用類似の関係があった準軍属としての援護法としての対象としている」と答弁している[50]。これらのことをまとめると、防空監視隊員も雇用類似の関係にあった準軍属であり、国家補償の精神に基づいて国が使用者の立場から補償を行うべき対象であるといえる。

援護問題懇談会での検討以降、事務当局も防空監視隊員について援護法の適用について否定的なものは見られない。極めて早い段階から、政府側も軍人軍属とともに補償対象としなければならないという認識があったといえる。

第5節　戦傷病者戦没者遺族等援護法よる年金等の給付状況

戦傷病者戦没者遺族等援護法による年金等の支給状況については次のような答弁がある。昭和48年4月5日衆議院社会労働委員会では厚生省援護局長が「防空監視隊員として遺族援護法による給付として、弔慰金が27件、遺族給与金の21件、合計48件給付している。地域別・県別はわかりかねる」と答弁している[51]。昭和55年3月6日衆議院社会労働委員会では厚生省援護局長が「戦傷病者戦没者遺族等援護法による遺族年金あるいは遺族給与金及び障害年金それぞれの受給者の状況について」「防空監視隊は、遺族給与金が33名、障害年金が11名」であると答弁している[52]。昭和59年7月19日衆議院社会労働委員会では厚生省援護局長が「昭和58年12月末で、防空監視員で障害年金をもらっている人は10名、遺族給与金をもらっている人は25名で、これは58年12月末現在で、過去からの累積でいうと、障害年金が11名、遺族給与金が49名となっている。なお弔慰金は49件である」と答弁している[53]。昭和60年4月25日衆議院社会労働委員会では厚生省援護局長が「弔慰金について防空監視隊員が50件」であると答弁している[54]。

ただし、あくまでこの当時に請求できた人の数であり、本人の死亡や遺族がいないことによって受け取ることができなかった人も少なくないであろう。

第6節　本章のまとめ

　昭和41年7月19日の衆議院予算委員会における厚生大臣答弁では、準軍属としての性質を有するか、つまり援護法対象に該当するかは「防空活動に従事している者が、防空法によって一定の計画のもとに活動をしていた。現実にそういう爆撃その他の災害にあたって、防空活動に現実に従事していたかどうか」が「判断を下す場合においてきわめて重要な点」とされている。勤務状況については、昭和48年4月5日の衆議院社会労働委員会における厚生省援護局長答弁で明らかなように、防空監視隊員の「勤務がまさに軍と一体的に、軍防空の一環として」のものであり、「防空監視隊令によれば、防空監視隊員の業務は軍の定める基準に従って行動しなければならぬ」と規定されていて「空襲等の場合だけではなく常時監視に当たっていた」のである。すなわち昭和41年6月9日社会労働委員会での質問で指摘されているように「常勤的状態で、しかも業務違反に対しては重い罰則」（1年以下の懲役または1,000円以下の罰金）があった点から「準軍属として扱う実態があった」といえる。防空監視隊令で「防空監視隊員の中には警察官やその他技術を持っておる官吏が一緒に入って、そして防空監視隊を編成するという規定もある」[55]ことも実態を把握する大きな手掛かりとなる。これらのことから防空監視隊ないし防空監視隊員の業務は民防空と軍防空の二つの性質を有していること、同じく防空業務を行う警防団よりもさらに軍防空の要素が強いことを見てとることができる。

　昭和52年5月24日参議院内閣委員会で厚生省援護局長は「援護法による援護は、国と一定の身分関係のあった者に対して使用者としての国が国家補償として行うもので」「地方長官の命によって身分を拘束され、公共防空に従事した者」[56]が対象となると答弁している。昭和60年4月25日衆議院社会労働委員会での厚生省援護局長答弁のように、援護法が適用されるのは「軍属、準軍属のように国との関係で一定の関係がある者に対する国家補償という制度になって」いて、防空監視隊員が準軍属に加えられたのは「指定書というようなものが出ており、それで国との関係を認め」られたからである[57]。防空監視隊員がこれら諸条件に該当することは、国会の議論からも疑う余地はほとんどない。防空監視隊

の活動は軍防空・民防空の性質を併有するものであり、業務中の死傷者やその遺族を援護法の対象とすべきことは極めて明白と考えられる。国会答弁でも明らかになっているように、実態・形式とも国家（軍）との関係があったことははっきりしている。

　そうであるにもかかわらず、戦後 20 年以上にわたって救済がなされていなかった。法令上は明らかであったにもかかわらず、戦後の混乱から実態が不明確となり、補償から漏れていたと考えられる。戦後、国会内外において警防団員等の防空従事者を含め、実態を明らかにすることや補償を求める動きがあった。それが原動力となり実態が解明された。ただし、実態が明らかにされた後は、防空監視隊員は国との雇用類似関係や身分上の拘束性が明らかであったため、他の防空従事者に比し早い時期で援護法の対象とされている。

　ところで、本来は、戦傷病者戦没者遺族等援護法が適用される以前に防空従事者扶助令による援護がなされなければならなかったはずである。しかし、連合国軍による占領管理の直前に各種資料が焼却されたこと、戦災による混乱により資料が散逸したこと、戦後の官庁の再編で所管官庁が不明になったことなどにより、法令は存在していても予算・組織が手当てされず必要な扶助がなされずにいた。昭和 42 年 4 月 21 日衆議院予算委員会第四分科会では消防庁長官が、所管官庁について「どこの役所が引き継いでいるか」は「内務省が廃止になってから内事局ができて」「第一局がおそらくこの関係を当時としては引き継いだものであろう」が、「内事局も、これは暫定的な機関で、23 年」「これも廃止になっている」、内事局も「防空そのものの仕事はもう終戦と同時になくなっているので、その仕事そのものを正面から継いでいるわけではないが」「残務としてはそこが継いだ」と推測されるが、その後は「特にこの防空関係について所掌事務として明示してこれを引き継いだ役所は見当たらない」[58]と答弁している。昭和 42 年 4 月 21 日衆議院予算委員会第四分科会で厚生省援護局長が答弁してるように、防空従事者扶助令による一時金は、昭和 18 年・19 年・20 年の決算で防空実施諸費で計上されている[59]にもかかわらず、昭和 21 年度以降の決算が見当たらないことや、昭和 42 年 7 月 14 日衆議院内閣委員会で厚生省援護局長が「扶助令の中では一時金の支給が」「犠牲者に対して行なわれるようになっていて、これが 21 年の半ばごろまで施行されたが、その後は所管官庁もわからずにそのまま

になってしまっている」[60]と答弁していることから、一時金を支給しなかった蓋然性が高いことが窺える。

　さらには軍防空の要素が強いことは、連合国軍による占領管理中の救済を難しくした側面があったかもしれない。

第4章
戦傷病者相談員・戦没者遺族相談員による相談援助活動

　本章では、中国残留邦人等に対する相談援助活動と対比するため、戦傷病者相談員・戦没者遺族相談員による相談活動について国会における政府答弁を中心に議論を整理しつつ、考察する。本章は拙著「戦傷病者相談員及び戦没者遺族相談員制度の研究」[1]を一部改変したものである。

　昭和38年に制定された戦傷病者特別援護法は第1条で「この法律は、軍人軍属等であつた者の公務上の傷病に関し、国家補償の精神に基づき、特に療養の給付等の援護を行なうことを目的とする。」と規定している。

　同法の第2章で援護について規定しているが、そのほとんどは療養の給付など経済面の支援である。ただし、第8条の2で戦傷病者相談員について規定している。これは、戦争犠牲者に対する相談援助活動の根拠規定である。第1項は「厚生労働大臣は、戦傷病者の福祉の増進を図るため、戦傷病者の更生等の相談に応じ、及び戦傷病者の援護のために必要な指導を行なうことを、社会的信望があり、かつ、戦傷病者の援護に熱意と識見を持っている者に委託することができる。」、第2項は「前項の規定により委託を受けた者は、戦傷病者相談員と称する。」、第3項は「戦傷病者相談員は、その委託を受けた業務を行なうに当たつては、個人の人格を尊重し、その身上に関する秘密を守らなければならない。」とそれぞれ規定している。

　また、戦没者遺族相談員は「戦没者遺族相談員の設置について」（昭和45年7月13日厚生省発援第73号各都道府県知事・沖縄・北方対策庁沖縄事務局長あて厚生事務次官通知）別紙「戦没者遺族相談員設置要綱」に定められている。昭和45年10月1日から民間篤志家に対し、戦没者遺族に関する相談、指導の業

務が委託されている。「戦没者遺族相談員設置要綱」の「1 設置の目的」では「戦没者遺族相談員は、戦没者遺族の援護の相談に応じ、必要な指導、助言を行なうとともに、関係機関の業務の円滑なる遂行に資する業務を行ない、もって戦没者遺族の福祉の増進を図ることを目的として設置される」としている。

また、これら相談員の証票の交付は「戦傷病者相談員および戦没者遺族相談員証票の交付について」（昭和50年12月3日援発第1477号各都道府県知事あて厚生省援護局長通知）別紙「戦傷病者相談員および戦没者遺族相談員証票交付要綱」がある。

なお、戦傷病者戦没者遺族等援護法の改正に際して、「政府は、次の事項につき、格段の努力を払うべきである」「戦傷病者相談員及び戦没者遺族相談員の処遇の改善をはかること」という付帯決議が繰り返しなされている[2]。

第1節　戦争犠牲者援護の拡大とその限界

中国残留邦人に限らず戦争犠牲者は国民の各界各層にわたるが、援護制度が法的にも整えられたものを比較検討することにより、その中で相談援助がどの程度見られるかを測定することが可能と考えられる。

なお、戦争犠牲者の援護については、いくつかのグループに分けることができると考える。まず、軍人・文官のように政府職員として援護の必要性が国においても明確にとらえられていた人々である。逆に、国との雇用関係は一切なく、いわば一般の戦災者として、その被害を等しく受忍する立場にあり、生活困窮など特別の事情があるケースについては、社会福祉の一般的な施策によって救済されるべきケースである。しかし、この2つのケースのほかに様々な中間的なケースがある。日本政府と雇用関係はないが、法令により身分・業務が著しく拘束されていたカテゴリー層がある。防空監視隊員や警防団員のケースである。あるいは、形式的には日本政府やその管轄にあるわけではないが、実質的に日本政府・日本軍の業務の一部を担っていた集団である。満洲国の軍人・文官や南満州鉄道・華北交通などの特殊会社の職員である。これらの人たちは、その実質面から徐々に日本の援護制度の枠組みに入れられてきた。

戦傷病者戦没者遺族等援護法は「軍人軍属等の公務上の負傷若しくは疾病又は死亡に関し、国家補償の精神に基き、軍人軍属等であつた者又はこれらの者の遺族を援護すること」を目的としている（第1条）。援護法が適用される範囲が拡大して犠牲者の救済が図られてきた。「政府は戦争犠牲者対策を軍人軍属及びその遺族など約18万人に限定してきた。昭和34年に動員学徒が、38年に内地勤務の軍属が、44年に防空監視隊員が、また49年には防空従事者がそれぞれ新たに対象とされるなど、若干の範囲の拡大はあった」[3]「戦傷病者戦没者遺族等援護法が制定されてから、軍人軍属、準軍属とそれぞれ範囲が拡大された」[4] のであり、大まかな分類としては「月給は出して、そして雇用関係があったというのは軍属になっておる。そうでない、命令によって、告示によって戦争に動員された犠牲者は概括的に準軍属になっておる」[5] のである。

なお、総務省行政不服審査会第1部会平成29年6月13日平成29年度答申第7号「戦没者等の遺族に対する特別弔慰金請求却下処分に関する件」答申書によれば、準軍属とは「直接軍に雇用された者ではない、旧国民徴用令（略）などにより総動員業務に従事させられたり、軍の命令により直接の戦闘又は戦闘を幇助する用務に携わったりした者など国との雇用類似の関係にあった者をいう」のである。ここでは軍との直接の雇用関係がないことが準軍属の定義となっている。

日本同様に枢軸国として終戦を迎えたドイツの場合の戦争犠牲者援護について解説したものとして、宍戸伴久「戦後処理の残された課題：日本と欧米における一般市民の戦争被害の補償」[6] は次のように指摘する。すなわち、「人的損害の補償の中核を占めるものは、「1950年12月20日の戦争犠牲者の援護に関する法律（連邦援護法）（Gesetz über die Versorgung der Opfer des Krieges-Bundesversorgungsgesetz vom 20. Dezember 1950）（BGBl. I S.791.）」（以下「連邦援護法」という。）による戦争犠牲者とその遺族への給付である」「連邦全体で援護を統一的に規制する連邦援護法が制定されたのは、ドイツ連邦共和国（西ドイツ）の成立の翌年の1950年12月であった」[7]「一般的には、ドイツ国内（正確には「連邦援護法の適用領域内」）に居住するドイツ国籍保有者で、軍務または準軍務に関連して損傷を受けた者が、損傷により健康上、経済上の影響を受けた場合に、本人又はその遺族（寡婦、鰥夫、元配偶者）に対して連邦援護法が適用される」[8]「給付には、①認定医療（損傷に起因する健康障害、稼得能力減

退度50％以上の重度障害者の場合、他制度による給付がないときは、損傷に起因しないものも含む。ただし所得制限等の支給制限あり)、②一般医療(他制度による給付がない場合。重度障害者以外の障害者、重度障害者の家族、介護加算受給者の介護者、遺族)、③援護傷病手当、④障害年金及び各種加算・加給、⑤遺族年金及び各種加算・加給、⑥職業リハビリテーション(職業能力回復訓練、生計手当)、⑦戦争犠牲者扶助、⑧埋葬料、死亡手当及び遺族死亡時の埋葬料、がある」[9]のである。

戦争犠牲者に対する相談援助活動は、①旧軍人・文官のように中核的に対象となる人々と、②一般の社会福祉の中に吸収され特別なものが設けられていないもの、③ ①と②の中間にあり一定の範疇の者が①に移行しているものの3類型がある。

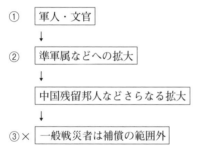

例えば戦傷病者に対する相談員制度があるが、これは戦傷病者特別援護法に根拠のある活動である。同法に基づいて昭和38年に制定された戦傷病者特別援護法施行令はその第1条で「戦傷病者特別援護法(略)第2条第2項第5号に規定する南満洲鉄道株式会社の職員に準ずる者は、戦傷病者戦没者遺族等援護法施行令(略)第1条に規定する者とする」とされている。戦傷病者戦没者遺族等援護法施行令の第1条では「戦傷病者戦没者遺族等援護法(略)第2条第1項第4号に規定する南満洲鉄道株式会社の職員に準ずる者は、次の各号に掲げる者とする」とし、第1号では「もとの陸軍又は海軍の指揮監督のもとに法第2条第1項第1号から第3号までに掲げる者の業務と同様の業務にもつぱら従事中の次に掲げる法人の職員」とする。そして掲げられている法人は、華北交通株式会社、華

中鉄道株式会社、満洲航空株式会社、中華航空株式会社、満洲海運株式会社、満洲電信電話株式会社、華北電信電話株式会社、華中電気通信株式会社、蒙彊(もうきょう)電気通信設備株式会社である。

　恩給・共済年金の通算の場合は、恩給法の一部を改正する法律附則第43条の外国特殊法人及び職員を定める政令により「当該法人の職制による正規の職員」となっているが、戦傷病者特別援護法施行令では「南満洲鉄道株式会社の職員に準ずる者」は「従事中の次に掲げる法人の職員」であるから雇員・准職員の期間も援護に関して排除されない。

　なお、戦傷病者・戦没者遺族に関する援護は南満州鉄道株式会社職員のほか上記9社が入っているが、恩給・共済年金の通算では、南満洲鉄道株式会社・満洲電信電話株式会社・華北交通株式会社・華北電信電話株式会社・華北広播協会・北支頤中公司・華中鉄道株式会社・華中電気通信株式会社・蒙彊電気通信設備株式会社が、また公務員や旧三公社職員の退職手当の通算では、南満州鉄道株式会社・満州電信電話株式会社・華北交通株式会社・華北電信電話株式会社・華北広播協会・北支頤中公司・華中鉄道株式会社・華中電気通信株式会社・蒙彊電気通信設備株式会社・満州帝国協和会・満州開拓青年義勇隊訓練機関・満州林産公社がそれぞれ該当するなど、統一に欠ける面がある。

　なお、日本の戦傷病者戦没者遺族等援護法は軍人軍属準軍属を対象として、一般民間の戦争犠牲者について含んでいないが、これについて、昭和48年7月3日参議院社会労働委員会での厚生省援護局長の答弁として、政府は次のように説明している。すなわち「西ドイツの場合の例が、あがったが、西ドイツの場合には、この第二次世界大戦の前までに、第一次世界大戦の結果に基づく援護制度として、1920年に、公傷に際しての軍人及びその遺族の援護に関する法律、国家援護法といわれるものが制定されている。この国家援護法は日本でいえば恩給法、遺族援護法に当たるもので、軍人軍属、準軍属、そういった人々に対する国の補償制度である。それと別個に1922年に戦争によって惹起された個人の損害の補償に関する法律、これは戦争による個人損害法が第一次大戦の結果制定されている。この第一次大戦の結果制定された理由として、第一次大戦における東プロシアへのロシア軍の侵入、それからドイツ領域に対する敵空軍の攻撃、敵国にあるドイツ市民の抑留、こういったことによって市民の損害が考慮されたことに

なっている。すなわち、第二次大戦前にすでにこういった戦争による個人損害法があったのであり、第二次大戦後においても、西ドイツにおいては日本と同様に、当時の占領軍がこれらの援護法規を全部廃止して、適用を禁止したが、すでにこういった過去における1922年の特別立法の伝統があるために、戦後1950年につくられた連邦援護法においてはそういった市民に対する損害も取り入れられたのであろう、かように考える。西ドイツにおいてはそういう制度が第二次大戦前からあったという一つの沿革があった。日本の場合は一体どうなのかとなると、日本の場合は日清、日露以来、主要戦争はすべて国外で戦われてきている。西ドイツのように第一次大戦で東プロシアにロシア軍が侵入したような経験が過去においてはなかったわけで、第一次大戦の結果の援護法においてもそういう個人の損害というような問題が起きなかった、そういったいろいろな過去における立法の沿革の相違もあろうかと思う」[10]というものである。すなわち日独を比較すると、第二次世界大戦前に国内での一般市民に対する直接の武力攻撃による犠牲が生じていたか否かが戦後における援護法制のあり方に影響しているのである。

第2節　戦傷病者相談員制度の創設

　国会で戦傷病者相談員の創設が具体的に取り上げられたのは、昭和40年2月22日衆議院予算委員会第三分科会が初めてである。このとき厚生大臣は「新たに、戦傷病者の援護の増進に資するため戦傷病者相談員を設置する」とした[11]。また、昭和40年3月4日衆議院社会労働委員会では、厚生大臣が「戦傷病者戦没者遺族の援護については、昭和40年は終戦20周年にも当たるので、一段と援護の拡充をはかることとし、戦没者の遺族に対し新たな特別弔慰金を支給する制度を創設するほか、戦傷病者相談員の設置、未実施の地域における戦没者墓地への墓参の実施等を行いたい」としている[12]。さらに、昭和40年3月18日衆議院社会労働委員会において、厚生大臣が戦傷病者特別援護法の一部を改正する法律案について提案の理由を説明する中でより具体的に述べている。すなわち「戦傷病者相談員に戦傷病者の相談業務を委託する」「厚生大臣は、戦傷病者の福祉

の増進をはかるため、戦傷病者の更生等の相談に応じ、戦傷病者の援護のために必要な指導を行なうことを戦傷病者相談員に委託することができることとした」としている[13]。昭和40年4月13日参議院社会労働委員会では厚生大臣は「戦傷病者特別援護法の改正の第一点は、戦傷病者相談員に戦傷病者の相談業務を委託することについてである。すなわち、厚生大臣は、戦傷病者の福祉の増進をはかるため、戦傷病者の更生等の相談に応じ、戦傷病者の援護のために必要な指導を行なうことを戦傷病者相談員に委託することができることとした」としている[14]。

さらに具体的な業務の質疑が行われているのが昭和40年4月1日衆議院社会労働委員会である[15]。委員から「戦傷病者相談員の任務を8条の2の条文で見ると、戦傷病者の福祉の増進をはかる、それから戦傷病者の更生、援護のための指導ということになっておる。そして社会的信望があり、識見と熱意を持っている人を選ぶことになるが、一体この人たちの戦傷病者の相談に応ずる具体的なことはどういうことをすることになるのか」「今度相談員をつくり、抽象的に福祉の増進をはかるとか、更生、援護のための指導をやるとか言っても、抽象的なことではわからない。具体的には一体どういうことをすることになるのか」と質問されている。厚生省援護局長答弁では「今回戦傷病者相談員制度を設けるが、従来県なりあるいは市町村の公務員が、それぞれの仕事について個々の戦傷病者の相談に乗っていた。しかしながら、戦傷病者は、一方において援護法による障害年金あるいは障害一時金の給付があり、また特別援護法により、療養の給付あるいは補装具の支給等がある。また国鉄の無賃乗車等の制度もあり、各種の法律に基づく援護措置があるが、これは法律も非常に難解で、また手続も煩瑣なものがあるので、そういうことについて役所では聞きにくいことを民間の相談員が親身になって相談に乗る、あるいは指導することが非常に必要と思う。一般の社会福祉行政は、民生委員制度があり、役人の指導の手の届かないところを民生委員が親身になって相談に応ずるという制度があるが、戦傷病者も、いわば一般の社会福祉における民生委員的な立場において、民間人の立場から親身の相談に乗る、あるいは指導をすることがこのねらいである。したがって、役人のできないような親身の相談に応ずることがこの制度の趣旨である」としている。

この種の相談員の必要性は、戦後20年間ずっとあったはずである。この制度

が戦後20年間という長期にわたりなぜ創設されなかったかについて議論されているのが昭和40年3月25日衆議院社会労働委員会である[16]。委員から「戦傷病者特別援護法の今回の改正で新たに戦傷病者相談員を設けることに決定している。なぜこれがいままで実現をされなかったか非常に不満もあり、また疑問にも感じている。現在非常に援護法自身も複雑化しているし、また、厚生省の所管の援護法関係のほかにも、この人々に関係のあるものとしていわゆる恩給法の関係のものもある。一般の人々にこれだけ複雑化した法律内容を理解することは、時間的にもまたそのチャンスの上からも困難な場合が往々にしてある。現在未裁定に終わっている未処遇者の中に、こうした制度がもっと早くつくられておれば、何らかの解決策を見出し得た者も相当数あるのではないか。そうしたものから見ても、当然もっと早くになされなかったことに対してたいへん不満がある。今回この戦傷病者相談員というものが認められたことに対しては、おくればせながらこれはこれで意味のあることだと思うが、これを設定された趣旨はどの点にあるのか」という質問がされている。これに対して厚生大臣は「もっと早くからあったほうが援護のすべてがスムーズにいった。役所関係のいろいろな折衝があり、そういった過程でおくれておった、ほんとうに遺憾に思っている。しかし今回長年、20年こういう仕事をいろいろ処理して、どうしてもこれは官庁や県や市町村だけではできない、民間の協力なくしては援護の完璧を期せられない、こういう事情がすべてにわかってきて、そして今回これを置くことになった。たいへんおくれて恐縮に思うが、今度でき上がるわけで、援護の完璧を期したい。人選等においても十分意を使い、最後の仕上げと言うか完璧を期したい」と答弁している。

　昭和40年5月11日参議院社会労働委員会においても「終戦後すでに20年であるが、いまあらためて戦傷病者相談員を設置しなければならない理由は何か」という質問がある。これに対しては、厚生大臣は「引揚者の処遇または帰還者、それから戦病者の処遇、いろいろ問題がやはり錯綜している。戦後20年であるが、どうしても相談員のような制度を立てて、そしてきめのこまかい手を打たないと最後の総仕上げがむずかしいのではないか、いよいよ総仕上げに入ったのではないか、と考えていて、きめのこまかい手を打ちたいということで相談員を置くことを考えた」と答弁している[17]。

この相談員制度ができる前はどのような組織・人員で行っていたのか、この相談員制度ができることによって利便性が高まるのかも問われる。これについて昭和40年3月31日衆議院社会労働委員会での厚生省援護局長答弁は「従来は実際上そういうことをしていた人はあったと思うが、少なくとも今回こういう制度が正式に法律にできることにより、そういう人々も厚生大臣から相談員という形で委嘱を受けて正式な名誉職的なものとしてさらに努力していただくという体制になり、もちろん従来も実体はある程度あったことと思うが、さらにそれが形の上ではっきりしたものとなって、より一層こういう業務が伸展すると考えておる」としている[18]。昭和40年5月11日参議院社会労働委員会でも「現在まで相談員的な仕事はどこで世話してきたか」という質問に対して、厚生省援護局長は「従来は、中央においては、全体的な問題としては厚生省の職員が相談にあたり、やや地域的な問題としては現実に県の職員、さらに市町村の第一線の職員がそれぞれ相談にあたっていた」と答弁している[19]。

第3節　戦傷病者相談員の拡充

戦傷病者相談員制度が設けられたが、復帰前の沖縄を含めて470人と少数であることが問題であるとして取り上げられている。それが昭和41年6月1日衆議院社会労働委員会である。「(昭和40年の)戦傷病者特別援護法の改正によって、戦傷病者の相談員の制度が設けられた。これは非常に喜ばれて、時効になりそうな人が救い上げられたり、いろいろこの相談員制度の効果があがって喜ばれているが、せっかく設けられた制度の現在の定員があまり少ないために、各相談員の担当地域が広過ぎるなど、円滑に運営されていないうらみがあるので、将来これを増員する考えがあるか」というものである。これに対して厚生省援護局長は「戦傷病者相談員の活躍であるが、数が少ないのに非常によくケースワーカーとしての実績をあげているという指摘であるが、厚生省から見てもそういう状態で、現在本土関係で460名、沖縄に10名という配置で、各都道府県約10名程度の人々に活躍をしてもらっているが、各方面からこの増員を望む声が非常に多いので、この制度はまだ昨年10月に発足したばかりであるが、来年度あたりは

そろそろ、こういう非常に各方面から希望される制度というものを伸ばしていくために、増員を検討したい」と答弁している[20]。この問題は昭和42年6月7日衆議院社会労働委員会でも取り上げられている。「戦傷病者の相談員は今後拡大していきたいという意向があったが、どの辺まで拡大してと考えているか」という質問に対して厚生省援護局長は「戦傷病者の相談員が現在各都道府県を通じて470人設置されているが、少なくとも最終目標としては各福祉事務所に1人、いま全国に福祉事務所が約1,100ばかりだが、その福祉事務所に少なくとも1人は行き渡るように増員していきたい、とりあえず昭和42年度に470人の半数の235人を増員したい」と答弁している[21]。

第4節　相談員の手当額・人員

1. 手　当　額

　戦傷病者相談員・戦没者遺族相談員とも発足当初からその手当額が著しく少ないことが問題となっている。早い時期のものとして、昭和40年3月31日衆議院社会労働委員会での質問答弁がある。委員から「戦傷病者相談員には、法8条の2の3項で『その委託を受けた業務』を行なうに当たっては、個人の人格を尊重し、その身上に関する秘密を守らなければならない」という規定ができている。これは相当重大な問題だと思う。これは名誉職として、悪くいえばおだててやらせるというような軽い気持ちでできる仕事か。予算を見ても少ない。名誉職であればただは当然であろうが、460人の予定に対して158万6,000円で、1人1年間に3,441円である。ほんとうの名誉職である。『社会的信望があり、かつ、戦傷病者の援護に熱意と識見を持っている者に委託することができる。』となっている。これは金の問題ではないが、3,441円で、社会的信望があって、戦傷病者の援護に熱意と識見を持って、他人の秘密を十分守ってまじめにやるという人をどういう方法で探し出そうとしているのか」と質問がある。厚生省援護局長は「昨年（昭和39年）からこの話は特に強く出て、その際にも国から金は一銭ももらわなくともいいからとにかく早くこういう制度をつくってもらいたいという

関係者からの強い要望があった。しかし、いやしくも国が委嘱する以上は0で委嘱するわけにいかないので、予算の成立を待って今回これを制度化することにした。予算に組まれておる額は月額500円程度で、全く涙金であるが、しかしこれらの業務に従来とも携わってきた人、あるいは今後とも携わってもらう人は、そういう金銭的な問題は度外視してもらう人に委嘱することを考えておるので、その点は少ないけれどもがまんしてやってもらえることと期待している。具体的な委嘱は、厚生大臣が都道府県知事に依頼して、ほんとうに適任と思われる人を推薦してもらい、その推薦によって委嘱したい」と答弁している。これに続いて委員から「中には十分資力も熱意もあって進んでやろうという人のあることは信じる。しかし460人がことごとくそうだとは考えられない。これは、国がやるべき仕事を民間の篤志家にやらせるという観念もいいがもう少し国がやるならやるように、その点を徹底して考える必要はないか」と質問があり、厚生省援護局長による「確かに非常に乏しい謝礼の費用であるので、国としてはできるだけ今後増額につとめたいが、たとえば民生委員その他の同じような例を見ても、この相談員に対する謝礼と大体似たような額であり、やはり他の制度との均衡もあり、一挙に増額もむずかしいが、できるだけその点に努力したい」という答弁がある[22]。制度発足前から、国は民生委員など他の相談員制度やその手当額との均衡を重視していたことが分かる。

　具体的金額やその性質は、昭和40年4月1日衆議院社会労働委員会でも登場する。委員の「470人の予算は158万6千円である。そうすると、この手当はこの中から出すことになるのか。その手当は一体幾ら出すのか」という質問に対して厚生省援護局長は「報酬の件であるが、予算面においては一人月額500円ということで計上している。これは実費弁償というたてまえであり、一律にということよりも、むしろ現実に要した実費に応じてという考え方であるが、一応予算面は月額500円である」とその性質を含めて答弁している[23]。ここで手当の性質は実費弁償であることが明らかにされている。

　金額は昭和41年においても同じで、昭和41年5月26日参議院内閣委員会で行政管理庁行政監察局長が「戦傷病者相談員等は一人月額500円となっている」と答弁している[24]。こののち戦傷病者相談員の手当は昭和48年度まで据え置かれた。昭和44年7月1日参議院社会労働委員会でこの問題が取り上げられてい

る。「戦傷病者相談員の人たちの給料は、どのくらい出ているか」「そういう世話係、それは確かにボランティアの精神を持たなくてはいけないし、また持っておる人もいるが、最もたいへんな仕事である。いやがられる仕事。それに月額500円くらいの実費弁償では、あまりにも非常識ではないか。今後こういう老齢者が多くなればなるほどこのような人は必要なものであり、もっと給料を上げたらどうか」「非常勤であっても、その相談員はもう少し予算をとって、月500円や1,000円ではなかなかむずかしいのではないか。そういう相談員をたくさん獲得するためには、やはり人並みの、あまりおかしくない給料を出すようにもう少し努力してほしい」などと質問されている。厚生省援護局長は「常勤の職員ではないので、全く民生委員と同じような、ボランティアとしてのサービスということで、その実費弁償として月額500円手当を出している」「戦傷病者相談員は、常勤の公務員ではない。非常勤の公務員でもなく、実は戦傷病者が、戦傷病者仲間でめんどう見る、こういうかっこうになっており、全くほんとうに自発的に仲間同士で仲間の世話を見る、こういうかっこうになっているので、給料でなくて、ほんとうに弁当代という意味で出しているので、そういう弁当代の高はなるべく物価に応じて上げていきたいが、一般的な給料という意味での上げかたをしていくとか、処遇をしていくとかいう趣旨の制度のものでない」と答弁している[25]。ここでは「戦傷病者仲間でめんどう見る」「自発的に仲間同士で仲間の世話を見る」ということが強調されている。手当の性質についても実費弁償の他に弁当代という表現が登場し、給料ではないとされている。

　昭和42年5月31日衆議院社会労働委員会では「相談員は月に8.7件、いろいろな個人に一々相談に乗ってやれば手間ひまもかかるが、月500円は妥当な金額か」と質問されている。厚生省援護局長は「月500円は、民生委員の場合と同じように、全くほんとうの昼飯代といったようなことで、普通の、そういう仕事を実際にする事務職員に対する報酬のようなところまではとても望めないとしても、また望むべきではないが、しかし、それはほんの昼飯代というふうなことになっていて、そういう意味では、それにも欠ける場合もあるかと思うので、それはなるべくそういう迷惑が少しでも減る方向へ持っていかなければならぬとは思っている。非常に適当であるというふうには決して考えておらぬ」、厚生大臣は「500円という金額は、苦労を願ったからそれに対する報酬という意味では決

してない。一種の社会事業をしてもらう人に対して、とにかく昼飯代というか薄謝はほんとうの薄謝である、十分とは考えていない。たとえ薄謝にしても、できるだけ改善しなければならない」と答弁している[26]。ここでも報酬ではなく「昼飯代」であるとされている。

　昭和45年4月9日衆議院社会労働委員会では次のような質問答弁がある。質問は「戦傷病者の相談員に対しては手当を出しているが、幾らか」「それはいつごろからか」「会議録から、昭和40年当初からと承知しているが、物価上昇の現状に見合った手当に引き上げるべきではないか」「昭和40年度から据え置きであるということには問題があるのではないか。ほかとのかね合いもあるということであるが、出発点において500円にきめたということは、ほかとの比較を考慮の上決定していると思うので、時期的な推移から、当然これは引き上げてあげるべきだ」「均衡を強調すると、現在の身障者の相談員の手当が非常に低いということになる。そちらを今度早急に引き上げるべきだという議論になる。あくまでも均衡上ということで説明するのであれば、これは早急に（身障者の）300円のほうの相談員の手当を引き上げるべきである」というものである。厚生省援護局長は「1人月500円の手当になっている」「昭和39年からこの制度が認められたが、月500円になっている」「現行の金額が十分であるとは考えていないが、他のこういう相談員等の謝金との均衡その他もあるので、十分その点を考えて、この改善には努力したい」、また厚生大臣は「他との均衡もあり、なかなか一挙にふやせない。身体障害者相談員は300円で現状いっている。また、遺族のほうの相談員も500円である。民生委員の実費弁償のような手当は、若干これよりも多い例が昭和45年度の引き上げで実現をしたこともあるので、今後とも、それらの例をも参照しながらでき得る限り努力をしたい。これは昭和45年からの、せっかくできた制度であるから、昭和45年度はこの程度で一応了解をいただきたい」「均衡ということよりもむしろ、底上げを全体としてする努力をしたい」とそれぞれ答弁している[27]。他の相談員制度の均衡が考慮され、この時代、身体障害者相談員は月額300円と、なお低い金額の相談員があったことで、戦傷病者相談員・戦没者遺族相談員の手当の引き上げが困難であったことが分かる。

　昭和46年3月19日衆議院社会労働委員会でも取り上げられている。質問は「戦没者の遺族相談員が今度増員されている。増員されているが、手当である。

これも去年、おととしの援護法の審議のときに、当委員会において手当が500円とはまことに少ない、これは今後増額に努力する、こういうことも審議されたが、今度は予算的に見ると532名が940名になる。ところが相変わらず、物価はどんどん上がるが手当は一向に上がらぬ、500円そのまま据え置きとなっている。なぜ一体引き上げが行なわれないのか」「増員はよいが、500円問題では何回もこの委員会で審議されているが、相変わらず500円。500円が全然引き上げが行なわれていないことは問題ではないか。もう少し引き上げたらどうか」「相変わらず500円では、非常に少ない。人数においては何名か、約400名余り増員しているが、500円といえば、たばこ5個である。それで、相談員だからしっかりやれと言って、月にたばこ5つもらってするのか。もう少し厚生省としても考えてしかるべきだ。この問題については再考してほしい」というものである。厚生省援護局長は「遺族相談員あるいは戦傷病者の相談員は、もとより手当の増額も希望しているが、現在の段階において、やはり第一線の各都道府県からの希望に沿うためには、その増員をはかる点にどうしても第一順位を置かざるを得ないということで、手当の増額、増員いずれもはかれればよいが、その順位としてどちらをとるかという場合において、増員に力を注ぎたいということで、今回は戦傷病者の相談員を新たに設けるということを認めてもらった」「500円の手当では不十分であろうということは、十分心得ているが、昭和46年度の予算において、その増額を実現することができなかった。今後その増額について努力したい」、厚生大臣は「相談員の処遇の改善の話もあり、指摘のとおりだと思う。民主委員、児童委員、また戦傷病者相談員、遺族相談員というような人、いわばボランティアのような形で互いの相談相手になってやろう、またそういう方々も団体の役員の方々に就任をしてもらっている事情もあり、とても給与としては成り立たないような金額であること重々承知しながら、バッジ代のようなものが出ておる、こういうようなことであるので、これをかりに1,000円にふやしてもとても足代にもならないが、バッジ代にしても成り立たないような金であるので、いろいろくふうしたい」とそれぞれ答弁している[28]。昭和46年当時において、戦傷病者相談員・戦没者遺族相談員の増員が強く求められ、手当の増額は実現困難であったことが分かる。また、500円の手当については、実費弁償・昼食代という説明がなされてきたが、ここで厚生大臣から新たに「バッジ代」という発言

が登場している。

　昭和46年3月25日衆議院社会労働委員会では次のような質問答弁がある。質問は「僅少などというものではない。月額500円と言うと、いまどきはパートでも日給で500円は優にもらっている。まして、かような物価高の時世で、500円はあまりにも少な過ぎるのではないか。篤志家がしていることで、むしろ厚生省はそこに甘えているのではないか。月額500円は、報酬の名には値しない、ならば、こういうボランティア活動をいわゆる篤志家の奉仕として厚生省は見ているのか」「今後いつまでも篤志家の奉仕という形で厚生省としては続けるか」「社会保障を高めるという意味からして、こういう活動をする人々の報酬があまりにも低い、これは社会保障国家を目ざす現在の行政のあり方としては非常にまずいのではないかと思う。一挙に、そういうなら民生委員のほうが先だというふうに、あっちもこっちもとなって報酬を引き上げるということが不可能だというのであれば、何らかの意味で非常な優遇措置を考えることを厚生省に願いたい。たとえばマスコミに載せてもらうことだけでも、社会の日の当たる場所でこういう人々の活動を非常に評価してもらう、こういった点で積極的に働きかけてもらうこともけっこうであるし、あるいは交通機関の利用とか、いろいろな国家的行事の際の表彰とか、そういうことを考えれば、幾らでもこういう人々を優遇する道は、必ずしも報酬にたよらなくともあるのではないか。こういう人たちを日の当たる場所に、社会に引き上げることが、むしろ報酬をちょっとふやすよりも非常にいい役割をなすのではないか。積極的にその点の努力を、それこそ民生委員もひっくるめた上で願いたい」というものである[29]。

　厚生省援護局長は「戦没者遺族相談員は、いわゆるボランティア活動でしてもらうが、謝金は月額500円で、謝金としてはまことに僅少な額である。しかしながら相談員は、みな非常にこの問題について熱心で、礼はきわめて少ないが、熱心に活動している。500円は非常に少ないような気がするが、たとえば厚生省の関係で、身体障害者相談員あるいは精神薄弱者相談員というような相談員の制度があり、その場合、月額300円である」「現状としては確かに奉仕的活動で、それにしても500円の謝礼が決して十分とは思っていないので、その増額には今後努力するつもりであるが、現在の相談員の活動は、趣旨としては篤志家の活動という形で実はお願いをしている」、また厚生大臣は「軍人の遺族の相談員は、

各地に遺族会があり、遺族会の役員が遺族の相談相手として非常に活動しているが、そういう人々に相談員ということで名前を持ってもらう、全く名義料のような形で手当を出しておるのが実態で、外から特別の資格を持っている人をお願いしていることではない点が、やや他の民生委員とは違う面である。上げるのなら民生委員のほうが先だというわけではないが、そういうものと比べてみていろいろ考えなければならぬ点もある」と答弁している[30]。ここでは500円の手当について、これまでの実費弁償・昼食代・バッジ代に続いて、厚生大臣から新たに「名義料」という発言が登場している。

　昭和48年7月5日参議院内閣委員会では「遺族相談員には謝礼のようなものが出されているか」「500円はあまりに申しわけ的である。いま500円の1月の謝礼といって、実際これ、業務をやれるか。これは出さないよりは出したほうがいい。政府で出したと、そういうかっこうをとるために出しているか。実際こういうところをほんとうに周知徹底して、そして援護の手が及ぶという姿勢ではない」と質問されている。厚生省援護局援護課長は「1月500円の謝金が出ている。」「委嘱している遺族相談員は、地方の篤志家で、現実には遺族の相談に応じているということで、遺族が相互扶助というか、要するに互いが互いを助けるという関係で、謝金の多寡にかかわらず仕事をしてもらえる人であるが、若干やはり、1月500円という数字は、現在の段階では問題があるかと思う」と答弁している[31]。政府側も問題は認識しているが、戦傷病者・戦没者遺族の相互扶助という性質を重視していることも分かる。

　昭和47年4月13日衆議院社会労働委員会でも同様である。「戦没者の遺族相談員の謝金、手当月額が500円という問題である。篤志家の精神にまかせて云々という答弁があるが、篤志家の奉仕という形でこれを進めていく厚生省の基本的な考えは少しは改めたほうがいいのではないか、謝金は、金額ではないかもしれないが、ある程度謝金らしい中身にならなければ、むしろ500円程度の謝金ならば、与えないほうが精神にかなうのではないか、わずか500円程度の謝金をもらっているばかりに、恩着せがましい厚生省の態度であるかないかわからないが、これではだめだ、こういう500円ということは絶対改めるべきである」「現在かりに改めるとしたらどの程度の引き上げをしたいか」という質問に対して、厚生省援護局長は「この相談員に対する手当の増額は希望しているし、今年度実

現できていないが、早急にこの改善に努力したい」「厚生省関係では、たとえば非常に大きな数になっている民生委員制度がある。民生委員の手当等、その他各種の相談員の制度があるので、厚生省としては本年の夏の来年度の予算省議の際に、関係の各局とこういう関係について調整をとり、増額を願おうと考えている」と答弁している[32]。政府は民生委員等との均衡を重視している。

昭和47年4月20日衆議院社会労働委員会では「戦没者遺族相談員や戦傷病者相談員の報酬等について引き上げ措置を講ずるような考えがあるのかないのか」「940名という数がそれぞれきまっている。謝金だか報酬だか知らないが、これはふやしていきたいという話だが、いまいくら払っているのか。聞いたところでは500円である、そんなに役立ってほんとうに喜ばれておる人に、謝金とか報酬といって500円とはこれまた驚いたことで、いつごろから500円で、その500円も毎年上げておるのかどうか、すべて上げておるのに500円で抑えておるのはどういうことなのか」という質問がある。厚生省援護局長は「相談員に対する謝金は、ほかの相談員との関連もあるが、やはり報酬の金額はふやしていきたい」「戦傷病者相談員の制度が昭和40年から発足して、遺族相談員は45年から発足しているが、月額500円という謝金で願っている。500円の金額は、現在の社会のもとにおいてあまりにも金額が少ないので、増額を希望している。他の民生委員あるいは身体障害者相談員、精神薄弱者相談員といったような制度がほかにあるので、やはり制度としてほかにあるとどうしてもほかとの均衡ということが議論されるので、ほかの委員に関する謝金とともに戦傷病者相談員あるいは遺族相談員についても、謝金の増額はぜひ明年度に願いたい」と答弁している。さらに「この相談員がいつから500円なのか。とても喜ばれておる。大事なことだと思う。それが500円ということで、いつまでも据え置かれていては、これは非常におくれておると思う。この点については格段の努力を来年あたりから願いたい」という質問に対して厚生大臣は「これは非常に低くて恥ずかしい、来年度はぜひ恥ずかしくない程度にしたい」と答弁している[33]。政府として、昭和47年当時においても月額500円があまりにも低額であること、増額すべきであること、しかし民生委員など他の相談員等との均衡が必要であることを考えていたことが分かる。

昭和47年5月16日参議院社会労働委員会では「戦傷病者相談員が500円。

これは手当として40年以来当初から据え置きになっている。戦没者遺族相談員が500円。これも非常勤で、45年以来据え置きである」「長い間据え置きにされているが、早い機会に上げようという考え方はすると思うが、この状態を振り返って見ると、もう少し具体的に、来年度にはどれくらいにするとか、もう少し考えを持ってもらわないと、もうすぐ予算の編成期にも入ってくるし、その辺から考え合わせて、こういう機会に前向きに考えてもらわなければいけない」という質問に対して、厚生省援護局長は「確かに500円で、この額はまことに少ないものであり、その活動に対して不十分であると考えており、増額について、今後、ぜひ実現をしたい」「来年度から相当の考えをもって増額に踏み切ってもらえるようであるが、特に、そういうふうに困っている人のたよりになる人であるから、よほどそういうところに力を入れてもらい、十分な報酬を出すとともに、十分活躍をしてもらう。ほんとうに第一線の成果をあげてもらいたい。これはみな予算が伴わなければなかなかうまく運営ができないことは当然である」と答弁している[34]。

　昭和47年5月23日参議院社会労働委員会では「相談員の処遇であるが、同じ相談員の業務を行なう非常勤職員であるのに、婦人相談員は2万6,700円である。母子相談員も2万6,700円、家庭相談員が2万6,700円である。ところが、戦傷病者相談員は500円、戦没者遺族相談員500円、身障者相談員が300円。いまのこの物価高の時代に500円で、これが1日ではなく、月額である。これはどういうわけか」「戦傷病者相談員は40年以来据え置きである。戦没者遺族相談員は45年当初以来据え置き、身障者の相談員は42年以来いずれも当初からそのまま据え置きになっている。いまこれは少ないから引き上げる、この答弁は納得いかない。500円でいま何が買えるか、それも1日ならまだしも、これが月額である。来年度は引き上げるか。今度は、ほんとうは、修正して引き上げてほしい」という質問に対して、厚生省援護局長は「確かに500円の額は、これではまことに申しわけないと考えている。したがって、戦傷病者相談員、遺族相談員の手当は、他の身体障害者相談員あるいは精神薄弱者相談員等の手当も同様、大いに引き上げてほしいと、来年度の予算要求においてはぜひ大幅な引き上げを実現したいと考えて、現在準備している」「この増額はぜひ明年度それを実現したい」と答弁している[35]。昭和47年当時、婦人相談員・母子相談員・家庭相談員に比

し53.4倍の格差があったことが分かる。法令等での位置付けや相談業務の性質・頻度を考慮してもあまりに大きな差があったと言える。

　昭和48年4月5日衆議院社会労働委員会では「戦傷病者相談員、戦没者遺族相談員がいるが、この人々の謝礼金について」「500円というたいへん低い数字であるが、老齢化している遺族の相談をしている人々に、月に500円とはあまりにも少な過ぎるのではないか。こういう人々に大いに活躍してもらうためにも、いま一層大幅に引き上げる考えはないか」との質問があり、厚生省援護局長は「これらの人々に対する謝金は、現在月額500円である」「厚生省は今回は戦没者遺族の相談員の増員に力を入れたので、謝金の増額のほうには力及ばなかったが、月額500円というのはいかにも低いので、今後この増額は、精一杯努力したい」と答弁している[36)]。

　昭和48年4月12日衆議院社会労働委員会でも質問答弁が行われている。委員から「戦傷病者相談員、戦没者相談員のいわゆる謝金、礼金、この問題、わずか500円であったので、こんなことではしょうがない、こうして厚生大臣に詰め寄ったところが、これは篤志家がいわゆる奉仕的な精神に基づいてしているので、むしろ500円でも上げることが考えものだという答弁もあったが、月に500円という謝金が支払われているという事実がある。いまの生活水準でわずか500円ということは、とても考えられない金額である。昨年（昭和47年）この問題取り上げたときには、大臣はたしか、この次の法案審議のときまでには必ずこれを善処する、改善する、こう答えていた。どのようにこれが改善されるだろうかと期待して見ておったが、500円の金額は変わらない。この点についてどのような考えであるのか」「謝金の500円については据え置いて、人数の方だけは認めた。たしか940名だったのを1,410名に今度は増員されたことは承知している。しかし、この増員することと謝金の額をどうするかは別問題だ。増員は増員として当然のことであり、やはり謝金の問題は300円とか500円ということは失礼だと思う」「特別給付金の国債の額面の引き上げ、20万から60万になった根拠を尋ねたら、生活水準、経済情勢の変化、約3倍だ、だから3倍に引き上げたという話があったが、そういう考えでいくならば、今度の身体障害者あるいは母子相談員の300円も3倍の900円、これが当然であろうと思うが、それを500円にとどめたというところにけちくささを感じる」「500円程度の謝金では話にな

らぬことは大臣も認めたから、来年の改善の際には思い切った措置をとってほしい」と質問が出ている。これに対して、厚生省援護局長は「いかに篤志家の奉仕とはいえ、手当が月額500円というのは低い。ただ、遺族相談員は、やはり遺族の援護の充実という面から考えると、遺族相談員の増員が大事ではないかということで、いままで940名であった遺族相談員を5割ふやして、1,410名に増員した。増員も増額も両方いければ非常にけっこうであるが、予算の折衝の過程において、増員をぜひとも実現したいと強く考えたので、金額のほうは他日を期すことにした」と答弁している。厚生大臣は「大蔵省は、謝金は非常にいやがる。しかし、遺家族援護の相談員について、篤志家の奉仕によるとはいいながらやはり低い。しかし、身体障害者の相談員と比較してみるとどうか。こちらよりも向こうを上げるほうが筋ではないか。戦争のこういう遺家族の方は、ほんとうに兄弟のような気持ちでお互いいたわり合っておる。そうした中の相談員である。身体障害者は他人が入る。こうしたものとは多少違う。むしろそちらを2,000円ぐらい上げて、こっちを1,000円ぐらいといえば調整がとれるかもしれない。そういうバランスをとりながら、身体障害者のほうは2,000円、こちらのほうは1,000円、そのくらいの要求をしてバランスがとれる。いずれにせよ、500円という手はないと思う」「厚生省で実は一番悩みの種は健保である。そういう問題が片づけば厚生省の将来の財政計画はりっぱに立つ。そうなったら思い切って500円なんてけちなことで、大臣として承知しない」と答弁している。このときは大蔵省主計局主計官も出席していて、「遺族相談員の手当の月額の増額の件であるが、遺族相談員の経費は、本年度の予算要求においては単価のアップと人員の増の要求があったが、これは人員増に重点を置いた作業をして、これは十分話し合いをして決定したが、その方は要求どおり認めたが、謝金の問題は、確かに500円は非常に些少な金額ではないかという指摘ももっともだと思うが、いわば民間の篤志家に願っているわけで、そういったところと、それからほかに相談員制度がいろいろあるが、今回の予算措置について、ほかの相談員制度とバランスをとったが、ほかに身体障害者の相談員あるいは精神薄弱者の相談員があり、これについては、実は遺族相談員のベースは通らなかったが、あちらのほうを500円に直したということであり、謝金単価のあり方は、そういう全般の相談員の制度のあり方の総合的な一環として考えておる」と答弁している[37]。ここで注目すべきは、

厚生大臣の答弁の中で、戦没者遺族相談員が「兄弟のような気持ちでお互いいたわり合っておる。そうした中の相談員である。身体障害者は他人が入る。こうしたものとは多少違う」と答弁しているところであり、他の相談員制度との金額の差の根拠と国が考えていることである。

　昭和48年6月26日参議院社会労働委員会では次のような質問答弁がある。質問は「同じ相談員の業務を行なう非常勤職員でも、婦人相談員あるいは母子相談員は月額が2万9,600円である。これに対して本法関係の戦傷病者相談員及び戦没者遺族相談員は月額おのおの500円。あまりにもばかげた金額だと思うが、これに対してどう考えるか。結局、老人の家庭奉仕員、身体障害者や重度心身障害児の相談員、奉仕員は4万5,000円。家庭相談員、婦人相談員、母子相談員は2万9,600円、ところが戦傷病者相談員、戦没者遺族相談員、身体障害者相談員、精神薄弱者相談員はいずれも500円である。いま500円で何が買えるか。このたった500円というきめ方、今の時代に。これに対して何ら手をつけないというのはどういうわけか。40年以来の据え置き。戦没者遺族の相談員は44年以来ずっと今日まで据え置き」「500円では、余裕のある人を頼んであるのかもわからないが、電車に1回乗ってそのくらい取られる。だから相談に行ってやりたいと思ってもつい足が重くなる。この点は真剣に考えて、役に立つような相談員は幾らいるか、戦傷病者相談員が47年に940名、戦没者遺族相談員がやはり47年に940名だったのが今度1,410人にふえる。ふやしたって、500円では真剣に戦没者あるいは戦傷病者を考えているというようなことは考えられない。この点は十分考えてほしい。電車に片道乗っても。相談員の制度創設以来据え置かれている理由がわからない。ずっと抑えてきた理由はどういうことか」というものである。厚生省援護局長は「戦傷病者相談員あるいは戦没者遺族相談員は、性格は民間の篤志家で、謝金のいかんにかかわらず、こういった相談援護の仕事に当たってもらえる人々であるが、そうは言っても500円というのはいかにも低額で、この制度のより円滑な運営をはかる上にもこの増額について今後努力したい。身体障害者相談員、精神薄弱者相談員が本年度予算で300円から500円に引き上げになり、この遺族と戦傷病者相談員と肩を並べるところまできたわけで、この4つがいま一番低い謝金となっている。今後はこの4つが歩調をそろえてこの謝金を引き上げるように努力したい。本年度は、気持ちとしてこの謝金の

増額の要求をしたいが、遺族相談員の増員に中心を置いて、その5割の増員のほうを果たしたので、49年度以降においては謝金を引き上げる方向で努力したい」と答弁している[38]。ここでも当時謝金が500円であった身体障害者相談員・精神薄弱者相談員と歩調を合わせて増額する方向性が示されている。

　昭和48年7月3日参議院社会労働委員会では次のような質問答弁がある。質問は「戦傷病者相談員、戦没者遺族相談員もある。戦傷病者相談員は47年に比べて今年度は940名ふえている、人数が。この人たちの手当が月額500円である。最近のこの激しい物価高の中で、ボランティアにしても、タクシーに乗っても500円ではあまり少な過ぎるではないか。ばかにしたような手当ではなかろうか。そもそも初めは1,000円を要求された。ところがこれが落とされて500円になっている。非常勤だからということかもしれないが。しかも、これは昭和40年以来据え置きになっている。戦没者遺族相談員も同様に手当は500円である。これは昭和45年以来据え置きになっている」「500円という月額をこれから少しふやす努力であるが、それは大蔵省がうんと言わないのか、それとも厚生省が要求しないのか」というものである。厚生省援護局長は「戦傷病者相談員、戦没者遺族相談員、この援護局で所管している2つの相談員の謝金は月額500円で、きわめて低い額である。これらの相談員、いずれも民間の篤志家で、謝金のいかんにかかわらず、戦傷病者なり戦没者遺族等の相談に応じてもらえる人々で、現実には戦傷病者相談員は戦傷病者の人々の中から選ばれているケースが多く、戦没者の遺族相談員も遺族が相談員になっているケースも多く、いわば自分たちが相談員であると同時に戦傷病者であり遺族である、こういう立場での親身の相談をしてもらっているが、しかし、月額500円というのはきわめて低額だと思うので、今後とも、この相談員制度を円滑に運営していくためにも、この増額については精一杯努力していきた」「厚生省は要求したが、ことしの予算の経過を顧みると、身体障害者相談員、精神薄弱者相談員、これがいままで月額300円であったものを戦傷病者なり戦没者遺族の相談員並みに500円に引き上げるというのが手当面での改善であり、厚生省もことしは戦没者遺族の相談員の数をふやすことは非常に遺族会の要望が強かったから、こちらに重点を置いた結果で、明年は500円の金額の引き上げのほうに、社会局のほうの所管の相談員と共同歩調をとって努力したい」と答弁している[39]。ここでも「戦傷病者なり戦没者遺族等

の相談に応じてもらえる人々で、現実には戦傷病者相談員は戦傷病者の人々の中から選ばれているケースが多く、戦没者の遺族相談員も遺族が相談員になっているケースも多く、いわば自分たちが相談員であると同時に戦傷病者であり遺族である」という立場が重視されているが、それが500円という金額に反映されているともいえる。

　昭和49年5月14日参議院社会労働委員会では次の質問答弁がある。質問内容は「相談員のことに非常に大きな問題がある。昭和49年度から700円にしたと、幾ら篤志家で金額には関係がないといっても、こういう援護行政の大事な役割を果たす人に対して700円というのは一体何を考えているのか、これではお願いするとも言いにも行けない」「婦人相談員とか母子相談員、これは非常勤の職員、しかも3万6,000円、同じような立場にあると思うが、こちらのほうは非常に月額が多い。援護法関係の相談員は700円、あまり違い過ぎると思うが、そういうものと比較してそのレベルまで上げようと考えているのかどうか。戦没者遺族相談員の月額700円、これは一体どういう計算で700円を積算したのか。今度聞くところによると、要求を1,000円要求したと聞いたが、1,000円の要求というのはあまりにも低過ぎるのではないか」というものである。厚生省援護局長は「現在の戦傷病者相談員なりあるいは遺族相談員の問題は、民間の人々にお願いしていることで、むしろ謝金というような額の多寡ということではなしに、ある意味では民間の篤志家の方々に協力を賜わっているということで、戦傷病者なりあるいは遺族の相談に応ずるというような人々に、援護行政において民間のいろいろな意味で協力を賜わっている人々であるので、その謝金等について最近の物価情勢等も考えて額が非常に少ないというおしかりはいただいたが、本年度予算においては従来より4割程度アップしている実情で、今後とも戦傷病者相談員なりあるいは遺族相談員の処遇の改善について努力したい」「母子相談員あるいは婦人相談員の話が出たが、それぞれのできた相談員の制度なり歴史なりあるいは沿革なり、あるいはやっている仕事の内容なり、そういう面でいろいろ差があるので、必ずしも同じような考え方で比較することにはいかないし、さらに母子相談員、婦人相談員等は地方公務員であることで事務所に出て仕事をするというような仕事の内容の性格等もあるので、一律に比較することはむずかしい。従来500円であった根拠は、戦傷病者相談員あるいは遺族相談員の制度ができたのは

比較的新しい時期で、戦傷病者相談員はたしか昭和40年だったと思うし、遺族相談員は45年で、この相談員の制度ができた趣旨も、こういうような非常に援護行政に協力して民間の立場でしている熱心な人々があるということで、何とか相談員という名称を考える必要があることからできた制度である。民間の人々の協力に主として仰いでいるが、その際においてもある程度の電話代等の実費も必要ではないかということから当初500円でスタートしたが、最近のいろいろな事情等を考慮して、本年度から4割アップした」と答弁している[40]。他の相談員との比較で「制度なり歴史なりあるいは沿革なり、あるいはやっている仕事の内容なり、そういう面でいろいろ差があるので、必ずしも同じような考え方で比較することにはいかない」こと、母子相談員・婦人相談員等が地方公務員で「事務所に出て仕事をするというような仕事の内容の性格等もある」ことから戦傷病者相談員・戦没者遺族相談員との差があるという実質的な理由が明らかにされている。さらにこれまでも実費弁償という語が出てきていたが、その実費の一部として電話代等が挙げられていることが目新しい。

昭和49年3月28日衆議院社会労働委員会では「昭和40年10月1日から新設された制度であるが、一体それでどうか聞いてみたら、500円の手当をもらうという。せめて世話をする電話代なり手紙代なり、実費を出す形にでもならぬものか。あまりにも金額的にも少ない」という質問に対して厚生省援護局長が「相談員の手当について、民間の篤志家にお願いすることで、謝金等の面の配慮が十分でなかった点は申しわけなく思っているが、過去何年間か500円ということで、据え置きになっていたが、明年度は、わずかではあるが、500円を700円に引き上げる措置を講じていて、今後とも増額について努力したい」と答弁している[41]。

戦傷病者相談員・戦没者遺族相談員ともに議論の中心となっているのはその手当額が著しく少ないことである。議論に登場する戦傷病者相談員・戦没者遺族相談員の手当額とその改正は、表4-1のとおりである。金額の増加のペースは極めて遅いことが分かる。

表4-1　戦傷病者相談員・戦没者遺族相談員の手当額

年	昭和40～48	昭和49	昭和50	昭和51	昭和52	昭和55	昭和56	平成10	平成11
月額	500	700	833	917	1,000				
年額			10,000			15,000	16,000	25,000	25,100

(単位：円)

　手当の性質についても政府側は様々に説明している。これまで出てきた表現を挙げると、実費弁償（その一部として電話代）、弁当代、昼飯代、バッジ代、名義料、通信費、交通費というものがある。報酬と言える金額ではないことははっきりしているが、その性質は何か明瞭ではない。活動に伴い生じる通信費・交通費の一部に充当することや、活動途中の昼食代に充てることが想定されているのであろう。さらには国が委嘱する手前、無償というわけにはいかないのでバッジ代として渡しているということも否定しがたいであろう。

　民生委員等との手当額の差が問題となっているが、国の考え方は昭和50年2月27日衆議院社会労働委員会での厚生省援護局長答弁が端的にそれを表している。すなわち「民生委員制度は、かなり歴史の古い制度で、今日まで相当の長い期間の積み重ねがある」「戦傷病者なり遺族の相談員の制度は」「10年程度しか経過していない」「民生委員、児童委員は、同じボランティアでも、一般の社会福祉全般を対象にしている、遺族相談員なり戦傷病者相談員は、戦傷病者相談員については同じような戦傷病者、遺族相談員は遺族から選ばれている」ことを指摘している。同時にこれら相談員制度創設の行きがかりについて「同じ遺族なりあるいは戦傷病者で、従来からもそういうような熱心な活動をしていたが、さらにそういうような努力に対して、少しでも、相談員制度をつくる、あるいは従来は全くそういうような処遇がなかったが、そういう意味から一歩前進したということからこの制度ができた」ことが指摘されている。広く一般国民を対象とするというよりは、当事者同士の支え合いという側面が強く、それに対して公的なお墨付きを与えたという要素が強いことを示唆している。それに伴って手当額も差異があることとなる。

　相談員の手当についての政府の考え方は、新しいものでも約40年前のもので

あるが、昭和56年4月14日参議院社会労働委員会で厚生省援護局長が「相談員の謝金は一応性格としては交通費なり通信費といったような実費弁償的なもので」「年々、その必要の都度改善してきていて」「改善は今後とも努力をする」と答弁しているものに集約されるであろう。

2. 人　　員

戦傷病者相談員・戦没者遺族相談員の人員の推移をまとめると、表4-2のようになる。

表4-2　戦傷病者相談員・戦没者遺族相談員の人員の推移

年	昭和40 (10月)	昭和42	昭和44	昭和45	昭和46	昭和47	昭和48 (10月)
戦傷病者	470	増員	約720	増員		940	940
戦没者遺族				532	940	940	1,410

年	昭和49 (3月)	昭和50 (2月)	昭和52	昭和53	昭和56 (4月)	平成26 (3月)	平成27 (3月)
戦傷病者	941	940	940	940			542
戦没者遺族	1,410	1,410	1,410	1,410	約1,410	1,408	

(単位：人)

相談員体制の充実ないし整備目標については、前出のように昭和42年6月7日衆議院社会労働委員会での厚生省援護局長答弁で「戦傷病者の相談員が現在各都道府県を通じて470人設置されているが、少なくとも最終目標としては各福祉事務所に1人、いま全国に福祉事務所が約1,100ばかりだが、その福祉事務所に少なくとも1人は行き渡るように増員していきたい、とりあえず昭和42年度に470人の半数の235人を増員したい」としているのが具体的である。平成に入ってからは、対象者が減少していることもあり相談員も減少しているが、表4-2からは概ね目標が達成されたことが窺える。

相談員の人員は少ない。創設されたときの昭和40年4月1日衆議院社会労働委員会で「この戦傷病者の相談員の数は、予算面は470人である」という質問に対して厚生省援護局長は「本土が460人、沖縄が10人で、470人である」と答弁している[42]。

戦傷病者相談員の発足当時、予算上46都道府県と沖縄に各10人ずつという計算であったが、実際にどのように配置されるかも難しい問題であった。昭和40年4月1日衆議院社会労働委員会でも「各県に配分をしなければならない。4つの島といってもなかなか日本も狭くはない。18万人の人がばらばらっと日本全土にまかれておる。沖縄まで分布しておる。158万6,000円の予算の中から、この470人の相談員に一体幾らの報酬を渡すのか。各県の分布はどういうような分布でこれを配分することになるか。援護三法というのはわかりにくい。これに恩給法が加わってくるとますますわからない。158万円の予算の中から幾ら渡すのか、各県の配分はどうなるのか」と質問されている。厚生省援護局長は「460人をどう地域的に置くかという問題であるが、予算面では一応一県当たり10名ということで460名入っているが、現実にはやはり各県の地域の広さもまちまちであるし、また戦傷病者の数も県によって差があるので、現実に委嘱する場合には、地域の広さの問題あるいは戦傷病者の数を勘案して、各県別に具体的にきめたい」と答弁している[43]。

昭和44年7月1日参議院社会労働委員会では、戦傷病者相談員について厚生省援護局長から「いま全国で約720人である」という答弁がある[44]。

昭和47年4月20日衆議院社会労働委員会では「戦没者遺族相談員とか戦傷病者相談員どのくらいいて、どういう活動をしておるのか」という質問に対して、厚生省援護局長は「戦傷病者相談員それから遺族相談員、いずれも940名が全国都道府県に配置されて、援護関係の特殊な非常に複雑なケースであるので、その相談員はほんとうに役立っておる、喜ばれている。この相談員についてはもっと数をふやしてくれという要望もあるので、今後相談員の数をふやしていきたい」と答弁している[45]。

昭和48年4月5日衆議院社会労働委員会でも戦傷病者相談員、戦没者遺族相談員の活動状況、人数について質問されている。厚生省援護局長は「戦傷病者の相談員、戦没者遺族の相談員は、それぞれ戦傷病者、戦没者遺族の援護の相談に

応じて、いろいろと必要な指導なり助言を行なうということで、現在沖縄を含めて全国に、戦傷病者の相談員、戦没者遺族の相談員それぞれ940名、1県当たり20名の割合で配置している。特に戦没者遺族は、遺族が老境に入っているので、いよいよその援護を充実させる必要があるという趣旨から、遺族の相談業務をさらに強化する必要があるということで、本年は遺族相談員は940名から、470名増員して1,410名、5割増しにしている。これは1県当たり20名であったものを30名配置することにした」と答弁している[46]。

昭和48年6月26日参議院社会労働委員会では厚生省援護局長の「戦傷病者相談員あるいは戦没者遺族相談員は、戦傷病者なり戦没者遺族の援護の相談に応ずる、必要な指導なり助言を行なって、これらの人々の福祉の一層の増進をはかるという趣旨で設けられたもので、現在全国でそれぞれ940名、1県当たり20名平均設置されているが、このうち戦没者遺族相談員は、本年10月から5割増やして、1県当たり30名ということで、1,410名設置することにした」という答弁がある[47]。

昭和48年7月3日参議院社会労働委員会では「戦没者遺族相談員はいま1,410名いるが、これは人数をふやすなら、戦傷病者の相談員よりも戦没者の遺族の相談員をもっと数をふやすべきではないか」という質問に対して厚生省援護局長は「本年の予算において戦没者遺族相談員を940名から1,410名に5割増しした。戦傷病者の相談員は940人のままである。遺族のほうはもう戦傷病者よりもずっと人数が多いので、遺族のほうの相談員を5割ふやした」と答弁している[48]。

昭和46年3月25日衆議院社会労働委員会で厚生省援護局長は「戦没者の遺族の相談員は、厚生大臣から援護に関するところの相談指導業務を委託して、民間の篤志家に戦没者遺族等の身の上相談に積極的に応じてもらうという趣旨で設置された。現在、昭和45年度で532名が相談員になっていて、昭和46年度からは増員が認められて、940名が相談員となり、各県に相談員の定数を振り分ける作業をいましている」と答弁している[49]。

昭和48年7月5日参議院内閣委員会では「遺族相談員は厚生省で委託しているか。全国でどれぐらいいるか」という質問に対して厚生省援護局援護課長が「遺族相談員は昭和45年10月に設置して、厚生大臣が遺族に対する相談業務を委嘱するという形をとっている。現時点では全国で940名いるが、本年10月か

らその5割をふやして1,410名にする」と答弁している[50]。

　昭和49年3月28日衆議院社会労働委員会では「相談員の人から訴えられたが、たとえば京都市には9区行政区がある。ところが北区と上京区で1人というふうに2つの行政区で1人である。この相談員の数が非常に少ない。中京と右京で1人、下京と南区で1人というふうに数がほんとうに少ない。もう一つは、人員配置の面でも、相談するのに2つの行政区に1人ということでは話にならぬ。郡でいえば郡に1人である。郡にはたくさんの町があるが、それにたった1人である。やはりこれでは相談にならないということで、これは数をふやしてもらう、こういうふうにこの体制を考えてもらえぬものだろうか」と質問されている。厚生省援護局長は「現在、戦傷病者相談員は941名、それから戦没者遺族の相談員は1,410名設置されている。戦没者遺族の相談員は、昨年増員があった。それから相談員の増員の問題等は、確かに関係者からも非常に要望も強いし、きめのこまかい相談ができるように、相談員の増員の問題は今後とも努力したい」と答弁している[51]。

　昭和49年5月29日参議院内閣委員会で厚生省援護局庶務課長は「昭和40年10月に設置したが、戦傷病者相談員という制度を設けて、戦傷病者の相談に応ずる、こういうたてまえをとっておる。当時470名であったのを、42年、それから45年と増員して、現在全国で940名いるが、これらの相談員あるいは都道府県の援護課を通じて、戦傷病者の実態を把握しながら援護を進めている。」と答弁している[52]。

　昭和50年2月27日衆議院社会労働委員会で厚生省援護局長は「全国で遺族相談員は1,410名、戦傷病者相談員940名だった」と答弁している[53]。

　昭和53年4月18日参議院社会労働委員会では「人員は、資料によれば戦傷病者の相談員は、52年が940人、53年も同じ人員になっている。遺族相談員も52年、53年、これは1,410人、同じような数になっておる」という質問がある[54]。

　昭和56年4月9日衆議院社会労働委員会では厚生省援護局長が「現在各都道府県に大体30人程度遺族相談員がいる」と答弁している[55]。

　平成に入ってからは、平成27年3月20日衆議院厚生労働委員会での委員質問の中での「全国では戦傷病者相談員542人、大臣が委嘱している」という発

言[56]）や、平成27年3月31日参議院厚生労働委員会での厚生労働大臣政務官による「平成26年3月末現在で戦没者遺族相談員1,408人を任命している」という答弁[57]）がある。

第5節　戦没者遺族相談員制度

　昭和40年に戦傷病者特別援護法の改正により戦傷病者相談員が設けられたが、戦争犠牲者援護としての相談員制度はこれで十分かどうか、さらに遺族に対する相談員の必要性もあるのではないかが問題になった。

　昭和42年5月31日衆議院社会労働委員会でこのことが取り上げられている。委員からは「戦傷病者の相談員という制度が戦傷病者特別援護法に設けられている。これは戦傷病者特別援護法の第8条の2の3項に規定がある。その規定は、『戦傷病者相談員は、その委託を受けた業務を行なうに当たっては、個人の人格を尊重し、その身上に関する秘密を守らなければならない。』と書いてある。援護局長は、戦傷病者、特に重症の人々は、手取り足取りをしてめんどうを見なければならないから相談員が必要だと言う。しかし同時に8条の2の3項に書かれている精神もまた忘れてはいけない。戦傷病者の重症の人々に対して、その身上に関する秘密を守らなければならない場合が多々ある。同時に、戦没者の妻あるいは遺族についても、身上に関する秘密を守らなければならない事柄がたくさんある。相談員をなぜ戦傷病者戦没者遺族等援護法に適用、準用しないのか」「戦傷者はたいへん気の毒であるが、同じように、戦傷病者あるいは戦没者の遺族も他人に言えないことがある。あるいは戦没者の妻の場合でも人に相談ができないことがある。戦後心ならずも再婚している人がいる。そういう人たちが一体だれに相談をすればいいかということになれば、人格は非常にりっぱな人で、そして相談員になり得る人にすがっていくよりほかにない。そういうことに対しては、この援護法、それからこれは戦没者の妻に対する特別法、これについても配慮が足らない。ぜひそのことについて検討してほしい」「民生委員は性格的に違う。戦傷病者あるいは戦没者の遺族は世話をするという性格ではない」と質問している。厚生大臣は「片方は戦傷病者でまだ生きておる。片方の遺族は、夫がな

くなって妻が生きていることで、戦傷病者はその本人が現に生きているのと、そこに少し違うところがある。そういった点で、指導をする上において、いろいろな秘密というものは、本人がなくなったのと、本人だということとは違いがあろうと思うが検討したい」「そういった人々の相談相手には、民生委員がいて、それがすることになっているが、民生委員だけでは、片方の戦傷病者のほうと権衡（「釣り合い」の意）がとれないこともあり検討したい」と答弁している[58]。

　昭和42年6月7日衆議院社会労働委員会でも取り上げられている。委員から「現在の戦傷病者の相談員という範囲は限定している。範囲を拡大してもいいという厚生大臣の答弁があった。戦争中夫が行って、子供が腹の中にいた。しかし行ったあと戦死した。子供は生まれたが、そのまま自分の弟に届けておいた。しかしながら、それは弟であるがために、そういうような事態に対しての補償は全然受けられないままに現在までおった、こういうのはいわば戦傷病者特別援護法8条の2第3項によって、個人の人格を尊重し身上にかかわる秘密を守らなければならないという、この相談員のやり方に全く該当する事例である。こういう相談が、もし特別の人が行ってやるのでなければ、日の目を見ない。こういうのは、いまのところはどう救済していたのか。相談員はその辺まで拡大していって、当然戦傷病者の相談相手のみでなく発掘まで、相談してするべきではないか」という質問があった。厚生省援護局長は「いまのところ、戦傷病者相談員は、福祉事務所1カ所について1人は置いていきたいと考えているので、そこに到達するまでの間は、なるべく戦傷病者の相談活動に重点を置いていきたい。その過程において、戦傷病者の当該取り扱っているケースに密着してそういったほかのケースがおそらく2、3出てくることもあるので、必ずしもそういうものを頭からはねのけてかかるというのではなしに、むしろ同じようなケースとして、同じような態度で処理していく指導はしたい。戦傷病者相談員が十分われわれが思っている程度に増員されることが実現した際に、どうしてもやはり一般の戦傷病者の遺家族について専門の相談員が必要であれば、またそれは別途考えてもいいということを、厚生大臣も答弁したが、いまの段階は、まず戦傷病者の相談活動を中心にしてやっていきたい。指摘のようなケースは、一般的には、福祉事務所なり心配事相談所を中心とする民生委員その他の人たちに相談に行く、あるいは社協活動の中で発見をしていくといったような、一般の社会福祉ケースワー

カーの分野で処理しているが、行く行くそういった遺家族専門にケースワーカーが必要であるというふうなことが出てくれば検討していきたい」というものであった[59]。すなわちこの時点では、既存の戦傷病者相談員を福祉事務所ごとに1人置くことに重点をおき、戦傷病者相談員の業務処理の一環として戦没者遺族の相談に応じることを、政府は考えていたと言える。また、民生委員などによる一般のソーシャルワークの範疇によって処理すべきであるという姿勢もみられる。ただし、戦没者遺族の相談員制度を創設することを拒否する姿勢まではみられない。

　一方、この答弁から約2年後の昭和44年6月17日参議院社会労働委員会において厚生省援護局長は「法律改正をしても、結局20年あるいは20数年前の時点における事故を証明する材料がないと、この遺族援護法の中の全部の規定が動かないという因果なしかけは、請求する遺族にとってはたいへんな苦労だと思う。どうしてもこういう法律上のしかけになっておるもので、これを全部一切免除してしまうというわけにもいかないが、なるべくそういうふうなむずかしい問題を、しかも歳とった遺族に課することはなるべく避けていきたい。なるべくそういうことの世話を行政機関なり、あるいは相談員みたいな人の協力をかりて、なるべくそういう苦労をかけないように、いま官・公のほうの側でサービスをできるだけしていきたいと考えており、できれば遺族相談員といったようなものを、もう少し地域ごとに置いていけたらと考えている」としている[60]。同様に昭和44年7月1日参議院社会労働委員会において質問で「遺族も、だんだん老齢化してくると、いろいろな具体的な問題が起こってくる。戦傷病者相談員があるが、それにならって遺族相談員というものを置く考えはないか。たとえば病気になったときの入院のことや、13日も水を飲んだままで寝ていたというような話も聞いているし、入院のことやあるいはホームヘルパーの世話の問題あるいは年金額が上がったときも、それをうっかり知らないということもあるので、そういうことの手続やあるいはまた老人ホームに入るときの世話など、いろいろな具体的な問題が起こってくるから、それの相談に乗ってやるための相談員を置くことが必要ではないか」というものがあった。厚生省援護局長は「そういう遺族についての要望は、実はたくさん出ていて、現在、そういう人々は、民生委員あるいは戦傷病者相談員に相談に行っている人々もあるが、やはり遺族特有の

ニードの相談相手として、相談員は置いていく方向で検討している」と答弁している[61]。

　さらにこれが実現に向けて動き出したのが昭和45年である。昭和45年4月2日衆議院社会労働委員会において厚生省援護局長は「老齢者の実態等を考慮して、遺族相談員等を別途設置して、高齢者のいろいろ指導なり相談にあたりたい」とし[62]、昭和45年4月9日衆議院社会労働委員会でも厚生省援護局長が「老齢者は、単に物資的な問題ではなくて、精神的な問題でいろいろ苦労があるから、そういう事態に対処するためにいろいろ相談に乗る、心配ごとあるいはいろいろの指導をするということで、今回遺族相談員という制度を設けていろいろ世話をしたい」と答弁している[63]。昭和45年4月14日参議院社会労働委員会でも厚生省援護局長は「遺族の老齢化の問題は、本年度、遺族相談員を予算上設置して、歳とった人が精神的な点で非常に苦労がある、あるいは悩みがあるということについて、いろいろあたたかい手を差し伸べたい、こういうことで、遺族相談員等も、十分ではないが設置して、努力した」と答弁している[64]。

　戦没者遺族相談員の体制が問題となる。昭和45年4月9日衆議院社会労働委員会では「大体どのくらいの人数を充てるのか、利用状況はどのくらいか」という質問がある。厚生省援護局長は「相談員制度は今回の予算で初めて認められた制度で、10月から発足する予定である。相談員の人数は全国で532名の予算措置が今回講ぜられている」と答弁している[65]。人員や待遇については、昭和45年4月14日参議院社会労働委員会で厚生省援護局長は「昭和45年度の予算で初めて認められて、532（これは原本は534であるが、他の日付（前後）の会議録から532の誤り）人の措置が認められている」「待遇は、戦傷病者の相談員と同じように、月500円の謝金を出す」と答弁している[66]。

　なお、昭和44年7月1日参議院社会労働委員会では、委員質問の中で「老齢化した遺族に対する優遇措置としては、遺族相談員が非常に目立つだけで、これは優遇措置とは非常に理解をしがたい」という発言がある[67]。

第 6 節　戦傷病者相談員等の業務内容

　戦傷病者特別援護法の 8 条の 2 によって戦傷病者相談員が創設されることについて、この相談員の相談対象が戦傷病者特別援護法だけに限られるのか他の法には適用しないのかも問題となる。これについて昭和 40 年 3 月 31 日衆議院社会労働委員会で厚生省援護局長は「戦傷病者特別援護法の規定としてそういうものを置く。戦傷病者が終戦後非常に不自由なからだの条件のもとに苦労をして生きてきた実態であるが、これらの人に対するいろいろな援護措置、これは特別援護法に基づく措置が当面直接の問題であるが、個々の援護についてのいろいろな相談業務等がこれらの人から非常に要望されていて、昭和 39 年の衆参両院の社労委員会においても特にこの点が要望されておった。おそまきながらこれらに対する必要性を感じており、今回政府として相談員を設けるということに踏み切ることにしたが、そういう人々の親身の相談に乗って更生のために力をかすというのが相談員の任務だと思う。法律に書いたいろいろな相談業務のほかに、その他のいろいろな援護も実際上の相談相手としていろいろ力をかすということは期待される」としている[68]。同様に、昭和 40 年 4 月 1 日衆議院社会労働委員会の厚生省援護局長答弁では「いままでも非常に篤志な人がいて、あるいは傷痍軍人会の関係者や、その他の人で非常に篤志な人で、実際そういうことをしていた例が非常にある。それを一つの制度的なものとして、厚生大臣からはっきり委嘱する形にしたほうが、する人もやりがいがあり、やりやすいという点もあるし、またそういう相談員をはっきり委嘱することにより、一般の戦傷病者も相談に行きやすくなるということがあるので、特にこういう制度を設けた」としている[69]。

　昭和 45 年 4 月 9 日衆議院社会労働委員会では「戦没者遺族相談員はどういう相談に乗って仕事をしているのか」という質問がある。厚生省援護局長は「実質的には府県、市町村等で相談業務についてはいろいろやっているが、民間で身近にいていろいろ相談に乗りたい、その相談内容は、いわゆる身の上相談、その他職業関係の相談もできるだろう。そのほか、もろもろの業務について助言をするということを予定している」と答弁している[70]。

　昭和 47 年 5 月 16 日参議院社会労働委員会でも活動状況が問われている。「戦

傷病者相談員あるいは遺族の相談員の活動状況なんかはどんなことをしているのか。この金額から見て、いろいろ考えるが、一体、こういう人々の活動状況はどうか」「一体、相談員の活動状況は、あまり動いていないか、どの程度動いているか。その動き方によっても、知っているところによれば、かなりいろいろな例等も見ているが、また一面からいうと、案外うまくいってない。もう少し指導して、そうしてほんとうにそういう人々に念の入った仕事ができるような一つの基準なりあるいはまた指導なりが必要ではないか」「聞いているところによると、非常に活躍をしてもらって喜んでおられる人々がたくさんある。そういう人に対して、もっと十分な待遇をしなかったらおかしいが、中にはまた、非常にそうでなくて、不満を聞いたこともある。相当やっていけるような指導は願っておると思うが、特に、そういうような面も十分注意をしてもらい、十分にしてもらって、十分な報酬を取ってもらう、こういうことが特別に必要なことではないか」という質問が出ている。これに対して厚生省援護局長は「戦傷病者相談員は、昭和46年度における取り扱い件数、相談件数を見ると、1人平均1か月間に7.2件を処理している。遺族相談員は、平均月に11.1件処理していて、同種の相談員と比べて非常に成績をあげている」「取り扱い件数は、先ほど答えたとおりであるが、この人々は、実は、非常にたよりにされていて、戦傷病者、戦没者の処遇については、制度が非常にむずかしくてわかりにくい点もあり、一般のいわゆる学識経験者ではなかなかわかりにくい点が多いが、この相談員は、この道についてのみなベテランで、たよりにされて、各県とも増員を、相談員の数をふやしてくれという要望が非常に強い」と答弁している[71]。なお、昭和53年4月18日参議院社会労働委員会では厚生省援護局長は「処理件数は、1か月1人の取り扱い件数は戦傷病者相談員は9.4件である。戦没者の関係の相談員は4.7件という状況である」と答弁している[72]。

　昭和49年5月14日参議院社会労働委員会では「本人が書類をそろえることはたいへんなことだと思い、厚生省で、こういう書類は本人だけでそろえているか聞いたところ、相談員というのがあると、それで相談員にいろいろと相談しながらやっていると、当該人の相談員は誰かと聞いて教えてもらえない。当該人のところへ行って、相談員もいるから相談員にもいろいろ相談して、これからそろえる資料その他もたいへんむずかしくなるからしっかりするようにと言ったら、

相談員ということも知らない。それで、そんな人は来ないと言う、知らないと言う。そういう人がいることを知って、こういうところにいるこういう人ですよ、電話かけておきなさいと、こう言って連絡とるように言ったが、こういう不幸な、気の毒な人をほんとうにあたたかく励ましながら救っていかなければならないのに、その最先端の相談員がいるということも知らないと、その相談員も一回も来てない」という質問が出ている。厚生省援護局長は「援護の対象になる人々は、遺族あるいは戦傷病者であるので、できるだけあたたかい気持ちでその人々の立場に立って仕事していかなければいけないということで、現実に恩給にしても援護法の問題にしても、書類の作成等なかなかむずかしい問題もあるので、市町村の役場の職員なりあるいは相談員がそういう人々の立場に立って現実にはかなり手伝って仕事をしている」と答弁している[73]。

昭和42年5月31日衆議院社会労働委員会でも「戦傷病者特別援護法の戦傷病者相談員の実情を知りたい」という質問が出ている。厚生省援護局長は「現在傷病軍人手帳を持っている人たちが、昭和41年4月1日現在で約12万人いる。そのうち傷の重い軽いで項症と款症に分けているが、約半数近く、5万6,700人が項症程度の重症の人々である。こういった重症の人々は、視覚障害者あるいは肢体不自由者とかで、とにかく家にいなければならぬ、出ていって相談するとかそういうことができない人が非常に多く、特にそういった戦傷病者の相談員、いわゆる重度の身体障害者の相談員ということで、非常に専門的な、特殊のニードがある人が多い上に、相談の中身もリハビリテーションに関するものもあり、こういった者だけの専門的な制度として要望が強かったので置いた。一般の遺族の場合のケースは、こういったハンディキャップのある人でないので、大体市町村、都道府県の援護係なり世話係なりの相談員のほうに出向いてもらうことで行政を進めている」と答弁している[74]。

相談件数については、昭和45年4月9日衆議院社会労働委員会で「戦没者の遺族の相談員については今度創設をされたが、戦傷病者の相談員は40年から始まっているが、このほうの利用度、状況について、報告してほしい」という質問が出ている。厚生省援護局長は「戦傷病者相談員は、現在705名であるが、今回の予算措置で940名に増員している。相談内容は、法律に書いてあるが、各種法律による援護の受給それから職業、生活相談と、広範にわたっている。昭和44

年度の上半期の業務処理件数は、平均すると、1人で約8.4件という状況になっている」と答弁している[75]。前述のように昭和46年度における戦傷病者相談員の取り扱い件数・相談件数が1人平均1か月間に7.2件であった。この時代に取り扱い件数・相談件数が1人平均1か月間に7件乃至8件程度であったことが分かる。

　昭和46年4月20日参議院社会労働委員会では「（戦傷病者戦没者遺族等援護法等の一部改正を）国民に周知する方法について、いかにするか。なるべく早い機会にこの法律の適用を知ってもらって、適用してもらいたいが、たとえば遺族相談員などもいるが、どのような方法でこの法律の拡大されたことを知らせるか」という質問に対して厚生省援護局長は「この法律の周知徹底はきわめて重要な問題で、各都道府県と連絡をして、都道府県が中心になって、都道府県内の周知徹底をはかるためのいろいろな措置を願っているが、遺族相談員あるいは戦傷病者相談員にも十分協力を願い徹底をはかりたい」と答弁している[76]。同じく、昭和46年4月20日参議院社会労働委員会で厚生省援護局長は「きっかけとしては、本人から何らかの形において意思の表明があることを端緒として、都道府県あるいは厚生省といった役所が積極的にその調査に当たるが、そのほか戦傷病者相談員あるいは昨年から設けられた遺族相談員の協力も得て、そういう人々の把握あるいは調査、指導、協力につき援助するような体制をとり、国あるいはこういう相談員等のボランティアの活動の協力も得ながら進めている」と答弁している[77]。昭和48年7月5日参議院内閣委員会でも「援護法がありながら、これを知らないで申請していない人も相当いると思う。請求指導をどういうふうに行なっているか」という質問に対し、厚生省援護局援護課長は「遺族の指導を行なうために、遺族相談員を置いているが、その遺族相談員の研修会も都道府県段階で行なっている」と答弁している[78]。昭和50年2月27日衆議院社会労働委員会では厚生省援護局長が「遺族なりあるいは戦傷病者の気持ちあるいは立場に立ち、できるだけ資料の確保という面については、役所で持っている資料あるいは公的機関で持っている資料等については、たとえば現在の国立病院等は、もとは陸海軍病院であるので、かなりな資料等も、なかなかない場合もあるが、ある場合もあるわけで、そのほか上司あるいは同僚からの証明書等の問題、あるいは死亡した人の復員までの間の症状経過に関するいろいろな申し立てとか、あるいは

医者の診断書、病歴書等、何らかの意味で参考になる面は、遺族なりあるいは戦傷病者の立場に立ち、できるだけそういう面の資料の補強という面には努力したいと考えていて、さらに戦傷病者の相談員なりあるいは遺族相談員の協力も得て、できるだけそういうような人々の援護の万全を期したい」と答弁している[79]。

昭和53年2月27日衆議院予算委員会第三分科会では厚生省援護局長による「傷痍軍人恩給あるいは遺族年金等の請求はなかなかわかりにくい面もあるが、この問題については、そういった人々の立場に立ち指導を従来からやっておる。その方法としては、文書による都道府県あるいは市町村の指導はもちろんであるが、毎年各都道府県の担当者の研修会を開くとか、あるいは戦傷病者相談員あるいは戦没者遺族相談員を配置して、こういった人々について適切な指導をしている」という答弁がある[80]。

昭和54年4月24日参議院社会労働委員会では厚生省援護局長が「援護法関係、毎年改正して、せっかく改正されて関係の遺族あるいは戦傷病者が権利を行使するに際して、十分制度の趣旨を理解してもらう必要があるが、まずそのためには毎年中央に課長全国会議あるいはブロック会議をもって改正の趣旨を徹底することを行っているし、また県はそれを受けて市町村を集めて指導することもあわせてやる。それから、厚生大臣の委嘱を受けて戦傷病者相談員あるいは戦没者遺族相談員を各府県に置いている。こういう組織を通して、個別のケースも十分わかってもらうような指導もしておる」と答弁している[81]。

昭和56年4月9日衆議院社会労働委員会では厚生省援護局長が「ボランティアであるが、そういった遺族相談員がいるので、遺族相談員に、今回の義勇隊開拓団員処遇、法律改正の内容その他手続などを十分周知徹底させて、そういった人々にできるだけ相談すればしかるべく相談に十分応じられるような体制を組んでいきたい」[82]とし、また「法律、制度の中身を国民に十分周知徹底させるのはこれは役所の務めである。県を通じあるいは市町村を通じて、さらにボランティア的にいろいろ協力してもらっている遺族相談員あるいは傷病者の相談員を通じてできるだけの周知徹底を図っている」と答弁している[83]。

昭和56年5月12日参議院社会労働委員会では厚生省援護局長が「援護法関係のPRは、都道府県あるいは戦没者の遺族相談員あるいは戦傷病者の相談員、

各相談員が都道府県にいるので、そういった人々を通じて PR している」と答弁している[84]。戦傷病者戦没者遺族等援護法による諸手続や法改正の周知もこれら相談員の重要な業務としてとらえられていることが分かる。

　なお、昭和 48 年 7 月 5 日参議院内閣委員会では「篤志家の精神的な活動に依存しているということになる。組織化された、一つの政策面として、ほんとうに援護の手をそういう日陰のところに及ぼすという体制にはなっていない。申しわけ的な形になっていると思う。今度この法が少し改正されると、適用外にあった人たちが改正によって適用される例も生じてくると思うが、そういう点について PR はどういうふうにしているか」という質問に対して厚生省援護局援護課長が「県に対する研修会あるいは説明会を行ない、県のレベルでは、今度市町村に対して研修会、説明会、また、相談員等に対する内容の徹底、さらには、巡回指導をするような手続を通じて改正内容の周知徹底につとめている」と答弁している[85]。援護行政を実質化するため相談員に対する研修も重視されている。

　昭和 59 年 5 月 10 日参議院内閣委員会では、厚生省援護局庶務課長による「戦傷病者手帳を保持している最低限の障害は、確かに身体障害者手帳の資格の最低限に比べるとかなり低目になっていて、これはやはり戦争で犠牲になり戦傷病者になったことに対する対応として合理的なものであろうと思っている。また、それを持つことにより、戦傷病者相談員による相談とか、あるいは各種の団体の会合等でも戦傷病者であることが明らかになるとか、いろいろな戦傷病者に固有のメリットは不公平なものではない」という答弁がある[86]。

　平成 11 年 3 月 23 日参議院国民福祉委員会では「来年度の予算では戦傷病者・戦没者遺族相談員に対する謝金として 5,900 万円が計上されている」「来年度の援護関係予算の資料を見ると、相談員に対する謝金が 2 万 5,000 円から 2 万 5,100 円に増額である。予算の総額は 5,900 万円である。こうした人々の活動も本当に大切な仕事だと思う。国会図書館に資料を依頼したところ、静岡県と沖縄県の資料をもらった。それによると、戦傷病者に対する相談はもちろんのこと、業務日誌を書いたり、また研修会に参加するということで、大変な苦労をしてもらっている。平均年齢は、77.2 歳と 73.3 歳、いずれも高齢であるが、人生の先輩たちがこういうことで大変頑張っている。本当に元気で活躍をしていることは結構であるが、後継者の問題などになるとどうなるのか。その対応策、そしてこの制度

について現状の評価と今後の取り組みについても聞きたい」という質問がある。厚生省社会・援護局長は「戦傷病者相談員、戦没者遺族相談員の業務内容は、それぞれの援護制度の給付の受給、また利用可能な社会福祉施設等の紹介、生活上の問題など、さまざまな相談を受け、指導をすることである」と答弁している[87]。ここでは業務内容と関連して、相談員の高齢化と後継者問題が取り上げられているが、政府側からは後継者問題については直接の言及はなかった。

平成27年3月31日参議院厚生労働委員会で厚生労働大臣政務官は「国では、戦没者遺族の福祉の増進を図るために、遺族の相談に応じ、必要な指導、助言を行うことを目的として、戦没者遺族相談員を任命している。この相談員は、従来から、特別弔慰金請求時の請求手続が分からない遺族に助言をするなど請求のサポートを行っているところで、今回の特別弔慰金の支給においても協力をお願いしたい」と答弁している[88]。平成28年4月5日参議院厚生労働委員会では厚生労働大臣政務官が「戦傷病者特別援護法に基づき、療養の給付、補装具の支給また修理等を行っているほか、全国に戦傷病者相談員を配置して、戦傷病者の生活上の問題等について相談に応じることで支援を行っている」と答弁している[89]。平成に入っても、相談員の業務は創設時の内容が基本的に踏襲されていると言える。

第7節　傷痍軍人会との関係

戦傷病者相談員・戦没者遺族相談員が新たに設けられた際には、それらを設置するよりも傷痍軍人会等の既存の組織を活用することが適切でないかも問題となった。

昭和40年4月1日衆議院社会労働委員会では質問の中で「問題は、1人月500円で、一体そういう人がうまくおるかどうかである。いままで傷痍軍人の団体がやっていた。傷痍軍人は団体をきちっとつくって、こういう事務的な世話をやっている。それならばこういう相談員をつくらずに、その傷痍軍人会に金を差しあげたらいい。そこに専任の事務職員を置くようにして、一括してやるほうが能率的である。そうしたらいい。条文からは、相談員は戦傷病者が選ぶのではな

い。戦傷病者以外の者から選ぶとするならば、こんなむずかしい法律の研究をやる奇特な人がいるか、470人も。勉強すれば勉強するほどわからなくなってしまう。150何万円かを各県の傷痍軍人会に渡したらよい。事務的な指導をしてもらうほうがはるかにいい。既存の傷痍軍人会に金を差しあげたらいい。そうすると年3、4万円の金がいくことになる。これは助かる。傷痍軍人会は、傷痍軍人から、18万何がしかの人たちから幾ぶんかの会費を取って運営している。そこに4万円でも差しあげれば、だれかが出てきて指導することになる。出たときにその中から日当をやったらいい。そういうほうが合理的である。変な相談員をつくって、そして文章だけは、社会的信望があって、戦傷病者の福祉の増進に非常に熱意があるとかなんとか言って、そんな相談員はさがし回ったってそんな奇特な人は非常に少ない。そういう悪いものをつくるよりも、やはり自立更生である。みずからのことはみずからがやるという形にしたほうがいい。この法律をつくるのに、一番先に戦傷病者相談員を持ってきている。これは最悪の改正である」というものがある。これに対して厚生省援護局長は「むしろ傷痍軍人会にそういう金を与えたほうがいいのではないかという意見もあるが、やはりほんとうに社会的信望があり、戦傷病者の援護の問題に熱意のある人ということで願いたいと考えているので、その多くの人があるいは傷痍軍人会の関係者になるかもしれない。しかし、傷痍軍人会の関係者だからするというのではなくて、やはり社会的信望もあり、そういう業務に非常に熱意を持っている人ということで選ぶので、やはり法律にあるような考え方が適当である」と答弁している[90]。ここでは、傷痍軍人会に委託しない具体的な理由は明確には述べられていない。

　同じく昭和40年4月1日衆議院社会労働委員会では、相談員に選ばれることが多い傷痍軍人個人に相談業務にあたらせるよりも傷痍軍人会に相談業務を委託することが適切ではないかが問題となっている。すなわち、委員質問で「8条の2は削除したいくらいである。その金を相談員に出すのではなくて、傷痍軍人会にやったほうがいい。それのほうが能率があがる。傷痍軍人会は金がなくて困っているから、補助金を出してそこで業務をしてもらいたい、国が補助金を出す、それのほうがもっといい。秘密保持の規定も置いている。したがってこの相談員は、いわば公務員みたいな形で格づけされている。いまのように傷痍軍人の中からも選ぶかもしれない、あるいは社会的信望があって、傷病者の福祉の増進

その他に熱意を持っている人からも選ぶかもしれないというようなあいまいなことでは困ることになる。やはり傷痍軍人の中から選ぶことになると問題が出てくる。お互いにそねみもあるかもしれない。そういう点で問題がある。指導方針はどうも一貫をしていない。これは常勤でなくて当然非常勤であって、いろいろ診療相談その他もあるのだから、秘密の保持をしなければならないということになって、傷痍軍人の内部から選ぶことになれば、なかなか問題が出てくる、秘密の保持となれば、傷痍軍人の中から選んではいけないということになる。公正な第三者にやってもらわなければ困るということになる。そうしないと、傷痍軍人だったら勢力争いになる。それを一つの足場にしていろいろのことをやることもできないことはないから、そういう問題にもなりかねない。傷痍軍人会を足場にして、おれが会長になろうと言う者も出てくるかもしれない。社会的に非常に大きな犠牲を払った人に対しては、やるのなら第三者がやる、やらないならば思い切って軍人会に補助金を出してやる、どっちかにきちっとやるようにしなければ、指導方針があいまいでは困る」というものがあった。これに対して厚生省援護局長は「傷痍軍人の中から選ぶのはむしろ不適当ではないかという指摘であるが、必ずしもそういうように考えていない。傷痍軍人の中にも非常にりっぱな人もいて、社会的信望もあり、またこういう問題に熱意を持っている人が、かなり多数いるように承知している。したがって、現実の委嘱にあたっては、都道府県知事からの推薦を受けて委嘱するということになる予定であるが、知事が、ほんとうにりっぱな人であるという太鼓判を押す人であるならば、傷痍軍人であっても差しつかえないと考えている」と答弁している[91]。傷痍軍人であっても適任者であれば選ばれるということは重ねて答弁されているが、ではなぜ傷痍軍人会に委託しないのか、その方が金額がまとまったものになるがそうしないことも含め、実質的な理由は明らかにされていない。

　昭和40年5月11日参議院社会労働委員会でも「戦傷病者は18万人と厚生省で把握しているが、全国的な団体などの組織があるか」「組織があるならば、そういう組織に対して直接指導するほうがよくはないか。相談員は460人であるから、各県10人くらいである。1県10人くらい相談員がばらばらに置かれても、全国組織に連絡をとってするであろうが、158万6千円しか予算がついていない」との質問がある。これに対して、厚生省援護局長は「全国的な団体として、中央

に日本傷痍軍人会がある。現在でもこの傷痍軍人会の人々が現実には相当戦傷病者の世話をしている。厚生大臣が委託する場合に、現実問題としては、かなり現在そういう世話をしている人がなる場合が多いと思うが、その他の人がなる場合もあるだろう」とし、厚生大臣は「18万有余の戦傷病者の問題の最後の仕上げをしたい。最後の仕上げをするには、やはりいままでのやり方では欠けるところがある、きめのこまかいところを詰めていかなければならぬ。そういう人に多額の金を差し上げたからといっていい人が集まるとも限らない。やはりほんとうに戦後のあと始末に何らかの形で協力してもらえるような、有為な、しかも、りっぱな人でないとお願いしにくい。いろいろ考えた結果、460人の人々を委嘱したい。実際問題としては、そういう人を県から推薦してもらい、そしてきめたい」と答弁している[92]。

　国としては、傷痍軍人会を排除する意図はないが、傷痍軍人会の構成員であるからといって直ちに適任であるとは考えていないことが窺える。

第8節　相談対象者の数

　相談員が対象とする人々の数については、昭和40年4月1日衆議院社会労働委員会において次のような質問答弁がある[93]。質問は「相談員が相談に応じなければならぬような戦傷病者の対象数はどのくらいか」「この中で無賃の乗車船の恩典に浴する人々は非常に少ない。傷病手当をもらう人も非常に少ない。たぶん18万のほとんど大部分、17万ぐらいの人は、この法律の恩典には浴さない。今度の改正のものには浴さない。そうすると、一体どういうことを相談員がその17万人についてすることになるのか」である。厚生省援護局長は「戦傷病者の総数としては18万2,563という数字になっている。内訳は、軍人、準軍人が17万3,697、軍属が7,436、準軍属が1,430である」「18万何がしの戦傷病者の数のうち、傷病恩給あるいは障害年金等を受けておる者の数が14万いる。相当大きなパーセントの人が、むしろそういう給付を受けることについて、いろいろな戦傷病者の相談員を利用するということになるかと思う。無賃乗車船の対象の数としては一応13万6千の人が対象になるが、現実に受けている人は若干減ってい

るが、対象数としては一応13万をこえている。かなりの数の者が、直接に戦傷病者相談員を利用する実益がある」と答弁している。

厚生労働省から令和5年1月19日に発表された「令和3年度福祉行政報告例の概況」によれば、令和3年度末の戦傷病者手帳交付台帳登載数は2,814人（前年度比487人減）である。戦傷病者についてはおよそ10年以内のうちには相談業務がほぼ終了すると考えられる。

第9節　選考基準

昭和40年4月1日衆議院社会労働委員会では戦傷病者相談員の選考基準が問われている。「具体的な選考基準はつくるか、こういう条件の人でなければすることができないということをつくるか、それとももう知事にまかせて、知事が自由裁量でそれぞれ配分された人員だけを選ぶということになるのか。何か基準でもつくるか」という質問に対して厚生省援護局長は「全く白紙で知事に依頼ということも不適当であるので、若干の基準的なものは示したい。しかし、知事の自由な推薦権をまた不当に拘束するというようなことになっても必ずしもよくないので、そういうことにならない範囲において、ある程度の基準を示したい」と答弁している[94]。昭和40年5月11日参議院社会労働委員会でも同様の質問が出ている。「いままで各民生委員などでいろいろ世話をしたのであろうが、何かおっとり刀で、木に竹をついだような印象である。しかも、月に500円手当を出して460人で相談にあずかって戦傷病者のめんどうをみたいということであるが、いままでの民生委員などは名誉職的なものがあり、民生委員に対して非常に敬意を表しているが、相談員になる人をどういうものを想像しているか」というものである。厚生省援護局長は「法律案の第8条の2に『戦傷病者の更生等の相談に応じ、及び戦傷病者の援護のために必要な指導を行なうことを、社会的信望があり、かつ、戦傷病者の援護に熱意と識見を持っている者に委託することができる』とあり、要するに、こういうような相談業務について、一方において社会的信望があり、また、他方においてほんとうに戦傷病者の援護に熱意と識見を持っておる、こういう人々にお願いしようということであり、民生委員が広く一

般の社会福祉関係の仕事をしているのに比べて、特殊な業務のいわば民生委員的な存在として戦傷病者の世話をする人と考えている。具体的には各県の知事の推薦により、ほんとうに適当な人をお願いしたい」と答弁している[95]。

　選考基準に関しては30年以上直接に触れられることはなかったが、平成11年3月23日参議院国民福祉委員会で取り上げられている。「相談員の業務の内容、本当に大切な仕事だと思う。いろいろなところでいろいろな人々が頑張っていると実感するが、戦傷病者・戦没者遺族相談員はどう選ばれるのか、この人々の平均年齢なども聞きたい」との質問であった。厚生省社会・援護局長は「相談員の選定方法は、都道府県区域内の住民の中から、社会的信望があり、かつ戦傷病者や戦没者遺族の援護について熱意と識見を有していると認められる人を都道府県知事から推薦してもらい、厚生省において決定している。相談員の平均年齢は、平成9年10月1日現在で、戦傷病者相談員は77.2歳、戦没者遺族相談員は73.3歳となっている」と答弁している。また厚生省社会・援護局長は「現在、相談員はなかなか高齢化している。ただ、相談員は戦傷病者や戦没者の遺族と同様の体験をしていて、その心情を身をもって理解できる戦傷病者やその妻、また戦没者遺族自身が熱意と識見の双方の観点から適任ということが多いわけで、結果として相談員の平均年齢が高くなっている。ただ、若い人の中にも、例えば、相談員としての研修会もしているので、これからこのような研修会を通じて援護施策について理解を深めてもらう人が出ればそのような中からもしてもらうことも結構かと思っている。現在の相談員は大変活用されているようで、現在確かに高齢化しているというものの、それぞれの人々は心身とも元気で、熱意を持って職務に当たっていると考えている。もちろん資質の向上ということで研修を積むことも必要で、また、より適任の人を、これは任期が3年だったと思うが、より適任者を選んでいくこともこれから努めたい」と答弁している[96]。

第10節　秘密の保持、人格の尊重

　これら相談員が相談業務を遂行するには、ソーシャルワークの基本である秘密の保持・人格の尊重がなされなければならない。戦傷病者相談員については昭和40年3月31日衆議院社会労働委員会で「特に秘密を守り、あるいは人格を尊重してということがあるが、中には、これは戦争当時にあったが、こういうふうな援護事業には、えてして自分の持っている地位を利用するという者もいた。それが不幸にして、もし人格を尊重しなかったり秘密を守らなかったりする場合は一体どうなるのか。罰則はあるか」という質問があり、厚生省援護局長は「委嘱にあたってはそういうことのないように、ほんとうに適任な人を委嘱したいが、万が一そういうことがあって不適任であるという事情が出れば、なるべく早く解職することをしたい」と答弁している[97]。ただしこれに関しては、実際の運用上どのようになされているかということは、この後、議論として出てこない。

第11節　幕引き

　戦後70年が経過したころから、この制度の終了についても触れた発言がみられる。平成28年4月5日参議院厚生労働委員会では、厚生労働大臣官房審議官から「今回の法案作成に当たっては、以前は受給者の声を代表する立場として財団法人日本傷痍軍人会があったが、平成25年に解散したので、受給者等の要望を把握するために、昨年夏から秋にかけて、当方から出向き、戦傷病者等特別給付金の受給者9名、戦傷病者相談員16名に個別に会い、いろいろな意見を聞いた。給付金制度は、受給者からは、特別給付金は大変有り難い、亡くなるまで続けてほしい、夫の傷病恩給とは別に妻の労苦を報いる良い制度だと思う、大変意義があると思う、続けてほしいといった制度の継続を望む意見が大勢を占めたが、この関係の相談員という仕組みを昭和40年から設けて、その1人からは、受給者の心情を考えると積極的には言えないが、ほかに金を掛けるべきいろいろな政策や課題があるだろうから幕引きを考えてもよい頃だと思うというような意

見も一部あった」という答弁があった[98]。

第12節 本章のまとめ

　戦傷病者相談員・戦没者遺族相談員による援護と相談援助活動を考えたとき、それぞれ次元が異なるが客観的事実として、次のような特徴があると言える。

　1つ目は戦傷病者相談員・戦没者遺族相談員が創設されたのが、戦後20年以上経過してからであるということである。昭和40年3月25日衆議院社会労働委員会での厚生大臣答弁が端的に示しているように「もっと早くからあったほうが援護のすべてがスムーズにいった」ことは自覚しつつ、「役所関係のいろいろな折衝があり、そういった過程でおくれておった」のであり、「20年こういう仕事をいろいろ処理して、どうしてもこれは官庁や県や市町村だけではできない、民間の協力なくしては援護の完璧を期せられない、こういう事情がすべてにわかってきて」置くことになり、「最後の仕上げと言うか完璧を期したい」とされているのである。これら相談員が戦傷病者・戦没者遺族の相談援助活動に当たることが各種の制度利用を向上させることは行政側も当事者も当初から理解していたはずである。相談員の報酬が極めて低廉であることから、恩給や援護年金に比し国庫の負担が重いとは言えない（むしろ極めて軽い）。相談員にかかる予算の問題のみならず、行政機関同士の折衝や傷痍軍人会をはじめとする利害関係者間の調整に約20年の時間を要したとみるべきであろう。相談援助活動は、本来、戦後早急な対応が必要であった。当事者の思いと国による施策のズレないし心理的距離がみられる。相談員制度を設けると相談員の手当など国の財政上の支出が増加するということから設置が遅れた事情も窺える。また、相談援助活動のうち大きな割合を占めるのが軍人恩給の手続きの支援であるが、軍人恩給など経済的な援助は、連合国軍の禁止により講和・占領終結後の昭和28年まで再開できなかったという背景もある。今後、同様な事象が生じたときに迅速に相談援助活動が開始できるように準備しておくことが必要である。ただし、戦後の占領中の連合国軍側の施策によって軍人恩給が支給できなかったように、制度的な問題が生

じる可能性も高い。相談援助活動について制度に依拠することは限界がある。しかし、戦前からこのような制度が用意されていれば、戦後、相談員制度の創設にあたっての困難さは軽減されたであろう。なぜ、戦前にこれら制度が用意されなかったかはさらに研究を深める必要がある。

　2つ目はこれら相談員制度の議論の中心となっているのは相談員の手当が極めて低額であるということである。月額500円から始まり、令和5年度の国の予算は1人年額2万6千円（月額約2,167円）である。約4.3倍になっているが、消費者物価指数は約4.2倍になっているので実質は変わらないか微減である[99]。厚生省（現・厚生労働省）側も実費弁償、弁当代、昼飯代、バッジ代、名義料、通信費、交通費と表現している。性質は何かが明瞭ではないが、報酬と言える金額ではないことは明確である。活動に伴い生じる通信費・交通費の一部に充当することを意図しているのであろうが、相談援助活動にも最低限の経費がかかるため、金額面からの制約が生じかねないことが繰り返し指摘されている。国は他の相談員制度との均衡、あるいは民生委員等に比し、その歴史が浅いことから増額に難色を示している。今後、終了（幕引き）が見込まれることや相談対象者が著しく減少していることから、増額の見込みは厳しいと言えるであろう。

　3つ目は、近年、これら相談員制度の終了を図ることもやむを得ないという方向性がみられることである。平成28年4月5日参議院厚生労働委員会で厚生労働大臣官房審議官が明らかにしているように、平成28年夏から秋にかけて、厚生労働省が出向き、戦傷病者等特別給付金の受給者9名、戦傷病者相談員16名に個別に会い、意見を聞いたうちの1人が「相談員という仕組みを昭和40年から設けて」いるが「受給者の心情を考えると積極的には言えないが、ほかに金を掛けるべきいろいろな政策や課題があるだろうから幕引きを考えてもよい頃だと思う」という意見もあったのである。当事者の高齢化の進行に伴い対象者がいなくなることが原因である。日本語や日本における生活習慣の習得と言った特殊な要素がないことも幕引きやむなしの理由となるのであろう。

　相談員による相談援助活動の開始時期が戦後20年経過後であったことも含めて考えると、対象者の減少をもって直ちに廃止の方向性を出すのは適切ではないであろうが、しかし、今後も永久に続けるべき性質のものとも言い難いので、一般の社会福祉活動への統合の道筋も考えられなければならない。一般の社会福祉

への統合で非常に問題となるのが、恩給や援護年金をはじめとする戦傷病者・戦没者遺族に対する援護の制度の専門性・複雑さである。報酬については500円という極めて少額の手当制度からスタートし、現在においても名目の金額は増加したものの、実質価値はやや下落気味である。戦傷病者同士・戦没者遺族同士であるから報酬の多寡にかかわらずこれらを学習し相談に乗ってきているが、一般の社会福祉のルートに乗せたときに、相談業務に従事する者に同様の学習を求め、実際に活用できるかというのは未知数であると言わざるを得ない。中国残留邦人等の場合の自立指導員や支援・相談員に比し、戦傷病者や戦没者遺族の相談員は報酬が極めて低廉で、報酬とも言い難い金額になっていることが問題となっている。しかし、この金額の増額について近年では国会で取り上げられることもほとんどなくなっている。

　戦傷病者相談員制度が設けられたのは昭和40年であり、戦没者遺族相談員が設けられたのも昭和40年代である。中国残留邦人の相談員制度である引揚者生活相談員制度が設けられたのが昭和50年代である。すなわち、戦後20年から30年経過し、社会が落ち着き復興を遂げたときにこれら相談員制度が設けられている。中国残留邦人に関しては、その存在が、多くの日本人にとって見えにくかったという事情もあるであろう。しかし、戦傷病者や戦没者遺族の存在は日本社会において歴然としていた。存在が明らかではないから制度が設けられなかった、ということではない。多くの要因が考えられるが、設置されたのは、単に経済面や復興度合いだけではないと考えられる。戦後20〜30年後といえば、当事者も亡くなるケースが増加し総決算が必要になる時期であること、さらには終戦直後は該当者が把握できないくらい多すぎて、その相談援助業務を適切に遂行できないくらいの業務量であったということも言えるであろう。

　戦傷病者や戦没者遺族は基本的に日本語の会話や生活習慣に不自由していない。ただし、戦傷病者で外地・外国での抑留が長期に渡ったり思想教育を受けたりしたケースでは、日本の戦後社会への適応に難しい点があったことは、中国残留邦人等と共通する面もある。それらの場合でも、日本語や日本人としての生活習慣が身についた後であるので、戦傷病者相談員による援助活動の中にことさら日本語教育を入れる必要は乏しかったと言える。戦傷病者や戦没者遺族の相談活動の一般に日本語教育は入っていないし、国会における議論からも見えてこな

い。

　中国残留邦人等に対する支援は2世・3世、ひいては4世以降も当分必要であることが言われているが、戦傷病者や戦没者遺族への支援活動は、3世以降を支援すべきであるという話はほとんど出てこないし、当事者の高齢化に伴い「幕引き」が議論され、それもやむなしとされている。日本社会においては五十回忌が「弔いあげ」となる法事であるといわれ、区切りとなる。戦後80年近く経過しているのでそれも大きく上回っている。少なくとも戦没者遺族については、恩給や援護年金は別として、生活面における戦没者遺族としての特有な問題状況は解消され、通常の社会福祉の相談援助活動に工夫を加えることによって対応可能な状況となっている。例えば戦傷病者戦没者遺族等援護法第24条第1項によれば、遺族年金または遺族給与金を受けるべき遺族の範囲は「死亡した者の死亡の当時における配偶者（略）、子、父、母、孫、祖父、祖母並びに入夫婚姻による妻の父及び母（略）で、死亡した者の死亡の当時日本の国籍を有し、且つ、その者によって生計を維持し、又はその者と生計をともにしていたもの（略）」である。死亡した者の死亡の当時胎児であった子が出生した場合も含まれるが、遺族年金・遺族給与金を受給できる年齢18歳を約60年超過している。養子縁組で子になる者が尊属または年長者でなければ可であるから、戦没者の養方の父母・祖父母が生存している可能性はまだある。ただし、戦没者の配偶者・父母・祖父母に関しても、恩給や援護年金の新規の裁定を今後行うケースは僅少であると考えられる。

　一般の社会福祉への統合は、時代の経過とともに反対する意見は少なくなっているようである。しかし、恩給や戦傷病者・戦没者遺族援護の制度は法令が複雑であり、それを習得し相談援助に活かすことができるのには相当の時間を要する。当事者やその家族で高い志をもってその学習に当たるのでなければ困難であると言える。専門性という意味で、通常の社会福祉活動のようにボランティアとしての間口が広いとは言えない状況にある。

　戦没者遺族については、厚生大臣が「遺家族の方は、ほんとうに兄弟のような気持ちでお互いいたわり合っておる。そうした中の相談員である」と発言しているように、情の部分が大きく取り上げられつつ、そこに公的な相談員としての肩書を付与しようとする意図が明確にされている。そのため、謝金も低廉なままに

推移しているという傾向がみられる。昭和44年7月1日参議院社会労働委員会での厚生省援護局長の「戦傷病者相談員は、常勤の公務員ではない。非常勤の公務員でもなく、実は戦傷病者が、戦傷病者仲間でめんどう見る、こういうかっこうになっており、全くほんとうに自発的に仲間同士で仲間の世話を見る」という発言も同様である。

　表4-2（戦傷病者相談員・戦没者遺族相談員の人員の推移）からわかるように、多いときには、戦傷病者相談員は1県平均20人程度、戦没者遺族相談員は1県平均30人程度置かれていた。整備目標について、昭和42年6月7日衆議院社会労働委員会での厚生省援護局長答弁が「（戦傷病者相談員について）少なくとも最終目標としては各福祉事務所に1人、いま全国に福祉事務所が約1,100ばかりだが、その福祉事務所に少なくとも1人は行き渡るように増員していきたい」としていたように、概ね全国均等に広く配置しようとしていた。ただし、現在では対象者の減少に伴い、これら相談員の数が減少し、福祉事務所に少なくとも1人という目標も後退しつつある。戦傷病者や戦没者遺族の相談員の配置については、中国残留邦人等の場合の自立指導員や支援・相談員とは大いに異なる。中国残留邦人等は特定の自治体に多く居住していることが原因である。

　仮に、今後の社会情勢の変化に伴い再び終戦後のような事態が起こることがあり、戦傷病者相談員・戦没者遺族相談員に相当するものを設置しなければならなくなったとき、できるだけ早い時点から設置して相談援助活動を行うことが必要と考える。国家と雇用関係やそれに類する関係にあった者に対して補償ないし経済的援助などを行うことは、当然求められる。しかし、それが困難な情勢下においても相談援助活動は極めて低廉な費用で進めることが可能であるのは、戦後の歴史が示していると言える。

　なお、本章では、時間的制約から、国会における質問答弁から相談員制度の論点を抽出したが、中国残留邦人等の場合と同様に、戦傷病者や戦没者遺族という当事者あるいは戦傷病者相談員・戦没者遺族相談員として相談援助の実務に当たっている人たちからのインタビュー調査も必要であると考える。国や自治体の施策がある一方で、当事者や相談員もその施策について評価している点や課題と感じている点があると考えられる。とりわけ当事者が健在のうちにそれらを聞き取り、課題等を浮かび上がらせることが重要である。今後の課題としたい。

第5章
相談援助活動の在り方

第1節　相談援助活動の中心となる生活構造の相違点

　第1章から第3章まで中国残留邦人等と戦傷病者・戦没者遺族について、国会両院における会議録をもとに、「相談」をキーワードに質疑と答弁の内容を時系列的に確認した。

　ここでは、中国残留邦人等と戦傷病者・戦没者遺族、さらにそれらと比較するため、わが国に定住している異文化を背景とする人々としての外国人労働者について、その相談援助活動の中心となる生活構造の相違点を考えてみる。

　以下、外国人労働者、戦傷病者・戦没者遺族、中国残留邦人等のそれぞれについて、これらの層についてどのような支援が求められるのかをまとめてみる。それぞれの特徴を検討してみると、以下のようになる。

　本章の図において、第1層・第2層・第3層とはそれぞれ次の部分を指す。

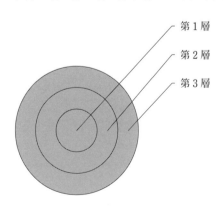

第1層は「アイデンティティ、言葉、文化」であり、第2層は「仕事、コミュニティ、就学、治療、付き合い」、第3層は「制度（住居、医療費、生活費、就労）」である。

1. 外国人労働者

　ここで取り上げるのは日系ブラジル人などのいわゆる外国人労働者の生活構造についてである。外国人であって日本で労働しているケースには多様な形態がある。ここでは、母国よりも日本の方が経済状況がよいので、工場や農場で働き生計を立てるため来日している労働者層を念頭に検討する。欧米人で東京・大阪において銀行・証券等の金融サービスを担っている人材、大企業の経営層であるビジネスマン、大学や研究機関で研究に従事している研究者、外交官や駐留アメリカ軍ないし国連軍（横田飛行場の朝鮮国連軍後方司令部等）に勤務する軍人・軍属としてなど、公用で来日している人もあるが、そのような場合については本

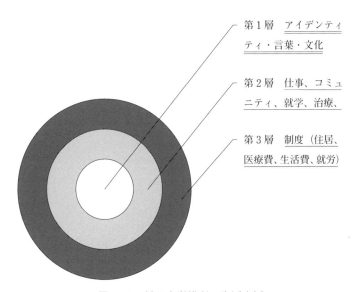

図5-1　外国人労働者の生活支援

（相談支援は主として図の第3層（制度（住居、医療費、生活費、就労））に対して行われるが、実は第2層（仕事、コミュニティ、就学、治療、付き合い）の支援も重要）

研究の趣旨とはかなり異なるので、一応除外して考える。

外国人は日本国民とは法令上の扱いが異なるだけでなく、生活習慣や就労・就学面でもかなりの差異がある。制度面では日本人とは別扱いとなるものが多く、サービスの対象から排除されているものもある。

外国人の文化の核となるアイデンティティ[1]があり、それに基づく言葉が用いられ、日本での生活においてもその文化が保持される。そしてそのアイデンティティによりコミュニティが形成され、仲間同士の付き合いがあり、仕事や就学により日々の生活が送られている。第3層にそれらを支える制度があり、住宅・医療・生活費補助のサービスや就労支援が行われる。相談支援は主として上記図の第3層に対して行われるが、より深い援助のためには、第2層に対する理解と、そこへの介入が必要になることもある。

外国人労働者は、もともと日本国民とは異なることから、言葉や生活習慣あるいは就労・就学に対する支援が必要であることが外見的にも理解しやすい。この意味で第1層への支援も多くの人によって行われている。

なお、社会福祉の対象となるのは、多くの場合、発展途上国から来日し、経済的に十分ではない状態で生活を送っているケースである。その一方で、先進国から商用等で来日しているケース、あるいは発展途上国からの来日でも、王族・貴族出身で日本国民以上に十分な学歴・知識、技術や経済力があるケースも稀にあり、その場合は経済面以外の支援が中心となるであろう。

2. 戦傷病者・戦没者遺族

戦傷病者・戦没者遺族に関しては、アイデンティティについては外国で極めて強い思想教育を受けた場合は別として、通常は日本人としてこれを有する者が揺らぐことはないと考えられる。日本語や日本での生活習慣に困ることはないので、仕事、コミュニティ、就学、付き合いでの支援の必要性は小さい。

軍人・軍属・準軍属であった人は、日本政府等と雇用ないし雇用類似の関係にあり、少なくとも終戦までは一定水準以上の生活を維持していた人が多く、中国残留邦人等の場合のように、内地にいた当時も生活が困窮していたケースが多

第5章 相談援助活動の在り方 199

いのとは生活状況が異なる。戦前・戦中であるから、令和の現在と比較すると、生活水準は高くないケースが多いことが想定できるが、彼らが担っていた職務の性質上、教育をほとんど受けていないということも考えにくい。しかし、戦没者遺族に関しては、戦後の厳しい状況の中で十分な教育を受けることが困難であった者もいるであろう。

戦傷病者については医療の支援が必要であるが、戦傷病に起因するという点を除いては、受診に際して他の日本人と異なる特別な配慮が必要になることはほとんどない。戦傷病者・戦没者遺族は高齢化が極めて進展しているから、高齢者特有の配慮は必要となるが、日本語の理解や日本での生活習慣について指導を受ける必要性はほとんど見られない。戦後、日本と国交が樹立されていない地域からの新たな引き揚げの可能性も皆無ではないが、戦後80年近くが経過し、軍人・軍属・準軍属であった人は、生存していても100歳前後であるため、新規の施策を立ち上げる必要性は乏しいと言える。

戦傷病者・戦没者遺族については、多くのケースでは、専門性の高い部分に

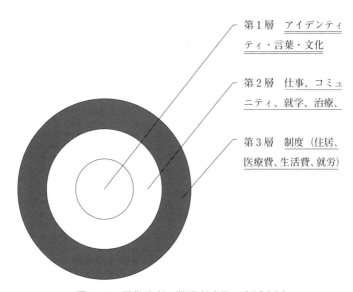

図5-2　戦傷病者・戦没者遺族の生活支援

（相談支援は主として図の第3層（制度（住居、医療費、生活費、就労））に対して行われる）

ついて支援が行われるならば、自分自身で生活を維持していくことが可能な層と考えられる。相談員は制度の利用を促進すべく、分かりやすく紹介や解説をしたり、当事者が利用を希望するサービス等について取り次ぎを行なったりすることが主となるであろう。

3. 中国残留邦人等

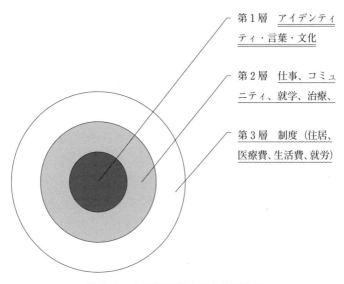

図5-3　中国残留邦人等の生活支援

（第2層（仕事、コミュニティ、就学、医療、付き合い）だけではなく、第1層（アイデンティティ、言葉、文化）への支援が必要）

中国残留邦人（本人）は、法的に完全に日本人であるから、日本の各種の制度からは法的には排除されていない。しかし、制度面では同一でも、実際に日本人として生活するうえで困難を抱えている。コミュニケーションに困難があるケースが多く、日本の生活習慣に馴染んでいないため、実際の生活上で困難が多い。そのため、仕事、コミュニティ、就学、医療、付き合いでの支援の必要性は大きい。また、中国残留孤児であった者の場合には日本人としてのアイデンティティが希薄なケースもある。一方で、中国残留婦人や樺太残留邦人の場合には、日本

人としてのアイデンティティは一定程度保たれている場合がほとんどである。

　自立指導員や支援・相談員など相談業務を担う者は、利用可能な制度を実際に活用するように促すことが必要となる。利用可能な制度の紹介・解説・取り次ぎをするにとどまらず、仕事、コミュニティ、就学、医療、付き合いなどにおいて、通訳を含め理解可能なように相談援助業務に当たらなければならない。

　本人やその親世代が（満洲を中心とする）中国に渡航する以前にどのような生活をしていたか、中国にいたときにどのような養育環境にあったかが、帰国後の生活にも大いに影響しているといえる。ただし、軍人・文官・特殊会社職員の子弟で、帰国途中に現地の駅や道路で親とはぐれ、中国人養父母の下で育てられるなど、終戦以前の生活水準と一致しないケースもみられる。中国残留邦人等の1世・2世が高齢化し様々な問題を抱え、3世・4世も日本社会に定着するための課題を抱えている。しかし、この先さらに3～4世代後、即ち残留邦人の5世・6世あるいはそれ以上の、例えば10世になったときに特別な支援施策は基本的に必要なく、解消する見込みであると考えられる。

　帰国者に対する政策は、日本での生活に円滑に移行することであった。いわば（戦後の日本に生活している）日本人に同化させることであったと言える。また帰国者たちも、日本社会に適応することを目標としてきた。そのこともあり、中国残留邦人等たちの独自の文化などが見えにくい状況にある。

　国の政策の方向は、これまでの諸施策から見る限り、中国残留邦人等を日本になじませる・日本人になってもらう、というものであると言える。しかし、中国残留邦人等は言葉の壁があり、一般の日本人とコミュニケーションをとりづらい場面が多くある。また、中国残留邦人等は日本人であるから、法制度上は一般の人と差はないはずである（もちろん、配偶者や2世以降は様々なケースがある）。加えて、長期にわたり外国での生活を強いられたことによる困難を軽減するために行われる、日本での生活のための特別な施策もある。しかし、日常の生活ないし社会生活における無形の差別により、当事者たる中国残留邦人等が「自分は日本人ではない」という思いを持っているケースがあり、結果として、中国残留邦人等の周囲で生活している人々が「日本人」として見ていることから起こる齟齬がある。中国残留邦人等の支援についても「日本人」に合わせようとすることであると思われてきたが、それは必ずしも当事者の思いとは一致しない場合

がある。これは「私たちと同じであるべき」という無意識の圧力となっているともいえる。国籍が日本人であることと、アイデンティティ・文化・生活スタイルが日本人であることは必ずしも同一ではない。国の施策というトップダウンによって日本人という一つのアイデンティティで同化させようとすると、支援の焦点を見誤る可能性がある。高齢層を中心に孤立が進んでいることは、交流の場や中国残留邦人に特化した老人ホームの希望からも窺うことができる。社会の主流の価値観ないし日本人の標準形に違和感を持ちながら生きているさまざまな日本人がいる。中国残留邦人が日中両国にわたる独自の文化を有し日本社会に馴染みにくいということも、日本の中における様々な文化・価値観を持つ人たちの援助との共通点であると考えられる。多様性を尊重するという点では、その一類型とも考えられる。

　国が行なっている援護施策は基本的に、引揚者の年齢に関わらず同じ内容である。しかし、年代ごと（例えば、20歳代・40歳代・60歳代）で重点的に希望する支援内容は異なるのではないかと考えられる。ライフサイクルによってニーズや必要な支援は異なる。年代に応じてライフイベントが異なれば人生に対する姿勢も異なるであろう。

　また年代ごとの生活状況の違いもある。さらには、同じ事象であっても年代によって受け止め方が異なるといえる。石河久美子『多文化ソーシャルワークの理論と実践　外国人支援者に求められるスキルと役割』では、中国残留邦人に関して「高齢化の問題は、他のニューカマーにはまだ見られない帰国者固有の問題である。特に残留婦人の高齢化は顕著である。介護を請け負う子世代の帰国者2世、3世は、家族を支えるため日本語力が不十分なまま就労し、長時間労働で共稼ぎしている場合も多い。介護サービスを必要としていても、家族がそのサービスの存在や活用方法を知らないため、家族で過重な介護負担を担っているなどの問題が生じている。」と指摘する[2]。中国残留邦人等という概括的なものではなく、さらにその中で年代や生活状況、居住する地域に合わせた施策が必要と考えられる。また、引き揚げ後に多くの苦労があった後、現在、70歳を越しているからこそ話せることもあると考えられる。

　さらに、中国残留邦人等と一括されるが、樺太残留邦人の場合には様相が大きく異なる。樺太アイヌやニヴフ（旧・ギリヤーク）・ウィルタ（旧・オロッコ）

の人も皆無ではないが、樺太残留邦人の日本人としてのアイデンティティが問題になることは少ない。南樺太が終戦前に内地に編入されていたこと、戦後においてもヨーロッパ系ロシア人と人種が全く違うため日本人であるという自覚が必然的に生じたこと、などが大きな要因である。むしろ、日本への帰国後に、多数を占める中国残留邦人に対して社会が注目することによって、樺太残留邦人の存在が分かってもらえないことや、中国残留邦人とも全く異なる人生を歩んできたことの悩みがあると言えるであろう。

第2節　外国人労働者、戦傷病者・戦没者遺族、中国残留邦人等に対する視点の対比

第1節で取り上げた外国人労働者、戦傷病者・戦没者遺族、中国残留邦人等の3者についてその比較を対照表にしてみると、次のようになる。

対照表　表5-1　外国人労働者、戦傷病者・戦没者遺族、中国残留邦人等の3者の比較

	日系ブラジル人などの労働目的の来日（外国人労働者）	戦傷病者・戦没者遺族	中国残留邦人等※
本人や祖先が日本にいたときの状況	生活にゆとりのある階層ではない人が多かった。日本での生活が困難であったため移民をしたケースが多い。日本で頼る親類縁者の経済状況は人によって大きな差がある。	日本における通常レベルの生活であった場合が多い。	生活にゆとりのある階層ではない人が多かった。日本での生活が困難であったため大陸に渡った場合が多い。日本での生活基盤（社会的なつながり、経済面）が著しく弱いケースがある。

	日系ブラジル人などの労働目的の来日（外国人労働者）	戦傷病者・戦没者遺族	中国残留邦人等※
日本に戻る（来る）前の生活状況等	日系人の場合、労働移民として、困難な中、現地で生活を築き、一定程度の生活レベルを獲得した。現地の経済状況の悪化・低迷で、日本に来ることに活路を見いだした。日本にルーツがない場合も、母国の経済状況の悪化・低迷で日本に来ることに活路を見いだしている。	戦地（あるいは内地）で戦争のため制約された生活であった。戦後も抑留されていたり留用の対象であったりした者もいる。思想教育を受けるなど、日本での生活を困難にする事情が生じている場合もある。なお、留用とは、現地の中国人政権が、満洲などにいた日本人のうち、医療従事者や鉄道・工場などの技術者を帰国させず、戦争終了後も現地にとどめおき働かせたことである。	日本を離れ、現地において多少なりとも生活が向上していた。終戦によりそれが破壊された。戦後の状況はまちまちであるが、日本人であることにより迫害を受けるケースもあった。

	日系ブラジル人などの労働目的の来日（外国人労働者）	戦傷病者・戦没者遺族	中国残留邦人等※
引き揚げの状況	移民であった者やその子孫が自由意思で日本に来ていて、引き揚げではない（中国残留邦人等や戦傷病者・戦没者遺族で終戦時に外地・外国にいてそこから引き揚げ、その後にさらに南米等へ移民したケースも皆無とは言えないが、ここでの議論の本筋への影響は僅少と考えられる）。日系人でない場合は引き揚げとはほぼ関係がない。	日本人であることがはっきりしている。国に直接・間接に雇用されている。外国や外地にいた場合は抑留や留用で引き揚げに時間がかかったケースもあるが、概ね計画的・組織的に引き揚げが行われた。内地にいた人は引き揚げ自体がなかった。	現地在住の民間人については、中国本土・満洲への渡航は原則的に自由意思であった。引き揚げに関して国も支援をしたが、組織的な移動というよりは、個々の努力・責任で引き揚げた者も多い。

	日系ブラジル人などの労働目的の来日（外国人労働者）	戦傷病者・戦没者遺族	中国残留邦人等※
日本人としての扱い	日本国籍を有している者、喪失している者、現地の国籍のみ有している者などが混在している。日系人でない場合は日本国籍がないケースがほとんどである。	ほとんどは日本国籍を有している（外地人であった場合は日本国籍を喪失している（再取得しているケースもある））。	幼少期に家族と離別したケースでは、後年まで日本人であることを知らないケースもあった。日本人であることを証明する資料が乏しいこともある（本人の配偶者や2世など、家族は日本国籍がない場合もある）。
日本語の習得状況	不自由がない人とそうでない人が混在している。不自由がある場合、通訳が必要であるなど支援を要する。	全く不自由がない人がほとんどである。長期に抑留されていた場合はコミュニケーションにやや困難を抱えるケースもみられた。	不自由がない人とそうでない人が混在している。日本語が不自由である場合、通訳が必要であるなど外国人と同様の支援を要する。

第5章 相談援助活動の在り方 207

	日系ブラジル人などの労働目的の来日（外国人労働者）	戦傷病者・戦没者遺族	中国残留邦人等※
当事者やその子ども世代の高齢化の進行	将来的には高齢化が生じると考えられる。しかし、現在は労働力としての若い世代やその子どもたちが中心である。	戦傷病者や戦没者遺族の高齢化が著しい。ただし、その子孫については、日本人一般の高齢化の割合と特段異なるところはない。	残留孤児自体が70歳代以上で高齢化している。残留婦人については90歳以上で高齢化が著しいが、寿命のこともあり、今後は急速に減少する見込みである。残留孤児の子ども世代や残留婦人の孫世代も高齢者になったり高齢者に近づきつつあったりする。

	日系ブラジル人などの労働目的の来日（外国人労働者）	戦傷病者・戦没者遺族	中国残留邦人等※
相談業務に当たっている者（相談員）がロールモデルたりうるか	専門性（知識・技術）が求められる。外国人支援に関わる職員の身分は非正規雇用が多い。安定した雇用が必要である。外国人当事者が多文化ソーシャルワーカーとして、外国人支援・青少年の役割モデルになる可能性もある（石河久美子『多文化ソーシャルワークの理論と実践』100頁（2012）年）。	「傷痍軍人会にそういう金を与えたほうがいいのではないかという意見もあるが、やはりほんとうに社会的信望があり、戦傷病者の援護の問題に熱意のある人ということでお願いしたいと考えている」（昭和40年4月1日第48回国会衆議院社会労働委員会会議録第15号1〜3頁厚生省援護局長答弁）。恩給や援護年金など制度に熟知している必要がある。活動費は開始当初で500円で、物価上昇を考慮すると実質引き上げられていない。ただし、職業という意味ではないがロールモデルにはなることができている。	帰国者の先輩が相談業務に当たっているケースが多い。専門性（知識・技術）が求められるため、当事者であることが強みとなる。しかし、帰国者支援に関わる職員の身分は非正規雇用も多い。支援団体によって正規雇用がされている場合も、その人件費は国や自治体からの補助でまかなわれ、補助金は単年度ごとに決まるため、雇用の根幹の部分が必ずしも安定していない。

	日系ブラジル人などの労働目的の来日（外国人労働者）	戦傷病者・戦没者遺族	中国残留邦人等※
相談員制度	法令に基づくものではない、自治体や民間の活動としてある。年限の設定はない（日本文化への適応に時間がかかるため継続の必要性が高い）。	法令に基づくものがある。当初から恒久的な制度として設置された。ただし現在は、幕引きが論じられている。	法令に基づく相談員が複数ある。かつては3年など一定の年限を区切って相談事業を設定していた。

※表中の中国残留邦人等のうち、樺太残留邦人については記載内容に当てはまらない事象も多い。

　日系ブラジル人などの労働目的の来日者、戦傷病者・戦没者遺族、中国残留邦人等の3者を比較したとき、例外ケースもあるが、日系ブラジル人などの労働目的の来日者と中国残留邦人の多くは、もともと居住していたところにおいて、生活に困窮していてそれを打開するため移住したという背景がある場合が多い。それが移住した後の生活（中国残留邦人等の場合にはその移住先からさらに日本に帰国した後の生活）にも影響を及ぼし、生活課題が生じている要因となっていることが考えられる。例えば、社会的なネットワークの多寡、社会的に評価される学歴・職歴や免許・資格、所有する資産などが十分ではなく、それがさらに貧困を招来するという循環である。一方で、戦傷病者や戦没者遺族の場合には、このような状況にない一般の日本人と著しい相違点はない。

　中国残留邦人等の相談援助活動における論点は、戦争や事変の終結後におけるものだけではなく、外国人労働者のような現在進行形の課題を考える際の論点も浮かび上がらせるものである。とりわけ外国人労働者に対する相談活動においては、①そもそも日本国籍を有しない場合があり、そのことによって発生する問題があること、②第二次世界大戦が終結した後に発生した事象であれば、長期的にはその対象者が少なくなることが見込まれるが、外国人労働者の場合には今後その数が増大していくことが見込まれること、③必ずしも今後とも日本に定住することを前提に生活している人ばかりではなく、一定の経済的目途が立ったとこ

ろで帰国することを念頭に置いている人もいて、日本社会への適応を当事者自身も重点を置いていない可能性があること、を考慮しなければならない。

第3節　外国人労働者、戦傷病者・戦没者遺族等と中国残留邦人等の相談援助活動に関する3つの観点

1. 共通している点

　戦傷病者・戦没者遺族等と中国残留邦人等については、戦後20年ないし30年経過してから相談援助活動が始まっている。外国人労働者については、それよりもさらに後であり、昭和末期ないし平成初期以降に外国人労働者が増加した時点からである。
　戦傷病者や戦没者遺族に対する援護は、年金や恩給などが復活し、その後に相談援助活動が組織的に取り組まれるようになった。しかし、経済面を考慮するならば、逆の方が取り組みやすかったのではないか、と考えられる。戦後、各人の生活が大変であったことからボランティア精神が十分発揚されないままに推移し、経済的復興が十分になされてから相互援助が体系化したといえる。さらには、援助活動の急速な組織化だけではなく、相互援助にも力点を置いた方がよいと考えられる。仮に、今後これらの事象が生じたとき、より早くから取り組むことが効果的であり、そのための基盤づくりが必要である。有事への備えは、防衛体制や輸送・避難だけではなく、終息後を見据えた相談援助体制の準備も必要である。なお、戦前・戦中も援護活動は一定程度なされていたが、防空監視隊員のように補償が明確に規定されていたものについても、名簿が焼失した、役所が全焼した、行政組織が統廃合され引継ぎがなされなかったなど、事実上、援護を不可能とする事象も起きているのでその対策も必要である。
　外国人労働者と中国残留邦人等に関しては、外国にルーツを持つ人や中国残留邦人のマージナル（境界）性が考慮されなければならない（樺太残留邦人は別異である）。この人たちは、どちらの国にも与しているがどちらの国にも与していないという感情を強く抱いている。換言すれば、日本人でありながら日本人の

規格に合わないから排除されている、あるいは日本人の規格に合わないからこの国で共に暮らす仲間として認められていない、等という実態がある。特に中国残留邦人（本人）は、法律上は日本人として扱われるが、周囲の目や差別など日本人として生きることを拒む壁も存在するのである。一人の人間の中の「多文化」という視点の必要性を考慮しなければならない。

2. 分かれ道

　外国人労働者、戦傷病者・戦没者遺族と中国残留邦人等の相談援助に関して、今後、大きな分かれ道となるのが、これら相談援助活動が当分続けられるべきか否かである。外国人労働者のように、今後とも増加が見込まれるものは、早期に相談援助体制を確立することによって、生活課題の軽減と日本への定着が促進されるので継続されると考えられる。中国残留邦人等は、2世・3世をはじめとする子孫にとって言葉や生活習慣の問題は大きく、当分続けられる必要がある。一方で、戦傷病者・戦没者遺族の援護に関しては幕引きが近づいているといえる。3世以降は一般の国民（戦災者）と大きな違いはない。戦傷病者・戦没者遺族よりも一般戦災者の子孫の方が経済的に困難な生活をしている場合もあるであろう。ただし、外国人労働者や中国残留邦人等に関しても10世・20世になったときも含めて永久に続けられるべきものかと言えば、そうとは言えないと考えられる。一般の日本人と同様の生活状態であるとして、移行すべき時は必然的にやってくるであろう。

3. 民間主導か行政主導か

　外国人労働者については、国としての体系だった相談援助制度あるいは相談員制度はなく、民間や自治体による相談援助活動が行われている。その結果、実施されている内容も地域によって異なる。そもそも本研究で比較対象としている外国人労働者は、戦傷病者・戦没者遺族や中国残留邦人等のように日本全国に対象者がいる性質のものとは異なり、実質的に皆無である地域もあるので、そのような地域では相談援助活動が活発になりにくい。

戦傷病者・戦没者遺族については、戦傷病者同士等の活動から広がった。傷痍軍人会も存在し、当事者の組織化がなされていた。傷痍軍人会が相談援助活動をしていたほか、当事者の間でも、月額500円であっても相談業務に取り組みたい、という強い希望があった。さらに、業務内容が非常に専門的で、恩給等の難しい知識を必要としている。ほぼボランティアの活動であるが、高度な知識を必要としている。

　中国残留邦人等についても民間の相談活動もあった。しかし、とりわけ昭和50年代以降は、国の施策が中心であり、新しい支援給付になってからは、相談援助活動も期限がなく行われている。自立指導員や支援・相談員も非常勤職員として手当が支給されることが確立している。その金額も含めて、一定程度、人的・物的な量は確保されている。また、中国残留邦人等の援護は生活保護に準じた仕組みであり、行政としても現在も取り組みやすい。一方で当事者の組織化は、形成途上である。

終　章

支援の方向と今後の課題

第1節　終戦後20年以上経過した昭和40年代になってから相談員制度ができた背景

1. 戦傷病者・戦没者遺族

　わが国は、戦後、連合国軍の占領管理下に置かれた。連合国軍は軍人・軍属への優遇措置を禁じた。このため昭和21年に軍人恩給は廃止された。軍人恩給が復活したのは昭和28年8月である。戦傷病者相談員・戦没者遺族相談員の相談業務は、家庭内の悩みを聞くなど人間関係の調整もあるが、恩給や援護年金の申請やそれに付随する業務が大きい。恩給・援護年金の申請業務は専門知識を要し、一般国民には分かりにくい。恩給・援護年金の申請にあたり、戦傷病者相談員・戦没者遺族相談員を頼るところが大きい。恩給・援護年金が存在しない時点では、これら業務がほぼなかった。

　終戦後、高度経済成長に至るまで、国庫に余裕がなかったことも、戦傷病者相談員・戦没者遺族相談員が長期間置かれなかった一因ではないかと考えられる。昭和30年代以降、高度経済成長が10年以上続き、老人・母子寡婦・知的障害者など、社会福祉の各分野で施策が拡大してきたが、戦傷病者・戦没者遺族の援護にもこれが波及したと考えられる。

　戦傷病者相談員・戦没者遺族相談員が置かれるようになった他の要因としては、戦後20年経過し、本人や遺族の中で高齢者の域に差し掛かる者がだんだんと増加してきたことも考えられる。また、恩給や援護年金の裁定を申請するにあたり、若いときと異なり、役所に出向いたり申請書類を記入したりすることが困

難になりつつあったことも考えられる。高齢になり、日常生活の相談をしたいという需要が発生したのであろう。

昭和40年3月25日衆議院社会労働委員会で厚生大臣が「もっと早くからあったほうが援護のすべてがスムーズにいった」が「役所関係のいろいろな折衝があり、そういった過程でおくれておった」と明確に答弁しているように、官庁間の折衝があったことも事実であろう。戦傷病者相談員を設けるべきという関係者の要望が昭和39年頃から一層強くなったこともこの時期に実現した要因である。うがった見方をするならば、約20年という期間において、戦傷病者が死亡したり症状が軽快したりするなどして、援護を必要とする当事者が減少したことも昭和40年代に至った一因と考えられる。終戦後は膨大な戦傷病者が存在し、それがどこまで拡大していくかわからない状態であった。しかし、約20年経過することにより、戦傷病により死亡する、症状が軽快するなどして「戦傷病者」の数は確実に減少したはずである。また、20年間にどれだけの戦傷病者・戦没者遺族がいるかもはっきりし、予算を立てやすくなったこともあるであろう。

防空監視隊員のように、軍人・警察官と同様に補償や援護が必要であることが明確であったにもかかわらずなされなかったケースもある。戦時中の名簿が散逸、官公署自体が空襲や艦砲射撃で焼失、戦後の官制改革で所管官庁が不明になる、などの事情により援護がなされないケースもあった。

満州国政府や外国・外地の特殊法人の職員については日本政府との雇用関係をどう判断するかという問題の解決に戦後20～30年間かかり、それが解決しないので、必然的に戦傷病者・戦没者遺族援護の対象にならないということが起きた。

2. 中国残留邦人等

日華事変後、日本は汪兆銘政権（中華民国南京国民政府）と国交があったが、戦争終結により汪兆銘政権は崩壊した。蒋介石率いる中華民国政府（国府政権）は、戦後、その実効支配地域内の日本人の引き揚げに協力するなど友好的な姿勢であり、昭和27年には「日本国と中華民国との間の平和条約」（日華平和条約）を締結し、国交を回復している。しかしその間、昭和24年には中共本土政府が

大陸の大部分を実効支配することとなった。また、それ以前も中共支配地域では、日本人の帰国が円滑ではなかった。今日、中国残留孤児・中国残留婦人といわれることとなる人たち以外にも、「留用」と称して日本人技術者などが留め置かれるケースも多かった。しかし、国交がなかったため中共本土政府の支配地域内における日本人の状況は明らかではなかった。日中国交回復は昭和47年であり、その後、残留邦人の状況が明らかになった。このため引揚者生活指導員制度ができたのは昭和52年度であった。南樺太の場合は、事情が異なるが、日ソ国交回復は昭和31年であった。南樺太から引き揚げて永住帰国した人は、昭和31年10月から平成11年1月まで、914名と中国残留邦人に比し少なく、「多くは朝鮮半島出身者と結婚した日本婦人で」「日本人であることを隠し、日本語を使うことができないような暮らしを続けて」きたのである[1]。

極めて少数であるが、旧樺太土人（オロッコ・ギリヤーク）の人たちもいるが、この人たちの実情はさらに不分明である。樺太残留邦人の全貌は明らかではなく、相談員も中国残留邦人に対する制度と共通のものとして引揚者生活指導員（のちに自立指導員）や支援・相談員が置かれ、相談員制度に関しては中国残留邦人と共通の歴史を歩んでいる。

中国残留邦人・樺太残留邦人は戦傷病者や戦没者遺族のように全体像が明らかではない部分があった。相談員設置に約30年かかった原因としてはこれが最も大きいと言える。日中国交回復後は、組織的な引き揚げや帰国後の経済的支援が短期間で実現し、相談員も短期間で設置されている。もちろん、この人たちの存在は戦後すぐから理解されていたはずであり、戦争直後に相談員が設けられなかったのは、国庫の余裕がないという経済的理由であると考えられる。中国残留邦人等に関しては、中国残留邦人等の家族が増えていくという事情があり、戦傷病者と異なり、当人の死亡や治癒により対象者が減少することを期待したとは考え難い。

第2節　支援の拡大

1. 範囲の拡大と幕引き

　戦争犠牲者の公的な支援は、軍人・軍属など国（ないし公法人）と直接の雇用関係（召集・徴用を含む）のあるケースから始まっている。雇用主として公務中の死亡・傷病に関して責任を持つことは当然視されるであろう。

　さらに、法律上、形式が雇用・召集・徴用ではないというだけで、実態として政府・軍の傘下にあった人たちへの支援が続いて登場する。防空監視隊員のように、常勤で軍人や警察官とともに勤務し、かつ法令による強い身分・行動の拘束もありながら、単に「雇用」ではなかっただけという極端なものもある。あるいは満洲国政府や南満洲鉄道・満洲電信電話の職員のように、日本政府や日本の公法人ではないが実質的にその傘下にあった外国・外地の組織において使用されていた人たちへの支援も同じである。これらのケースは補償ないし支援を行わない方が不自然であると言える。支援の拡大の必然性がある。

　次いで、中国残留邦人等、実質的にも政府と雇用関係や雇用類似関係にあったわけではないが、戦争終結前や戦後の特殊な事情から支援が必要とされ、その仕組みが作られたグループがある。

　図示すると、次のようになる。政府との関係は少しずつ薄くなっている。

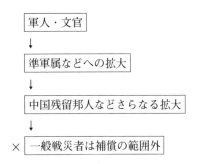

　支援の幕引き（終了）については、範囲が拡大していったのと同じ順になる

と考えられる。軍人・軍属と準軍属などは、同世代であり年齢による後先の関係はない。軍人・軍属は最初から対象範囲も明確であったが、準軍属などは後で付け加えられたので、自身や遺族がそれに該当することを知らず、後で対象となることに気付いて各種援護施策を申請するケースがあるため、やや後になる。中国残留邦人などの場合は、2世・3世以降への支援も当分の間必要である。

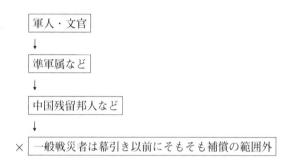

2. 支援内容の拡大

　支援内容が拡大してきた経緯について、いくつかの共通する傾向がみられる。戦傷病者・戦没者遺族も中国残留邦人等も、強固な形とは言い難いが、民間による支援活動がみられる。これが後に、相談援助業務について国などによる一定の身分の付与がなされる基となる。相談員による相談援助活動は単独に設けられているわけではない。国などによる経済支援などの生活の基盤づくりが行われる。そして、その円滑な導入・実施や実効性を高めるための方策として、相談員による相談援助活動がなされる。

　外国人労働者の場合は、現時点で、民間による支援活動がだんだんと活発化している途中にあると考えられる。経済面を含めた生活基盤の確立のための支援やそれに実効性をもたせるための相談援助活動が続くとするならば、戦傷病者・戦没者遺族も中国残留邦人等に近い発展過程をたどっている途中と考えられる。

　ただし、戦傷病者・戦没者遺族は国が雇用主として（ないし類似）の責任があることから、また中国残留邦人等の場合は戦争に関連する特別の犠牲という状況からこれら支援が整備されているが、外国人労働者の場合は日本政府にその発生

の責任が直接にあるとは言い難いので、同様の経過をたどるかは見通しがたいところもある。

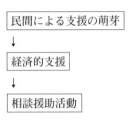

第3節　今後の課題

1. 今後に対する備え

　戦争犠牲者援護という政策を徹底していくうえでの視点として、経済的裏付けの必要性と時間との闘いということが挙げられる。政府による援護活動は、当事者の要望に先んじて行うというものではなく、いわば後追いであり、かつ範囲も限定しようとしていた。それに対して様々な要望・批判があり、だんだんと拡充していったという経緯をたどっている。これは政府にとってその意思がなかった・乏しかったというよりは、戦後の混乱した政治・経済状態の中で、とりわけ財政上の問題が大きく、意思決定が縛られ、対象を拡大しようにもなかなかできなかったということが考えられる。戦後、数十年経過して様々な援護活動が始まったのは、経済的な復興により財政面での余裕が出てきて、戦後補償が可能となったこともあるであろう。
　戦後は国民生活が混乱するとともに、官公庁の機能も十分ではなく、やはり戦後の混乱の中で援護業務をしていたと言える。援護を求める対象者も、戦争直後は膨大な人数にのぼっていたが、時間の経過とともに、補償や相談援助の対象となる人が明確になり、少しずつ救済の幅を広げてきたと考えられる。減少理由としては、①本人・遺家族の死亡、②本人の症状の治癒、③遺家族が成人・再婚・養子縁組等により援護対象から外れたこと、など多くの要因が考えられる。

官公庁の対応としても、経済的な支援もさることながら、まずは援護を求めている人たちの話を聞くという姿勢が求められる。すなわち、より適切な援護のためには、トップダウンの施策だけではなく当事者からのボトムアップが必要なのである。

本研究は、中国残留邦人等に対する相談援助活動あるいは戦傷病者相談員・戦没者遺族相談員による相談援助活動を通じて、戦争犠牲者援護における相談員制度とその相談援助活動を中心に考察した。これらの活動は、過去の事象としての戦争犠牲者援護だけではなく、今後ありうるかもしれない有事（戦争や事変に限らない）やその有事の後の復興過程でのソーシャルワークを含む援護活動のあり方の指針となり、様々なシステムが備えられなければならない。さらには、外国における戦争や事変から避難してきた人に対しては、日本における先の大戦の処理業務としての相談援助活動が応用可能である。

2. 外国にルーツを持つ人々への相談援助活動への応用と課題

戦傷病者・戦没者遺族や中国残留邦人等に対する相談援助活動は、今後も一定の規模を確保しつつ長期的には一般の社会福祉における相談援助活動に移行し、解消していく性質のものである。

しかし、外国人労働者は今後当分増加が予測され、日本人との文化的な差異も中国残留邦人等に比し大きいと考えられる。相談員等による相談援助活動で生じている課題は、外国人労働者やその家族に対する相談支援活動を検討する切り口となりうると考える。すなわち、中国残留邦人等に対する相談援助活動の論点は近年増加している外国人労働者など外国にルーツを持つ人々への相談援助活動を展開する際の視点を提供するものであり、それに応じた取り組みの必要性を明らかにするといえる。

ただし、中国残留邦人・樺太残留邦人の人数は非常に限定的であり、戦傷病者・戦没者遺族も平成以降、大幅に減少している。戦傷病者・戦没者遺族あるいは中国残留邦人・樺太残留邦人の人数がある程度限定され把握できることから、相談員制度も充実させることが可能であったことは否めない。外国人労働者をはじめとする今後来日する人びとは人数を限定することは困難であるし、総数がい

つ減少に転じるかも現時点では予測ができないと考えられる。日本人をルーツにもつか否かということをはじめとして多様性に富み、その分、支援内容を類型化することが困難である。

中国残留邦人等の場合は、言葉の壁と言葉の指導が当初から大きな課題となっている。言葉の指導については、中国残留邦人等の場合に明らかになっているように、生活や職業で利用可能な言葉の理解に資する内容が必要である。外国の文化を背景とする人々に対して言葉の訓練をしようとするとき、標準語を教えることがほとんどである。しかし実際の生活の中では、大阪弁のように標準語との相違点が大きく、もともとの日本語話者でなければ理解困難なものもある。なお、言葉に関しては、規模が大きい集団であればその人たちだけでもコミュニケーションが可能なため日本語能力の向上が進みにくく、また日本文化との関連が薄い集団であればあるほど、世代を超えての支援が必要となる。

言葉の指導についてはこれまで、外国語の話者に日本語を教えるという活動がなされてきた。日本における生活を円滑に行うという意味で必要なことである。生活習慣を日本人に合わせるようにさせることで、周囲の日本人が特別な配慮をせずに済むという都合もあるであろう。知らない文化・生活習慣に対して奇異に感じ、排除したいという思いもあると考えられる。しかし、共存のためにはその人自身の文化を尊重することが必要である。近隣や職場に受け入れられるように、支援者も理解を促進するための交流や学習の機会をつくることが求められる。家族の中には日本人ではない人もいる。さらに子ども世代は、学校や職業生活の中で自然に日本語を習得するであろうが、かえって親世代と言語が異なることによりコミュニケーションをとりにくくなるということもある。日本に定住する外国人に対する日本語の指導が、日本人・日本社会に同化させる意味において行われてきたことも否めない。日本においては、異文化の人を同化させようとする圧力が強くなりがちであるが、その人自身の文化を尊重する支援が必要である。日本における日常生活を営む上で日本語の習得は欠くことができないが、一方で来日（帰国）前の言語や文化も保持し、家族内でのコミュニケーションを促進する方策も考えられなければならない。外国文化の保持や家庭内や仲間同士のコミュニケーションの促進も必要である。このことは、さらに視野を広げると、中国残留邦人等や女性・障害者といった特定のカテゴリーで括られることで、こ

のようなカテゴリーの人たちは「こうあるべき」という圧力が生じることになるといえる。このような無言の圧力に苦しんでいる人は私たちの社会には少なくない。私たち皆の問題であるといえる。

　言語に関する支援を図示すると、以下のようなことががなされることが必要である。

これまでの支援 ⇒ 日本語習得

　　　　＋

追加して必要となる支援 ⇒ 外国文化の保持・家庭や仲間同士のコミュニケーション促進

　戦傷病者・戦没者遺族や中国残留邦人等はその成り立ちから等質性が比較的高い。しかし、外国人労働者の場合は出身国や言語が一定しないので一律の対応が困難である。その一方で、出身国・地域ごとのコミュニティが形成される傾向にある。日本社会においてはコミュニティが機能していない・希薄化していると言われることもあるが、外国人労働者は、家族・親戚・同郷の人が一定地域に集団で生活していることが多い。密集と言ってもよい場合があるが、近隣に居住し、就職に関することや生活していくうえで必要な情報を頻回に交換している。そのコミュニティを媒介として、社会福祉や医療・就学などに関する情報を提供し、生活支援を行うことが効果的であると考えられる。中国残留邦人等の場合の支援・交流センターのような拠点があれば広域を網羅することができる。

　外国にルーツを持つ人の相談援助で必要性の高いものを、1人の成長で考えていくと、

　　　　子ども　　　成人　　　高齢者
　　　保育・教育 → 就労 → 介護

の順で発生することが多い。来日（帰国）した成人の場合は、就労がスタート時点になることが多い。世代を経るごとにそれぞれ発生していく。世代が下るごとに「来日（帰国）した人」というカテゴリーでの支援の必要性は少なくなる。

　就学に関しては、現在、インクルーシブ教育が強くいわれるようになってい

る。このインクルーシブ教育には多文化を包摂する視点も含まれるはずである。性別や障害の有無というカテゴリーについてだけではなく、国籍や文化の多様性も、そこに含まれるはずである。また、インクルーシブ教育があるのであれば、それに引き続くものとして、インクルーシブ労働・インクルーシブまちづくり、さらにはインクルーシブ介護も実現されなければならないはずである。

　外国人労働者の場合も、日本への流入が永久に続くのであれば別であるが、新規入国者が大幅に減少傾向に転じたときを考える必要もある。数十年単位ではなく、さらに長い期間を考えたとき、民生委員・児童委員をはじめとする一般の日本人と同様の相談援助体制に、徐々に移行していくことが必要となる。外国人労働者は日本国籍を有しないことやそれに伴う諸事情あるいは在留資格の有無の問題もある。また、日本人と生活習慣が大きく異なるなどの状況もあるので、徐々に移行することを視野に入れる必要がある。戦傷病者・戦没者遺族の場合には「幕引き」という形で表れつつあるし、中国残留邦人等の場合にも現在の新しい支援給付になる前は３年間の期限付きで相談にあたるシステムであり、その後は一般の社会福祉で対応しようとしていた。

　また、次のようなことがいえる。相談援助活動は早期に始めることが効果が高い。金銭給付は当座の支援の効果が高いが、相談援助活動は長期にわたって効果が生じる。外国にルーツを持つ人も、例えば生活保護について日本国籍取得により適用が可能であったり、在留資格により準用が可能で、受給が可能である場合もある。生活を維持していくうえでも金銭給付が必要である。しかし、言葉の習得や日本での生活習慣の獲得により就労が可能となるようにすること、さらにもっと長期的な視点で考えれば、子弟が就労可能な知識技能を身に付けるよう就学を促す援助は、当事者の自立にもつながり、公費の支出削減にも資する。

　このとき相談援助業務に対する報酬は必要となるが、個別の金銭給付よりは国や自治体の経済的負担が少なく、支援が取り組みやすい。相談員として、中国残留邦人等の場合は先輩、戦傷病者・戦没者遺族の場合は戦傷病者・戦没者遺族同士というように、同じ境遇にある人たち同士が適している。一方で同じ境遇にある人たち同士であることによる弊害を防ぐ必要がある。傷痍軍人会の場合も、相談員の適任者を得るためあえて直接に委託しなかった経緯があるので、留意すべきである。相談員は全国的な制度とし、相談援助業務に対する身分の保障や

一定の賃金水準の確保が必要である。中国残留邦人等の場合であれば、自立指導員、自立支援通訳、就労相談員、職業相談員、支援・相談員等これまで複数の種類の支援者が置かれてきたが、一本化を行い、言葉・生活・就労・通院通所まで総合的に支援できることが効果的である。中国残留邦人等の支援団体の実績を見てみると、これまで支援してきた民間団体や当事者団体に国や自治体による支援事業を委託するのが、実態に即した援助のためによい。戦傷病者や戦没者遺族の場合にも傷痍軍人会が関わることによってより効果的な支援が可能であったかもしれない。言葉の壁や生活習慣の相違から生じる生活の困難の解消は容易ではなく、数世代にわたる長期の支援が必要となる。このこともあり、支援期間に年限を設けることは効果的な支援に結びつくとは言いにくい。支援期間を延長するというような個別的な対応では困難である。一方、支援の必要性がなくなれば、当事者からも幕引きということが言われるようになる。

3. 必然的な高齢化への備え

中国残留邦人等の場合は、自分たちの文化に対応してもらえる老人ホームの設置を望んでいる。中国残留邦人等の多くは日本人であるが異文化での生活が長い。これに対応するものを求めているのである。在日外国人、具体的には在日韓国・朝鮮人のための特別養護老人ホームの例としては、大阪府堺市に本部を置く社会福祉法人の「こころの家族」が、介護を行う福祉施設を堺市・大阪市・神戸市・京都市・東京都江東区に設置している[2]。このように、外国文化を持つ人々に対応する特別養護老人ホームは現在も存在する。ただし、在日韓国・朝鮮人は、日本に帰化した人も含め、全体の規模が大きく、今後も長期にわたり一定の需要があると言える。一方で、中国残留邦人等の場合は5世・6世になったときに一般の日本人と異なる介護施設を要すると言えるかは明らかではない。継続性という意味で単独設置は難しいのではないかと考えられる。そこで、例えば中国残留邦人等の入所希望が多い地域では、通常の日本人向けの老人ホームに特別枠を設けたり、中国の生活習慣に沿った生活プログラムを用意したり、中国語の対応が可能な人材をそろえるなどの配慮を加えた形態での運営が適していると考えられる。

外国人労働者の場合、高齢化はあまり表面化していない。しかし、定住する年数が長くなると必然的に高齢化の問題が生じ、医療・介護に関する相談や通訳の必要性が高くなる。外国人労働者本人やその家族の高齢者の医療・介護に対するニーズが現在はあまり顕在化していないが、その間に医療・介護に精通した通訳を養成し、高齢化に備える必要があることは、中国残留邦人等の例から明らかである。また、子どもの教育に関する問題は、来日した当事者の子どもについては問題が見えやすいが、孫・曽孫などにも目に見えにくい形で生じるので、長期的な支援と対策が必要である。

4. ソーシャルワークの視点の必要性

　中国残留邦人等や戦傷病者・戦没者遺族の援護について相談援助活動を中心に概観し、これに関して欠落していたのはソーシャルワークの視点であったと考える。ソーシャルワークにはグループワークやコミュニティワークなど多様な手法があるが、行政の支援施策としては相談援助活動が制度化されたほかは、他のソーシャルワーク手法が積極的に用いられていない。相談援助活動も制度化に時間を要し、必ずしも体系的・組織的に行われているわけではない。また、例えば生活困難を軽減する方法としてグループワークを取り入れることも考えられるが、グループワークと言えそうなものは中国残留邦人等のデイサービスにおいてわずかにみられるくらいである。戦傷病者・戦没者遺族の場合には現在ほぼ見られない。中国残留邦人等の場合には、大都市の公営住宅などに集中して生活する傾向がみられるが、そこにおいて地域援助技術を用いて中国残留邦人等を組織化したり、中国残留邦人等に対する福祉活動を組織化しようとする動きは弱い。現在も支援団体によるものは見られるが、当事者自身や近隣住民がその主体となるような育成活動が国家によって継続的に行われてきたとは言えない。これは、問題解決にあたってソーシャルワークの視点を十分に取り入れることがなされてきていない結果であると考えられる。

　戦前・戦中の軍人恩給や防空従事者の扶助制度などを基礎に、戦後、様々な援護制度が創設されていった。恩給・援護年金の支給、国鉄（現・JR）の列車・バス・連絡船の乗車・乗船運賃の優遇など経済面の支援が行われるほか、療養の

給付や補装具の支給・修理という医療や介助に関する支援も行われている。

　中国残留邦人等に関しても、永住帰国援護、定着・自立援護のほか、老齢基礎年金等の満額支給、老齢基礎年金等を補完する支援給付、その他経済的支援が行われている。

　しかし、それらについて、十分な制度利用や円滑な受給を可能とするためには、その内容を当事者に分かりやすく説明し、理解を得たうえで制度を利用する意思を持つように促す相談援助活動が必要であるが、これらの制度設計や運用上、相談援助活動をはめ込んでいく視点が十分ではなかった。現在も、中国残留邦人等やその2世の高齢化を迎えている。介護保険制度のケアマネジメントの手法の中にも中国残留邦人等の特性を反映したものを取り入れることも有益であると考えられるが、直接にそれを反映させることは制度化されていない。戦傷病者や戦没者遺族の場合には、高齢者施策に関して、一般の日本国民と異なるものは用意されていない。

　中国残留邦人等や戦傷病者・戦没者遺族の援護が拡大していったのは昭和40年代から昭和50年代にかけてである。この時代にソーシャルワークの視点を持った援護が必要であるという考え方は、（少なくとも明確には）乏しかった。

　在日韓国・朝鮮・台湾人の人々は戦後長く日本社会にいるが、本研究で取り上げている外国人労働者は平成初期ころから増加している。それに伴い生活上の問題も多々発生しているが、外国人労働者に対する支援は、まだ民間の活動が中心である。自治体による支援制度が少しずつつくられている段階である。外国人労働者の生活支援は、経済面は少なく、相談や身の回りの支援が多い。中国残留邦人等や戦傷病者・戦没者遺族の援護よりも開始年代が遅い。中国残留邦人等や戦傷病者・戦没者遺族の援護が行われ始めた昭和30年代から50年代に比べると、支援者の側にも「ソーシャルワーク」という語が広がっている。たとえば公益財団法人愛知県国際交流協会は「在留関係・労働関係・消費生活関係に特化した外国人県民向けの専門相談」も行っているが、そのホームページ[3]でも「あいち多文化共生センターでは、多文化ソーシャルワーカーが国際交流や多文化共生などに関する各種情報・資料を提供しています。」「多文化ソーシャルワーカーが、外国人県民の生活上の相談に多言語で対応するほか、様々な情報を提供しています。」という記載がある。平成以降に外国人労働者が多く来日するようにな

り、多文化共生ないし多文化ソーシャルワークという語も用いられるようになり、支援活動にソーシャルワークの視点を持つことという意識が、中国残留邦人等や戦傷病者・戦没者遺族について制度構築された時代よりは、もたれるようになっているのではないかと考えられる。

　ア．中国残留邦人等や戦傷病者・戦没者遺族
　戦争直後から発生していたが、しかしその時代にはソーシャルワークの視点は社会に乏しかった。制度が存在しても、それを実際に活用することが困難な人びとも多い。

　　　　戦後徐々に整備　　　　　近年徐々にその視点
　　　┌─────────┐　　　　┌─────────┐
　　　│　制　　　度　│　→　│ソーシャルワーク│
　　　└─────────┘　　　　└─────────┘
　　　相談援助は後追い
　　　制度設計や運用上、ソーシャルワークの視点が乏しかった

　イ．外国人労働者
　平成初期から来日が増加した。そのころにはソーシャルワークの視点が社会に広まりつつあった。しかし、ソーシャルワークの視点があったとしても活用すべき社会資源が乏しい。ソーシャルワークの視点があっても実際に援助するに際して、そもそも日本語が不自由で支援が届きにくい。

　　　　社会にこの視点が登場　　　　乏しいが整備されつつある
　　　┌─────────┐　　　　┌─────────┐
　　　│ソーシャルワーク│　→　│　制　　　度　│
　　　└─────────┘　　　　└─────────┘
　　　日本語が不自由、支援に結びつきにくい。　滞在資格に疑問のある場合も存在。
　　　支援者は法制化されていない。

　今後とも支援のための経済的援助をはじめとする制度面の充実が必要なことは大前提である。しかし、それだけでは十分ではない。制度が存在しても、それを実際に活用することが困難な人々がいることを念頭に、制度自体にソーシャルワークの視点を織り込むべきである。事象によっては、準備していたことが活用できなくなることもあるが、事前準備自体はしておくべきである。

第4節　終章のまとめと考察

　中国残留邦人等の相談援助活動の歴史・現状をたどり、あわせて戦傷病者・戦没者遺族との間で相談員制度やその活動の異同について対比した。相談員の活動や実態を中心に中国残留邦人等をはじめとする戦争犠牲者に対する戦後の制度やその運用について現時点で振り返った。戦傷病者等の恩給や中国残留邦人等の支援給付のように経済的支援は整備されてきた。戦後これらの制度設計がなされるにあたって、経済的支援や医療が提供され、あわせて相談員による相談援助活動は用意された。しかしそれは、ソーシャルワークの中の個別援助技術として明確に位置付けられていたわけではない。その結果、当事者のニーズを明らかにし課題解決に結び付けること、あるいは当事者や地域を組織化することが、活発に行われているとはいえない。また、戦争犠牲者に対する援護活動は、一般の社会福祉活動と並行して行われているが、支援内容の特殊性から一般の社会福祉活動との連携やそこで用いられている手法を導入しようとする動きも弱い。これらについては、本来は制度設計に当たり、その核にソーシャルワークの視点が必要であったと考える。経済的支援をはじめとする制度づくりが先行したが、当事者の意見をよく聞いて制度を設けたり、存在する制度を実際に援護対象者に適用可能にしたり、各種措置から漏れている事象を救済することを可能にしたりするなど、ソーシャルワークの視点が必要とされていた。しかし、それが戦争犠牲者援護の形成・発展過程において欠落していたことが明らかになった。

　ソーシャルワークは個別援助技術にとどまるものではなく、戦争犠牲者個々人やその集団、さらには居住している地域に向けて、集団援助技術や地域援助技術の活用もなされるべきである。中国残留邦人等にも、個別支援技術のほかにも地域援助技術を用いてコミュニティを組織化したり、中国残留邦人等に対する福祉活動を組織化したりすることが必要と考えられる。当事者自身や近隣住民がその主体となるような取り組みが、継続的に行われることが必要である。

　なお、本研究は、中国残留邦人等や戦傷病者・戦没者遺族に対する支援活動について、国会会議録を「相談援助活動」をキーワードとして制度・政策を分析し、ソーシャルワークの中でも個別援助技術としての諸活動に視点を当ててい

る。そこからソーシャルワークの視点の欠如を指摘するという手法をとった。この手法は法律や政治のあり様を描くことに比重が大きくなる。そのこともあり、中国残留邦人等や戦傷病者・戦没者遺族等の戦争犠牲者に対する、集団援助技術や地域援助技術などの実態について解明が十分ではないところがある。今後の課題としたい。

注

序　章

1) 国立社会保障・人口問題研究所ホームページ
   https://www.ipss.go.jp/ss-cost/j/sakusei/sakusei-2019.pdf（2023.4.2 閲覧）
2) 厚生労働省ホームページ
   https://www.mhlw.go.jp/toukei_hakusho/hakusho/kousei/1966/dl/13.pdf（2023.4.2 閲覧）
3) 社団法人日本社会福祉士会編『滞日外国人支援の実践事例から学ぶ多文化ソーシャルワーク』中央法規（2012）133 頁
4) 前出『滞日外国人支援の実践事例から学ぶ多文化ソーシャルワーク』133 頁によれば、「帰国者は、「中国帰国者定住促進センター」などで日本語や生活指導の研修を受けることができたが、来日時すでに 50 歳を超えた帰国者には日本語習得、生活習慣の適応、ましてや就労は極めて困難であった。2008（平成 20）年より国は老齢基礎年金の交付など新たな支援策を打ち出し、その状況はやや改善されたが、帰国者は母国で暮らす安心感を持ちつつも、しかし生活の厳しさに老後の不安を感じ、帰国を後悔する人もいる」ちなみに終わりはコマという状況である。なお、同書では「中国帰国者定住促進センター」という表記になっているが「中国帰国者定着促進センター」が正しい名称である。

第 1 章

1) 厚生労働省によれば、令和 3 年 12 月時点で被支援世帯数 3,687 世帯、被支援実人員 5,217 人である。
   厚生労働省「令和 4 年度中国残留邦人等支援に係る担当者資料（参考資料）」157 頁
   https://www.mhlw.go.jp/content/12100000/000637631.pdf（2022.12.23 閲覧）
2) 拙著「中国残留邦人等に関する相談員制度の研究」中国四国社会福祉史研究／中国四国社会福祉史研究会編（20）71 〜 93 頁（2021）
3) 現在、『生活困窮者自立相談支援事業等実施要綱』の中に「中国残留邦人等地域生活支援事業」が置かれているように、生活保護行政と引揚援護行政は従来から密接な関係にある。国立公文書館アジア歴史資料センターホームページによれば次のような記述がある。
   すなわち、「（厚生省は）終戦後、1945 年 10 月 18 日に引揚げに関する中央責任官庁に指定され、同年 10 月 27 日に省内部局を再編。旧陸海軍軍人軍属および一般邦人の受入援護は社会局保護課、在日外国人の送還援護は同局福利課が所管することとなった。また、引揚者の検疫を担当する衛生局臨時検疫課を臨時防疫局に昇格した。同年 11 月 22 日、社会局に引揚援護課を新設し、保護課・福利課で所管していた引揚援護業務や地方引揚援護局の統轄など

を移管。同年12月14日、社会局に物資課、京都・横浜に引揚援護連絡官事務所を新設した。1946年3月13日、社会局援護課・同局物資課・引揚援護連絡官事務所・臨時防疫局検疫課などを統合し、外局として引揚援護院を新設。1947年9月1日、労働行政部門を新設の労働省に移管した。同年10月15日、復員庁廃止にともない、第一復員局の事務が移管された。1948年1月1日、外局として復員局を設置、総理庁で所管していた第二復員局の事務も移管された。同年5月31日、引揚援護院と復員局を統合し、外局として引揚援護庁を設置。1954年4月1日、引揚援護庁を内局として引揚援護局に再編。1961年6月1日、引揚援護局を援護局に改称。」というものである。

https://www.jacar.go.jp/glossary/term/0100-0030-0010-0020.html（2022.11.3 閲覧）

これをもとに若干の補足を加え、生活保護行政と引揚援護行政の分離と再統合について図示すると以下のようになる。

```
                    厚生省
 社会局   保護課・福利課   1945.10.27 部局再編
          引揚援護課   1945.11.22 新設   保護課・福利課の業務の一部を移管
          物資課   1945.12.14 新設
 引揚援護院（外局）   1946.3.13 設置
 引揚援護庁（外局）   1948.5.31 設置   引揚援護院と復員局を統合
 引揚援護局   1954.4 再編
 援護局   1961.6 改称
 社会・援護局   1992.7 社会局（生活保護行政などを担当）と統合
 （厚生労働省においても社会・援護局   2001.1 〜）
```

援護局と社会局の変遷

4) https://www.city.osaka.lg.jp/fukushi/page/0000370394.html（2022.6.23 閲覧）
5) https://www.city.osaka.lg.jp/fukushi/page/0000253381.html（2022.6.23 閲覧）
6) https://www.www.ock.or.jp/guide.html（2022.6.23 閲覧）
7) https://www.sien-center.or.jp/fund/volunteer/osaka/osaka_03.html（2022.6.23 閲覧）
8) https://www.pref.osaka.lg.jp/shakaiengo/tyugoku/sienkoryu.html（2022.6.23 閲覧）
9) https://www.sien-center.or.jp/study/kinki/index.html（2022.6.23 閲覧）
10) 平成 17 年 3 月 22 日第 162 回国会参議院総務委員会会議録第 8 号 8 頁
11) 昭和 52 年 3 月 11 日第 80 回国会衆議院予算委員会第三分科会会議録第 1 号 2 頁
12) 昭和 53 年 3 月 17 日第 84 回国会衆議院社会労働委員会会議録第 5 号 31 頁
13) 昭和 53 年 3 月 17 日第 84 回国会衆議院社会労働委員会会議録第 5 号 34 頁
14) 昭和 53 年 3 月 23 日第 84 回国会衆議院社会労働委員会会議録第 7 号 12 頁
15) 昭和 56 年 4 月 9 日第 94 回国会衆議院社会労働委員会会議録第 7 号 23 〜 25 頁

16) 昭和57年3月18日第96回国会衆議院社会労働委員会会議録第3号32頁
17) 昭和57年3月31日第96回国会参議院社会労働委員会会議録第4号15〜16頁
18) 昭和57年4月6日第96回国会衆議院地方行政委員会会議録第8号13頁
19) 昭和57年8月3日第96回国会参議院社会労働委員会会議録第17号24頁
20) 昭和59年8月7日第101回国会参議院社会労働委員会会議録第21号14頁
21) 「中国帰国者定着促進センター閉所および事業統合のお知らせ」によれば、中国帰国者定着促進センターは「公益財団法人中国残留孤児援護基金が厚生労働省の委託を受け、日本に永住帰国した中国／樺太（サハリン）残留邦人を対象に、帰国直後の4か月間、（その後6ヶ月に延長）、「日本語・日本事情」教育を集中的に行う国の研修施設として、1984年2月、埼玉県所沢市に開設され、これまでに中国／樺太を合わせた帰国者1802世帯6,644名を全国各地に送り出して」きたが「近年、永住帰国希望者のほとんどが帰国を果たしたことにより入所者は減少、H28年（2016年）3月末日をもって、定着促進センターとしての32年の歴史に幕を下ろすこと」となったのである。なお、事業は中国帰国者支援・交流センター（首都圏センター）に統合された。
https://www.kikokusha-center.or.jp（2022.11.27閲覧）
22) 昭和60年4月10日第102回国会衆議院文教委員会会議録第5号24頁
23) 昭和60年4月18日第102回国会衆議院社会労働委員会会議録第16号24頁
24) 昭和60年5月23日第102回国会参議院内閣委員会会議録第12号14頁
25) 昭和61年2月17日第104回国会衆議院予算委員会会議録第10号18頁
26) 昭和61年3月25日第104回国会参議院社会労働委員会会議録第3号19〜20頁
27) 昭和61年4月10日第104回国会衆議院社会労働委員会会議録第11号3頁
28) 昭和61年10月22日第107回国会衆議院法務委員会会議録第1号22頁
29) 昭和63年4月22日第112回国会衆議院決算委員会会議録第3号23頁
30) 平成2年4月27日第118回国会衆議院予算委員会第四分科会会議録第2号27頁
31) 平成2年5月31日第118回国会衆議院社会労働委員会会議録第8号19頁
32) 平成4年4月15日第123回国会衆議院厚生委員会会議録第7号21頁
33) 平成4年5月19日第123回国会参議院厚生委員会会議録第9号30頁
34) 平成5年4月14日第126回国会衆議院厚生委員会会議録第8号14頁
35) 平成5年11月8日第128回国会参議院決算委員会会議録第3号35頁
36) 平成9年3月25日第140回国会参議院厚生委員会会議録第4号8頁
37) 平成10年3月19日第142回国会参議院国民福祉委員会会議録第4号5〜7頁
38) 平成12年3月9日第147回国会参議院予算委員会会議録第8号36頁
39) 平成15年3月26日第156回国会参議院厚生労働委員会会議録第4号21頁
40) 平成17年3月22日第162回国会参議院総務委員会会議録第8号8頁
41) 「中国残留邦人等に対する支援策に係る問答集について」（平成21年7月7日社援対発0707第8号各都道府県・各指定都市・各中核市民生主管部（局）長あて厚生労働省社会・援

護局援護企画課中国孤児等対策室長通知)
　　　https://www.mhlw.go.jp/web/t_doc?dataId=00tb6038&dataType=1（2022.11.11 閲覧）
42)　静岡県ホームページ「中国残留邦人に対する援護事業」
　　　www.pref.shizuoka.jp/kousei/ko-110/onkyuu/kikousya_008.html（2022.11.11 閲覧）
　　なお、市区町村レベルのものでは、例えば、令和3年4月1日一部改正後の板橋区自立指導員派遣事業実施要綱を見てみると第6条の第1項は「指導員の派遣期間は、対象世帯が帰国後最初に定着地に落ち着いた日から3年間とする。ただし、支援給付を受給していない対象世帯で指導員の派遣が必要と認められる場合は、4年目以降も派遣できる。」、第2項は「指導員の派遣日数は、1年目は84日以内（同伴して帰国した扶養世帯が同居している場合は120日以内）、2年目は12日以内（区長が特に必要と認める場合は72日以内）、3年目は12日以内、4年目以降は5日以内とする。」と規定されている。

43)　嶋田和子『外国にルーツを持つ女性たちの ― 彼女たちの「こころの声」を聴こう！』ココ出版（2020）174頁では、中国残留孤児について「ルーツは日本であっても、中国人養父母に中国語によって育てられ、ことば、習慣など中国文化で育ってきた人たちです。夢にまで見た日本での生活は、言葉、文化、価値観などの違いから、さまざまな面で苦労がありました」、中国帰国者二世について「『日本での新たな生活』は、決してバラ色ではありませんでした。働き盛りの20代、30代に来日した二世たちの前に立ちはだかったのは、言葉ができないことによる就職の難しさでした」とする。同175頁でも「まだまだ中国帰国者二世、三世の言葉や教育の課題に向き合うことは必要である」としている。

44)　昭和56年4月9日第94回国会衆議院社会労働委員会会議録第7号33頁
45)　昭和57年4月6日第96回国会衆議院内閣委員会会議録第9号4頁
46)　昭和57年4月6日第96回国会衆議院内閣委員会会議録第9号5頁
47)　昭和57年4月6日第96回国会衆議院内閣委員会会議録第9号6頁
48)　昭和57年3月1日第96回国会衆議院予算委員会第三分科会会議録第3号21頁
49)　昭和61年3月25日第104回国会参議院社会労働委員会会議録第3号19～20頁
50)　昭和61年4月10日第104回国会衆議院社会労働委員会会議録第11号12頁
51)　昭和61年5月13日第104回国会参議院社会労働委員会会議録第13号3頁
52)　昭和61年5月13日第104回国会参議院社会労働委員会会議録第13号6頁
53)　平成3年4月23日第120回国会参議院社会労働委員会会議録第9号25頁
54)　平成18年3月22日第164回国会参議院厚生労働委員会会議録第4号25頁
55)　昭和58年3月3日第98回国会衆議院予算委員会会議録第16号55頁
56)　昭和58年3月4日第98回国会衆議院予算委員会第四分科会会議録第1号32頁
57)　昭和58年3月4日第98回国会衆議院予算委員会第四分科会会議録第1号40頁
58)　昭和58年3月7日第98回国会衆議院予算委員会第四分科会会議録第3号22頁
59)　昭和58年3月24日第98回国会衆議院社会労働委員会会議録第6号16頁
60)　昭和59年7月25日第101回国会衆議院社会労働委員会会議録第28号15頁

61) 昭和60年11月14日第103回国会衆議院社会労働委員会議録第1号32頁
62) 令和4年8月20日大阪YWCA利用者からの聞き取りによると、現在、ヘルパーの資格を取るのに80％の補助金があり、ヘルパーの資格を取得するとき、中国残留孤児援護基金に申し込みをすると受給できる。
63) 昭和59年7月19日第101回国会衆議院社会労働委員会議録第26号30～31頁
64) 昭和61年3月25日第104回国会参議院社会労働委員会議録第3号19～20頁
65) 昭和61年3月28日第104回国会参議院予算委員会議録第16号19頁
66) 昭和61年4月2日第104回国会参議院社会労働委員会議録第5号37頁
67) 昭和61年4月3日第104回国会衆議院社会労働委員会議録第9号10頁
68) 昭和61年4月10日第104回国会衆議院社会労働委員会議録第11号3頁
69) 令和4年10月12日大阪中国帰国者センター利用者からの聞き取りでも「特に高齢者は方言が強いのでより聞き取りにくい。学校で学ぶのは標準語であるが、いったん地域に出てしまえば地域の言葉と接する。特に大阪弁は分かりにくい」というものがある。
70) 昭和62年5月21日第108回国会参議院内閣委員会議録第3号19～20頁
71) 昭和61年12月12日第107回国会衆議院文教委員会議録第5号17頁
72) 昭和62年5月26日第108回国会参議院社会労働委員会議録第6号10頁
73) 昭和63年4月22日第112回国会衆議院決算委員会議録第3号24頁
74) 平成2年5月31日第118回国会衆議院社会労働委員会議録第8号15頁
75) 平成2年6月12日第118回国会参議院社会労働委員会議録第7号4頁
76) 平成4年5月19日第123回国会参議院厚生委員会議録第9号30頁
77) 平成9年3月25日第140回国会参議院厚生委員会議録第4号2頁
78) 平成9年3月25日第140回国会参議院厚生委員会議録第4号8頁
79) 平成10年3月19日第142回国会参議院国民福祉委員会議録第4号5～7頁
80) 平成9年3月25日第140回国会参議院厚生委員会議録第4号8頁
81) 昭和58年3月24日第98回国会衆議院社会労働委員会議録第6号15頁
82) 昭和60年5月23日第102回国会参議院内閣委員会議録第12号15頁
83) 昭和61年4月10日第104回国会衆議院社会労働委員会議録第11号9頁
84) 昭和61年4月10日第104回国会衆議院社会労働委員会議録第11号3頁
85) 昭和59年3月29日第101回国会衆議院社会労働委員会議録第4号20頁
86) 昭和61年3月7日第104回国会衆議院予算委員会第四分科会議録第2号61～62頁
87) 平成6年5月27日第129回国会衆議院決算委員会第二分科会議録第2号3頁
88) 昭和60年3月7日第102回国会衆議院予算委員会第四分科会議録第1号39頁
89) 昭和60年3月8日第102回国会衆議院予算委員会第四分科会議録第2号35頁
90) 昭和62年5月21日第108回国会参議院内閣委員会議録第3号19～20頁
91) 昭和63年4月19日第112回国会参議院内閣委員会議録第6号23頁
92) 昭和63年5月12日第112回国会参議院内閣委員会議録第8号22～23頁

93) 本研究では大阪市を取り上げているが、例えば、森岡清志・北川由紀彦『都市と地域の社会学』放送大学教育振興会（2018）192～196頁では広島市を取り上げている。政令指定都市である大都市という共通点がある。
94) 平成2年6月12日第118回国会参議院社会労働委員会会議録第7号11～12頁
95) 平成19年3月28日第166回国会衆議院厚生労働委員会会議録第8号6頁
96) 前掲・嶋田174頁では、残留孤児の身元・肉親捜しについて「日本にいる親族が協力しなければ帰国できないという仕組みであったため、なかなか帰国は進みませんでした。そこで新たにスタートしたのが『身元引受人制度』（1984年）でした。これは、日本への帰国を希望する孤児は、在日親族の有無にかかわらず受け入れるという制度で、それ以降、帰国が活発化してきました。しかし、戦後40年近く経ってやっとできた制度であり、この対応の遅れがその後の中国帰国者の日本での生活をより困難にしていったと言えます」とする。
97) 昭和61年3月25日第104回国会参議院社会労働委員会会議録第3号19～20頁
98) 昭和63年4月21日第112回国会衆議院社会労働委員会会議録第10号3頁20頁
99) 昭和61年4月10日第104回国会衆議院社会労働委員会会議録第11号12頁
100) 昭和62年4月28日第108回国会参議院予算委員会会議録第4号25頁
101) 昭和62年5月19日第108回国会参議院予算委員会会議録第15号12頁
102) 昭和62年4月28日第108回国会参議院予算委員会会議録第4号23頁
103) 平成2年5月31日第118回国会衆議院社会労働委員会会議録第8号2頁
104) 平成2年5月31日第118回国会衆議院社会労働委員会会議録第8号18頁
105) 平成2年6月12日第118回国会参議院社会労働委員会会議録第7号3頁
106) 平成2年6月12日第118回国会参議院社会労働委員会会議録第7号11～12頁
107) 平成2年6月12日第118回国会参議院社会労働委員会会議録第7号22頁
108) 平成4年3月11日第123回国会衆議院予算委員会第四分科会会議録第1号6頁
109) 平成4年4月15日第123回国会衆議院厚生委員会会議録第7号22頁
110) 平成4年5月19日第123回国会参議院厚生委員会会議録第9号30頁
111) 南野奈津子『いっしょに考える外国人支援　関わり・つながり・協働する』明石書店（2020）59頁は、日本に在住する外国人について指摘する文脈で「日本で正規の就労をして健康保険がある人たちだが、「日本語が不自由だから」という理由で医療が受けられないという経験をすることになった。こうした言葉の障壁によって円滑に医療が受けられない、という話を多数経験する。的確な診断をするうえでは症状を聞き取る問診が不可欠であり、十分なコミュニケーションができなければタイムリーに診断をすることも難しくなる。このため、時間の浪費やトラブルを恐れて診療を忌避するような医療機関もあるだろう」とする。中国残留邦人は外国人ではないが、日本語の文化の圏外にいた時間が長く、病状などについて日本語で的確に伝えることができないという点では、外国人と同じ状況にある。
112) 平成4年4月15日第123回国会衆議院厚生委員会会議録第7号21頁
113) 平成5年5月11日第126回国会参議院厚生委員会会議録第9号12頁

114）平成 17 年 3 月 16 日第 162 回国会参議院予算委員会会議録第 12 号 46 頁
115）平成 17 年 3 月 22 日第 162 回国会参議院総務委員会会議録第 8 号 8 頁
116）平成 17 年 3 月 29 日第 162 回国会参議院外交防衛委員会会議録第 4 号 17 頁
117）平成 17 年 3 月 30 日第 162 回国会衆議院厚生労働委員会会議録第 11 号 3 頁
118）平成 17 年 7 月 7 日第 162 回国会参議院厚生労働委員会会議録第 30 号 15 頁
119）平成 14 年 3 月 28 日第 154 回国会参議院総務委員会会議録第 7 号 10 頁
120）平成 14 年 3 月 28 日第 154 回国会参議院総務委員会会議録第 7 号 11 頁
121）平成 14 年 5 月 27 日第 154 回国会参議院予算委員会会議録第 20 号 25 頁
122）平成 17 年 3 月 15 日第 162 回国会参議院厚生労働委員会会議録第 3 号 36 頁
123）平成 17 年 3 月 17 日第 162 回国会参議院予算委員会会議録第 13 号 38 頁
124）平成 17 年 3 月 22 日第 162 回国会参議院総務委員会会議録第 8 号 8 頁
125）平成 17 年 3 月 30 日第 162 回国会衆議院厚生労働委員会会議録第 11 号 3 頁
126）平成 17 年 7 月 7 日第 162 回国会参議院厚生労働委員会会議録第 30 号 15 頁
127）平成 17 年 3 月 29 日第 162 回国会参議院外交防衛委員会会議録第 4 号 17 頁
128）昭和 61 年 4 月 10 日第 104 回国会衆議院社会労働委員会会議録第 11 号 10 頁
129）昭和 62 年 5 月 26 日第 108 回国会参議院社会労働委員会会議録第 6 号 10 頁
130）昭和 63 年 4 月 21 日第 112 回国会衆議院社会労働委員会会議録第 10 号 3 頁
131）平成 5 年 5 月 11 日第 126 回国会参議院厚生委員会会議録第 9 号 5 頁
132）平成 5 年 5 月 11 日第 126 回国会参議院厚生委員会会議録第 9 号 12 頁
133）平成 11 年 3 月 23 日第 145 回国会参議院国民福祉委員会会議録第 4 号 10 頁
134）応募資格は「中国残留邦人等及び特定配偶者の置かれている特別の事情に深い理解があり、かつ、中国語を解する人」である。職務内容は「中国残留邦人等の円滑な帰国の促進並びに永住帰国した中国残留邦人等及び特定配偶者の自立の支援に関する法律」第 2 条第 1 項に規定する中国残留邦人等及び同条第 3 項に規定する特定配偶者が安心した生活が送れるよう、日常生活上の諸問題に関する相談・助言等を行うことを目的とし、次の職務を行う、として「ア 所定手続、通院等の介助業務に関すること　イ 就労及び修学に関する指導及び助言に関すること　ウ 日常生活の諸問題に関する相談又は助言に関すること　エ その他福祉事務所長が必要と認める事務に関すること」が掲げられている。勤務日及び勤務時間は月曜日から金曜日までの間の福祉事務所長が指定する週 1 日、午前 9 時から午後 5 時までの間で、福祉事務所長が別に定める 1 日 5 時間 30 分、休憩時間は、正午から午後 1 時までである。報酬等は、報酬額は日額 7,200 円、通勤費及び期末手当は西東京市会計年度任用職員の報酬、費用弁償及び期末手当に関する条例により期末手当及び通勤手当相当の報酬を支給とされ、社会保険等は健康保険法、厚生年金保険法及び雇用保険法の定めるところにより加入とされている。勤務条件等は西東京市ホームページによった。

　　https://www.city.nishitokyo.lg.jp/siseizyoho/saiyo/kaikeinendo-syokuin/chiyuugokujiritsushidouin.html（2021.1.10 閲覧）

135) 厚生労働省ホームページ「中国残留邦人等の状況」
https://www.mhlw.go.jp/stf/seisakunitsuite/bunya/bunya/engo/seido02/kojitoukei.html（2023.2.23 閲覧）
136) 厚生労働省ホームページ「戦没者慰霊事業のお知らせ」平成 21 年 8 月 7 日
https://www.mhlw.go.jp/houdou/2009/08/h0807-8.html（2023.2.23 閲覧）

第 2 章

1) インタビュー時の説明書は以下の通りである。

説明書

関西女子短期大学保育学科　今井慶宗

　本研究を次のように実施いたします。研究の目的や実施内容等をご理解いただき、本研究にご参加いただける場合は、インタビューをいたします。インタビューに応じていただくことをもって同意とみなします。研究に参加しない、あるいは一度参加を決めた後に途中で辞退されることになっても、不利益を被ることはありません。あなた（貴団体）の意思で研究にご参加いただけましたら幸いです。

1. 研究の意義・目的
　この研究は、戦争犠牲者援護に関するソーシャルワークを明らかにすることを目的として、実施いたします。中国残留邦人の帰国後の生活実態や、一般の相談体制へ移行したのちどのような課題が生じているかについて明らかにできると考えます。

2. 研究方法、研究期間
　この研究では、30 分～ 1 時間程度のインタビューをさせていただきます。インタビュー内容は録音し、逐語録を作成して分析いたします。インタビューは個人の方には 1 回を、また団体には 2 回を予定しておりますが、分析をするなかで改めてお伺いしたいことが出てくることがあります。その場合、追加インタビューをお願いすることがあります。

3. 研究対象者として選定された理由
　この研究は中国残留邦人やその支援者・支援団体を対象とさせていただきます。

4. 研究への参加と撤回について
　研究の趣旨をご理解いただきご参加いただければと思いますが、参加するかどうかはご自身で決定してください。説明を聞いてお断りいただくこともできますので、研究の辞退については、研究者に口頭もしくはメールにてお知らせください（メールアドレスは、私の連絡先をご覧ください）。お断りになったり、一度参加を決めてから途中で辞退されることになっても、何ら不利益を被ることはありません。また、途中で参加を止めることもできます。その際には、それまでに収集したデータを分析対象としてよいのか、廃棄を希望されるのかをお聞かせいただければ、それに従ってデータを取り扱います。

5. 研究に参加することにより期待される利益

　この研究に参加することにより、直接的にあなたの利益となることはありません。中国残留邦人を中心とする戦争犠牲者援護に関するソーシャルワーク活動を明らかにすることによって、社会に貢献することを期待しています。

6. 予測されるリスク、危険、心身に対する不快な状態や影響

　この研究の参加には、何ら身体的な危険は伴いません。しかし、インタビューを進めるなかで、過去のつらい経験を思い出されることがあるかもしれません。お話しになることがつらい場合、お話しになりたくないことが質問された場合は、無理にお話しいただかなくて結構です。また、お申し出いただきましたら、いつでもインタビューを中断します。インタビューを中断された方は研究を辞退していただくことになりますが、改めてインタビューに参加いただける場合は、研究者にお伝えください。

7. 質問内容（伺いたいこと）

①団体及び支援者

　・相談援助活動をするようになった契機

　・相談援助活動の実態

　　（独自の活動や行政からの委託を受けた活動［それぞれの頻度や展開場所を含む］）

　・相談援助活動の課題

②個人

　・引き揚げまでの経緯（元の居住地、生活年数、引揚時期）

　・引き揚げ前後に受けた公的施策

　・引き揚げ後の生活と相談援助体制

8. 研究成果の公表の可能性

　この研究の成果は、論文としてまとめる予定です。論文ではお名前や居住地情報は、個人が特定できない表記にいたします。

　また、論文につきましては、希望される場合、完成前に内容について資料及び口頭でご説明させていただきます。公表したくない内容があれば、お申し出いただくことにより、修正や削除をいたします。

　なお、研究成果としての論文の概要を希望される方には送付いたします。

9. 守秘や個人情報、研究データの取り扱いについて

　この研究でお話しいただいた内容、逐語録を研究目的以外に用いることはなく、秘密を守ることをお約束いたします。録音データは、逐語録を作成しましたら廃棄いたします。また、紙媒体については鍵のかかる棚にて厳重に保管します。個人と記号化データの対応表を廃棄しました後は、データ開示や廃棄のご希望にはお応えできないこと、また、一度論文等にて発表されましたら、記載内容の修正はいたしかねることをご承知ください。

　匿名化し、個人が特定されない形にした研究データは、研究者の責任下にて研究終了後5年間保管いたします。5年経過後には全てのデータを廃棄いたします。

10. 研究者、および問い合わせ先について

研究内容に関するご質問は以下の連絡先までご連絡ください。

今井慶宗（住所・電話番号・メールアドレス等は省略）

2) 国家賠償訴訟について。中国残留邦人は平成13年から平成17年にかけて、全国15の地方裁判所で国家賠償訴訟を起こしている。平成18年に神戸地方裁判所で原告勝訴の判決があったほかは、全て原告敗訴であった。敗訴の理由は様々で、国家賠償法上の違法とはいえないとするものや賠償請求権の時効を理由とするものもあった。この中で最も早い時期である平成13年12月に東京地裁に提訴し、平成18年2月15日に出された判決では以下のようなことが述べられている。この判決の中の事実第2「事案の概要」ではこの裁判について「本件は、第2次世界大戦の終盤における日本軍とソ連軍との戦闘により現在の中国東北地方に国策移民として居住していた原告ら（1945年8月当時16歳、13歳又は11歳）が難民となり、その後の日本敗戦に伴う混乱の中で終戦後も30年以上もの間日本に帰国することができずに中国に取り残され、日本に帰国した後も原告らの日本国内での自立に対する十分な支援措置を受けられなかったことについて、被告が原告らの早期帰国を図る義務があるのにこれを怠ったこと（早期帰国義務違反）及び帰国後の原告らに対して十分な自立支援措置を実施する必要があるのにこれを怠ったこと（自立支援義務違反）が被告の公務員の職務上の義務違反であると主張し、被告に対して、国家賠償法に基づき、これによる精神的損害の賠償（慰謝料）として原告らそれぞれに2,000万円を支払うことを求める事案である」とされている。そして、理由第3「自立支援義務違反に関する当裁判所の判断」の(4)「引揚者生活指導員・自立支援通訳」では「引揚者生活指導員制度及び自立支援通訳制度は、帰国後1年で自立できるという無理な標準モデルの下に、帰国後1年、せいぜい2、3年の間、帰国者の手助けを行い、帰国者の日本語能力の不足を他人の能力をもって補うというものにすぎない。帰国者の日本語能力の向上に資するものではない。帰国後数年経過したら、日本語が上達していなくても、支援が受けられない。派遣日数も十分とはいえず、使い勝手もよくない。日本語教育施策も不十分であり、引揚者生活指導員制度及び自立支援通訳制度も不十分である中で、帰国後2、3年以上を経過した長期未帰還者は、孤立無援の状態に陥ってしまいがちである。日本語教育施策を充実させる必要性は、非常に高いものであるということができる」としている。しかしながら、第4「結論」では「過去及び現在の事実関係の把握やその評価の点においていろいろと政策形成上の問題点があり、これらを積み上げていくと国家賠償法上の違法をいわざるを得なくなる可能性も十分にあるものとして検討を進めていかざるを得なかったところである。最終的には、政策形成の当否の国家賠償法上の違法をいうためのハードルは非常に高く、検討した問題点を積み上げても、違法のハードルの高さには今一歩届かなかったため、国家賠償請求訴訟としては、請求棄却の結論となった」としている。

全国の原告・弁護団は平成19年7月に与党プロジェクトチームが提示した新支援策を受け入れることとした。この時点でも、地裁に係属しているものや地裁判決の後に高裁に控訴中

のものがあったが、平成19年12月5日に「中国残留邦人等の円滑な帰国の促進及び永住帰国後の自立の支援に関する法律の一部を改正する法律」が成立し、平成20年4月から新しい支援給付制度が開始されることとなったため、原告は訴えの取り下げをした。
3) 令和4年1月に大阪市生活保護等関連事業委託事業者選定会議委員として閲覧した企画提案書にこれら記載がある。

第3章

1) 拙著「防空監視隊員に関する法制度の研究」防衛法学会編『防衛法研究』(43) 27〜45頁 (2019)
2) 昭和52年4月8日第80回国会衆議院社会労働委員会会議録第8号20頁
3) 昭和41年6月9日第51回国会社会労働委員会会議録第45号6頁
4) 昭和43年3月12日第58回国会衆議院予算委員会第三分科会会議録第1号6頁
5) ただし実際には、戦後も朝鮮戦争の期間、九州北部や山口県などでは空襲警報が出され、灯火管制が実施された都市もあった。
6) 昭和41年6月9日第51回国会社会労働委員会会議録第45号14頁
7) 昭和52年5月24日第80回国会参議院内閣委員会会議録第11号19頁
8) 昭和59年7月19日第101回国会衆議院社会労働委員会会議録第26号24頁
9) 昭和60年6月4日第102回国会参議院社会労働委員会会議録第24号5頁
10) 昭和42年4月21日第55回国会衆議院予算委員会第四分科会会議録第3号14頁
11) 昭和41年6月9日第51回国会社会労働委員会会議録第45号15頁
12) 昭和60年6月4日第102回国会参議院社会労働委員会会議録第24号5頁
13) 昭和41年6月9日第51回国会社会労働委員会会議録第45号6頁
14) 昭和48年4月12日第71回国会衆議院社会労働委員会会議録第14号18頁
15) 昭和44年4月24日第61回国会衆議院社会労働委員会会議録第13号21頁
16) 昭和41年6月9日第51回国会社会労働委員会会議録第45号13頁
17) 昭和44年4月24日第61回国会衆議院社会労働委員会会議録第13号20頁
18) 昭和41年7月19日第52回国会衆議院予算委員会会議録第2号25頁
19) 昭和42年4月21日第55回国会衆議院予算委員会第四分科会会議録第3号13頁
20) 昭和42年4月21日第55回国会衆議院予算委員会第四分科会会議録第3号13頁
21) 昭和51年5月11日第77回国会参議院社会労働委員会会議録第3号4頁
22) 昭和41年6月9日第51回国会社会労働委員会会議録第45号6頁
23) 昭和47年4月20日第68回国会衆議院社会労働委員会会議録第18号10頁
24) 昭和44年2月24日第61回国会衆議院予算委員会第三分科会会議録第1号15頁
25) 昭和41年6月9日第51回国会社会労働委員会会議録第45号6頁
26) 昭和48年3月29日第71回国会衆議院社会労働委員会会議録第11号11頁
27) 昭和42年4月21日第55回国会衆議院予算委員会第四分科会会議録第3号15頁

28) 昭和44年4月24日第61回国会衆議院社会労働委員会会議録第13号15頁
29) 昭和48年4月5日第71回国会衆議院社会労働委員会会議録第13号6頁
30) 氏家康裕「国民保護の視点からの有事法制の史的考察 ─ 民防空を中心として ─」戦史研究年報 (8) (2005) 20頁は「敵機の襲来を監視する防空監視哨の経費の問題は (中略) 41 (昭和16) 年の防空法改正以前は、大概山奥の極めて貧弱な山村にある防空監視哨の経費を全て寒村に負担させ過重な負担状況になっていたと思われる」とする。
31) 武力攻撃事態等及び存立危機事態における我が国の平和と独立並びに国及び国民の安全の確保に関する法律第7条は国と地方公共団体との役割分担について定める。高橋丈雄「実効性のある国民保護への取組みと課題」中央学院大学社会システム研究所紀要第10巻第1号 (2009) 36頁はこの規定の趣旨について「国は唯一の武力集団である自衛隊を使い武力攻撃に対処する。それに対し、地方公共団体は、当該地域内の住民の生命・財産を保護する国民保護、所謂民間防衛的な活動を担当する」とする。国民保護法制においても国と地方公共団体の各種役割が定められている。今後、仮に、防空監視隊に相当する組織が誕生した場合に国と地方公共団体（さらにいえば自衛隊と警察の）のどちらの管理下に入るべきかも問題となるであろう。しかし軍防空としての性質もあることから、業務の性質からだけでは決め難いであろう。
32) 昭和48年4月5日第71回国会衆議院社会労働委員会会議録第13号5頁、昭和44年4月3日第61回国会衆議院社会労働委員会会議録第7号19頁厚生省援護局長答弁・昭和47年5月16日第68回国会参議院社会労働委員会会議録第14号20頁厚生省援護局長答弁も同旨。
33) 昭和44年4月24日第61回国会衆議院社会労働委員会会議録第13号11頁
34) 昭和48年4月5日第71回国会衆議院社会労働委員会会議録第13号6頁
35) 昭和46年3月25日第65回国会衆議院社会労働委員会会議録第15号13頁
36) 昭和60年4月25日第102回国会衆議院社会労働委員会会議録第19号8頁
37) 昭和41年6月9日第51回国会社会労働委員会会議録第45号10頁
38) 昭和41年6月9日第51回国会社会労働委員会会議録第45号13頁
39) 昭和41年6月9日第51回国会社会労働委員会会議録第45号14頁
40) 昭和44年2月24日第61回国会衆議院予算委員会第三分科会会議録第1号17頁
41) 昭和44年4月24日第61回国会衆議院社会労働委員会会議録第13号11頁
42) 昭和41年7月19日第52回国会衆議院予算委員会会議録第2号25頁
43) 昭和44年4月24日第61回国会衆議院社会労働委員会会議録第13号21頁
44) 昭和44年4月3日第61回国会衆議院社会労働委員会会議録第7号19頁
45) 昭和44年4月24日第61回国会衆議院社会労働委員会会議録第13号21頁
46) 昭和48年4月5日第71回国会衆議院社会労働委員会会議録第13号9頁
47) 昭和48年4月12日第71回国会衆議院社会労働委員会会議録第14号16頁
48) 昭和52年5月24日第80回国会参議院内閣委員会会議録第11号19頁
49) 昭和59年7月19日第101回国会衆議院社会労働委員会会議録第26号24頁

50) 平成28年4月5日第190回国会参議院厚生労働委員会議録第13号7頁
51) 昭和48年4月5日第71回国会衆議院社会労働委員会議録第13号6頁
52) 昭和55年3月6日第91回国会衆議院社会労働委員会議録第4号1頁
53) 昭和59年7月19日第101回国会衆議院社会労働委員会議録第26号23頁
54) 昭和60年4月25日第102回国会衆議院社会労働委員会議録第19号7頁
55) 昭和41年6月9日第51回国会社会労働委員会会議録第45号14頁
56) 昭和52年5月24日第80回国会参議院内閣委員会会議録第11号19頁
57) 昭和60年4月25日第102回国会衆議院社会労働委員会議録第19号8頁
58) 昭和42年4月21日第55回国会衆議院予算委員会第四分科会議録第3号13頁
59) 昭和42年4月21日第55回国会衆議院予算委員会第四分科会議録第3号15頁
60) 昭和42年7月14日第55回国会衆議院内閣委員会会議録第31号18頁

第4章

1) 拙著「戦傷病者相談員及び戦没者遺族相談員制度の研究」中国四国社会福祉史研究会編・中国四国社会福祉史研究 (20) 39～70頁 (2021)
2) 昭和48年7月10日第71回国会参議院社会労働委員会議録第18号1頁、昭和49年5月14日第72回国会参議院社会労働委員会議録第11号27頁、昭和50年3月25日第75回国会参議院社会労働委員会議録第8号16頁、昭和52年4月14日第80回国会衆議院社会労働委員会議録第10号1頁、昭和52年5月19日第80回国会参議院社会労働委員会議録第10号25頁、昭和53年3月23日第84回国会衆議院社会労働委員会議録第7号13頁、昭和53年4月20日第84回国会参議院社会労働委員会議録第10号1頁
3) 昭和51年5月11日第77回国会参議院社会労働委員会議録第3号4頁委員質問
4) 昭和41年6月9日第51回国会社会労働委員会会議録第45号6頁委員質問
5) 昭和47年4月20日第68回国会衆議院社会労働委員会議録第18号10頁委員質問
6) 宍戸伴久「戦後処理の残された課題：日本と欧米における一般市民の戦争被害の補償」国立国会図書館レファレンス695 (2008年)
7) 宍戸・前掲127頁
8) 宍戸・前掲128頁
9) 宍戸・前掲130頁
10) 昭和48年7月3日第71回国会参議院社会労働委員会議録第16号5頁
11) 昭和40年2月22日第48回国会衆議院予算委員会第三分科会議録第1号1頁、同旨・昭和40年3月27日第48回国会参議院予算委員会第四分科会議録第2号1頁厚生大臣答弁
12) 昭和40年3月4日第48回国会衆議院社会労働委員会議録第4号1頁、同旨・昭和40年3月9日第48回国会参議院社会労働委員会議録第4号3頁厚生大臣答弁
13) 昭和40年3月18日第48回国会衆議院社会労働委員会議録第8号4頁、同旨・昭和40年3月25日第48回国会衆議院社会労働委員会議録第11号8頁厚生大臣答弁

14) 昭和40年4月13日第48回国会参議院社会労働委員会会議録第13号2頁
15) 昭和40年4月1日第48回国会衆議院社会労働委員会会議録第15号1～3頁
16) 昭和40年3月25日第48回国会衆議院社会労働委員会会議録第11号10頁
17) 昭和40年5月11日第48回国会参議院社会労働委員会会議録第17号4～5頁
18) 昭和40年3月31日第48回国会衆議院社会労働委員会会議録第14号6頁
19) 昭和40年5月11日第48回国会参議院社会労働委員会会議録第17号4～5頁
20) 昭和41年6月1日第51回国会衆議院社会労働委員会会議録第41号13頁
21) 昭和42年6月7日第55回国会衆議院社会労働委員会会議録第17号10頁
22) 昭和40年3月31日第48回国会衆議院社会労働委員会会議録第14号6頁
23) 昭和40年4月1日第48回国会衆議院社会労働委員会会議録第15号1～3頁
24) 昭和41年5月26日第51回国会参議院内閣委員会会議録第25号2頁
25) 昭和44年7月1日第61回国会参議院社会労働委員会会議録第28号4～5頁
26) 昭和42年5月31日第55回国会衆議院社会労働委員会会議録第14号11～12頁
27) 昭和45年4月9日第63回国会衆議院社会労働委員会会議録第10号3～4頁
28) 昭和46年3月19日第65回国会衆議院社会労働委員会会議録第13号14～15頁
29) 経済的支援の代わりに表彰により労うという事例は多くの分野でみられるが、戦後処理の関係では、例えば奄美群島の介議（いわゆる医介輔）が本土復帰に伴い短期間の移行措置の後に資格を取り消されたことに関して「奄美は昭和28年に復帰したが、僻地診療で一生懸命やっていた医介輔は、沖縄は資格はそのまま残った。（この資格が存続していた）期間が長いということもある。ところが、奄美の場合はその資格を取り消された。やっと昭和56年1月、表彰状をあげることで結末をつけた」（昭和56年11月9日第95回国会参議院行財政改革に関する特別委員会会議録第5号42頁委員質問）というものがある。
30) 昭和46年3月25日第65回国会衆議院社会労働委員会会議録第15号12頁
31) 昭和48年7月5日第71回国会参議院内閣委員会会議録第18号25～26頁
32) 昭和47年4月13日第68回国会衆議院社会労働委員会会議録第15号21頁
33) 昭和47年4月20日第68回国会衆議院社会労働委員会会議録第18号4頁
34) 昭和47年5月16日第68回国会参議院社会労働委員会会議録第14号21～22頁
35) 昭和47年5月23日第68回国会参議院社会労働委員会会議録第16号7頁
36) 昭和48年4月5日第71回国会衆議院社会労働委員会会議録第13号3頁
37) 昭和48年4月12日第71回国会衆議院社会労働委員会会議録第14号27～28頁
38) 昭和48年6月26日第71回国会参議院社会労働委員会会議録第14号5頁
39) 昭和48年7月3日第71回国会参議院社会労働委員会会議録第16号15頁
40) 昭和49年5月14日第72回国会参議院社会労働委員会会議録第11号19～20頁
41) 昭和49年3月28日第72回国会衆議院社会労働委員会会議録第12号8頁
42) 昭和40年4月1日第48回国会衆議院社会労働委員会会議録第15号1～3頁
43) 昭和40年4月1日第48回国会衆議院社会労働委員会会議録第15号1～3頁

44) 昭和 44 年 7 月 1 日第 61 回国会参議院社会労働委員会会議録第 28 号 4 〜 5 頁
45) 昭和 47 年 4 月 20 日第 68 回国会衆議院社会労働委員会会議録第 18 号 4 頁
46) 昭和 48 年 4 月 5 日第 71 回国会衆議院社会労働委員会会議録第 13 号 3 頁
47) 昭和 48 年 6 月 26 日第 71 回国会参議院社会労働委員会会議録第 14 号 5 頁
48) 昭和 48 年 7 月 3 日第 71 回国会参議院社会労働委員会会議録第 16 号 15 頁
49) 昭和 46 年 3 月 25 日第 65 回国会衆議院社会労働委員会会議録第 15 号 12 頁
50) 昭和 48 年 7 月 5 日第 71 回国会参議院内閣委員会会議録第 18 号 25 〜 26 頁
51) 昭和 49 年 3 月 28 日第 72 回国会衆議院社会労働委員会会議録第 12 号 8 頁
52) 昭和 49 年 5 月 29 日第 72 回国会参議院内閣委員会会議録第 23 号 7 頁
53) 昭和 50 年 2 月 27 日第 75 回国会衆議院社会労働委員会会議録第 5 号 4 〜 5 頁
54) 昭和 53 年 4 月 18 日第 84 回国会参議院社会労働委員会会議録第 9 号 4 頁
55) 昭和 56 年 4 月 9 日第 94 回国会衆議院社会労働委員会会議録第 7 号 3 頁
56) 平成 27 年 3 月 20 日第 189 回国会衆議院厚生労働委員会会議録第 3 号 12 頁
57) 平成 27 年 3 月 31 日第 189 回国会参議院厚生労働委員会会議録第 4 号 10 頁
58) 昭和 42 年 5 月 31 日第 55 回国会衆議院社会労働委員会会議録第 14 号 11 〜 12 頁
59) 昭和 42 年 6 月 7 日第 55 回国会衆議院社会労働委員会会議録第 17 号 10 頁
60) 昭和 44 年 6 月 17 日第 61 回国会参議院社会労働委員会会議録第 24 号 5 頁
61) 昭和 44 年 7 月 1 日第 61 回国会参議院社会労働委員会会議録第 28 号 4 〜 5 頁
62) 昭和 45 年 4 月 2 日第 63 回国会衆議院社会労働委員会会議録第 8 号 1 頁
63) 昭和 45 年 4 月 9 日第 63 回国会衆議院社会労働委員会会議録第 10 号 3 〜 4 頁
64) 昭和 45 年 4 月 14 日第 63 回国会衆議院社会労働委員会会議録第 12 号 11 頁
65) 昭和 45 年 4 月 9 日第 63 回国会衆議院社会労働委員会会議録第 10 号 3 頁
66) 昭和 45 年 4 月 14 日第 63 回国会衆議院社会労働委員会会議録第 12 号 11 頁
67) 昭和 44 年 7 月 1 日第 61 回国会参議院社会労働委員会会議録第 28 号 4 〜 5 頁
68) 昭和 40 年 3 月 31 日第 48 回国会衆議院社会労働委員会会議録第 14 号 6 頁
69) 昭和 40 年 4 月 1 日第 48 回国会衆議院社会労働委員会会議録第 15 号 1 〜 3 頁
70) 昭和 45 年 4 月 9 日第 63 回国会衆議院社会労働委員会会議録第 10 号 3 〜 4 頁
71) 昭和 47 年 5 月 16 日第 68 回国会参議院社会労働委員会会議録第 14 号 21 〜 22 頁
72) 昭和 53 年 4 月 18 日第 84 回国会参議院社会労働委員会会議録第 9 号 25 頁
73) 昭和 49 年 5 月 14 日第 72 回国会参議院社会労働委員会会議録第 11 号 19 〜 20 頁
74) 昭和 42 年 5 月 31 日第 55 回国会衆議院社会労働委員会会議録第 14 号 11 〜 12 頁
75) 昭和 45 年 4 月 9 日第 63 回国会衆議院社会労働委員会会議録第 10 号 3 〜 4 頁
76) 昭和 46 年 4 月 20 日第 65 回国会参議院社会労働委員会会議録第 10 号 6 頁
77) 昭和 46 年 4 月 20 日第 65 回国会参議院社会労働委員会会議録第 10 号 8 頁
78) 昭和 48 年 7 月 5 日第 71 回国会参議院内閣委員会会議録第 18 号 25 〜 26 頁
79) 昭和 50 年 2 月 27 日第 75 回国会衆議院社会労働委員会会議録第 5 号 8 頁

80) 昭和 53 年 2 月 27 日第 84 回国会衆議院予算委員会第三分科会会議録第 1 号 26 頁
81) 昭和 54 年 4 月 24 日第 87 回国会参議院社会労働委員会会議録第 5 号 23 頁
82) 昭和 56 年 4 月 9 日第 94 回国会衆議院社会労働委員会会議録第 7 号 3 頁
83) 昭和 56 年 4 月 9 日第 94 回国会衆議院社会労働委員会会議録第 7 号 30 頁
84) 昭和 56 年 5 月 12 日第 94 回国会参議院社会労働委員会会議録第 11 号 18 頁
85) 昭和 48 年 7 月 5 日第 71 回国会参議院内閣委員会会議録第 18 号 25 ～ 26 頁
86) 昭和 59 年 5 月 10 日第 101 回国会参議院内閣委員会会議録第 11 号 25 頁
87) 平成 11 年 3 月 23 日第 145 回国会参議院国民福祉委員会会議録第 4 号 10 頁
88) 平成 27 年 3 月 31 日第 189 回国会参議院厚生労働委員会会議録第 4 号 10 頁
89) 平成 28 年 4 月 5 日第 190 回国会参議院厚生労働委員会会議録第 13 号 2 頁
90) 昭和 40 年 4 月 1 日第 48 回国会衆議院社会労働委員会会議録第 15 号 1 ～ 3 頁
91) 昭和 40 年 4 月 1 日第 48 回国会衆議院社会労働委員会会議録第 15 号 1 ～ 3 頁
92) 昭和 40 年 5 月 11 日第 48 回国会参議院社会労働委員会会議録第 17 号 4 ～ 5 頁
93) 昭和 40 年 4 月 1 日第 48 回国会衆議院社会労働委員会会議録第 15 号 1 ～ 3 頁
94) 昭和 40 年 4 月 1 日第 48 回国会衆議院社会労働委員会会議録第 15 号 1 ～ 3 頁
95) 昭和 40 年 5 月 11 日第 48 回国会参議院社会労働委員会会議録第 17 号 4 ～ 5 頁
96) 平成 11 年 3 月 23 日第 145 回国会参議院国民福祉委員会会議録第 4 号 10 頁
97) 昭和 40 年 3 月 31 日第 48 回国会衆議院社会労働委員会会議録第 14 号 6 頁
98) 平成 28 年 4 月 5 日第 190 回国会参議院厚生労働委員会会議録第 13 号 5 頁
99) 日本銀行ホームページ「日本銀行や金融についての歴史・豆知識」では、令和 2 年と昭和 40 年を比較し「また、消費者物価指数では約 4.2 倍」とされている。
https://www.boj.or.jp/announcements/education/oshiete/history/j12.htm〉（2021.9.6 閲覧）

第 5 章

1) 『ブリタニカ国際大百科事典 小項目事典（第 3 版）』(1995 ～ 2002) によれば「自己同一性などと訳され」「自分は何者であるか、私がほかならぬこの私であるその核心とは何か、という自己定義」とされている。さらに「何かが変わるとき、変わらないものとして常に前提にされるもの（斉一性、連続性）がその機軸となる」とする。例えば中国残留邦人の場合には、法的あるいは血統的には日本人であるにもかかわらず、中国で長期間生活し中国人としての意識があるゆえに、自身が日本人であるとは意識しにくく、さらに一方で、本当の中国人であるとも思えない部分が残るという意識もある。日中両方に属するあるいは正確にはどちらにも属しきれていない、日本においても中国においても自分が何者であるかということが明らかではない状態にある、すなわちアイデンティティが不分明になっている状態が考えられる。南米等出身の日系人についてもこれに類する意識があると考えられる。日本あるいは中国に対して決定的な帰属意識を持ち、生活の中でそれがかなえられないケースについては、

言葉や生活様式について本人の有する帰属意識を尊重したうえで日本での生活が過ごしやすくなる支援が必要と考えられる。一方、どちらかが本人の中でもはっきりしていない、あるいは両方に属していたいというケースでは、その思いを受容し、無理に日本の生活様式に当てはめようとするのではなく、その人の生活しやすい行動様式や仲間関係を尊重していくことが支援の在り方として必要であると考える。他方、東南アジアからの出稼ぎ労働などで、日本人とは血統的に別である場合には、どこの国民かという点においてアイデンティティが揺らぐ可能性は小さいと考えられる。中国残留邦人や南米出身の日系人とは違いがあると考えられる。ただし、日本人と血統的に関係がない人たちも、日本に長期間滞在していたり、家族ができて日本に定住をしようと考え始めたり、あるいは本人が幼少期から日本で生活している場合にはアイデンティティについて問題が生じるケースが出ると考えられる。
2) 石河久美子『多文化ソーシャルワークの理論と実践　外国人支援者に求められるスキルと役割』明石書店（2012）26 頁

終　章

1) 中国帰国者支援・交流センターホームページ「ご存じですか樺太残留邦人問題」
   https://www.kikokusha-center.or.jp/kikokusha/kiko_jijo/karafuto/kq1.htm（2023.7.21 閲覧）
2) 社会福祉法人こころの家族ホームページ　https://www.kokorono.or.jp（2023.3.31 閲覧）
3) 公益財団法人愛知県国際交流協会ホームページ
   https://www2.aia.pref.aichi.jp/sodan/j/sodancorner.html（2023.11.28 閲覧）

参考文献

青木康嘉「中国残留孤児支援法改正十周年の現状と課題岡山の記憶」(21)(2019) 9～18頁
朝倉美江「『外国人労働者問題』と多文化共生地域福祉の展開」コミュニティソーシャルワーク (30)(2022) 24～31頁
浅野慎一・佟岩『異国の父母：中国残留孤児を育てた養父母の群像』岩波書店(2006)
浅野慎一・佟岩「孤立と差別：永住帰国した中国残留日本人孤児の家族・社会関係」『神戸大学大学院人間発達環境学研究科研究紀要4(2)』(2011) 171～192頁
浅野慎一・佟岩『中国残留日本人孤児の研究：ポスト・コロニアルの東アジアを生きる』御茶の水書房(2016)
浅野慎一・佟岩「中国残留日本人二世の生活史と社会文化圏の形成（前篇）：中国での生活と日本への永住帰国」『神戸大学大学院人間発達環境学研究科研究紀要13(2)』(2020) 89～108頁
浅野慎一・佟岩「中国残留日本人二世の生活史と社会文化圏の形成（中篇）：日本における労働―生活過程」『神戸大学大学院人間発達環境学研究科研究紀要14(2)』(2021) 91～109頁
浅野慎一「中国残留日本人二世の人生が問いかけること：支援法から取り残された中国帰国者たち」『研究中国(14)』(2022) 62～69頁
石井恵美子・野﨑真奈美・永野光子「日本に永住帰国した中国残留日本人孤児のストレス対処力と関係する特性」『文化看護学会誌14(1)』(2022) 2～10頁
石河久美子『多文化ソーシャルワークの理論と実践　外国人支援者に求められるスキルと役割』明石書店(2012)
石原俊「沖縄戦における集団自決と援護法―戦傷病者戦没者遺族等援護法の適用と運用の実態」『明治学院大学社会学・社会福祉学研究146号』(2016) 67～93頁
井出孫六『終わりなき旅：「中国残留孤児」の歴史と現在』岩波書店(2004)
植野真澄「戦傷病者戦没者遺族等援護法の立法過程の考察―木村文書に見る厚生省関係資料について」『東京社会福祉史研究(3)』(2009) 51～76頁
植野真澄「戦傷病者戦没者遺族等援護法の立法過程の考察（その2）」『東京社会福祉史研究(4)』(2010) 71～86頁
植野真澄他『資料集　戦後日本の社会福祉制度 第Ⅵ期「戦後処理・遺家族援護・婦人保護基本資料」第6巻　(「(解説)戦傷病者戦没者遺族等援護法の制定と軍人恩給の復活」)』柏書房(2015)
氏家康裕「国民保護の視点からの有事法制の史的考察―民防空を中心として―」『戦史研究年報(8)』(2005) 1～25頁
王相宜「中小企業のグローバル人材の現状と課題：外国人労働者の育成・活用の視点から」『大

阪経大論集 73（2）』（2022）141〜154 頁

大久保真紀「国内の動向 動き出した中国残留邦人への新支援」『社会福祉研究（101）』（2008）131〜135 頁

大澤武司「戦後東アジア地域秩序の再編と中国残留日本人の発生 —「送還」と「留用」のはざまで」『中央大学政策文化総合研究所年報（10）』（2007）35〜51 頁

大澤武司「中国残留日本人留用者の帰還」『善隣（430）』（2013）12〜18 頁

小野孝弘「中国残留邦人を親族とする者の国籍について」『法務通信（800）』（2018）26〜30 頁

小栗実「「中国残留日本人孤児」国家賠償請求・鹿児島訴訟の記録（2）」『鹿児島大学法学論集 43（1）』（2008）119〜167 頁

香山磐根「中国残留孤児の国賠訴訟の終結に当たって」『税経新報（548）』（2007）49〜52 頁

木下貴雄「外国人の高齢化 多文化共生社会の先にある現実 海を越える遺骨 異国での最期をどう支えるか：異文化としての"終活"問題を考える」『金城学院大学論集人文科学編 18（2）』（2022）187〜206 頁

江秀華「外国人労働者の受け入れと留学生の雇用による日本経済への影響」『城西短期大学紀要 40（1）』（2023）37〜52 頁

厚生労働省社会援護局保護課「特集 中国残留邦人等に対する新たな支援給付金制度の概要」『生活と福祉（622）』（2008）8〜16 頁

厚生問題研究会編「Special Interview 戦傷病者や戦没者遺族等への援護の意義を考える山崎史良社会・援護局長」『厚生労働：policy & information（2012.8）』厚生問題研究会編（2012）12〜15 頁

鍾家新 国際アジア文化学会「〈中国残留孤児〉の帰国と祖国日本での老後」『アジア文化研究（16）』（2009）41〜57 頁

小島郁夫「愛知県における警防団：愛知県公報にみる昭和戦時期の国民保護組織」『軍事史学 48（1）』（2012）86〜107 頁

小島雄輔「中国残留者発生の経緯と背景」『政治学研究論集（21）』（2004）273〜293 頁

佐々木修「中国残留日本人孤児問題について」『家庭裁判月報 37（12）』（1985）109〜152 頁

佐治暁人「沖縄戦と援護法：戦闘参加者と戦闘協力者をめぐって」『自然人間社会（59）』関東学院大学経済学部教養学会（2015）69〜95 頁

佐藤彩子「介護サービス産業における労働力不足問題と外国人労働者の制度的受入」『地域ケアリング 24（6）』（2022）67〜70 頁

嶋田和子『外国にルーツを持つ女性たち』ココ出版（2020）

社団法人日本社会福祉士会編『滞日外国人支援の実践事例から学ぶ多文化ソーシャルワーク』中央法規（2012）

園田薫『外国人雇用の産業社会学：雇用関係のなかの「同床異夢」』有斐閣（2023）

高橋丈雄「実効性のある国民保護への取組みと課題」『社会システム研究所紀要第 10 巻第 1 号』

(2009) 33～44頁

張龍龍「日本における中国残留孤児二世の就職過程　来日形態（国費・私費来日）に基づく比較研究」『ソシオロジカル・ペーパーズ（26）』（2017）79～94頁

張龍龍「1980年代半ばまでに連れられて来た中国残留孤児第二世代―『子どもたち』の初期定着に注目して」『早稲田大学大学院文学研究科紀要（64）』（2019）99～114頁

中坂恵美子「中国残留邦人国賠請求事件・コメント―国際法の観点から」『国際人権（20）』（2009）77～80頁

中野謙二『中国残留孤児問題：その問いかけるもの』情報企画出版（1987）

西埜章「ロー・ジャーナル　中国残留孤児訴訟をどう考えるか」『法学セミナー52（4）』（2007）8～9頁

林郁『満州・その幻の国ゆえに：中国残留妻と孤児の記録』筑摩書房（1986）

原裕視「中国残留邦人とその家族―日本社会への適応上の諸問題」『教育と医学34（10）』（1986）963～970頁

松倉耕作「中国残留孤児の戸籍回復」『判例タイムズ35（27）』（1984）172～174頁

南野奈津子『いっしょに考える外国人支援　関わり・つながり・協働する』明石書店（2020）

宮田幸枝「『中国残留婦人』問題と教育実践：識字実践を中心に」『人文学報・教育学30』

民事法情報センター編「最高裁判決速報　民事　1．財産及び請求権に関する問題の解決並びに経済協力に関する日本国と大韓民国との間の協定（昭和40年条約第27号）の締結後大韓民国在住の韓国人である旧軍人軍属等について戦傷病者戦没者遺族等援護法附則2項、恩給法9条1項3号を存置したことと憲法14条1項　2．財産及び請求権に関する問題の解決並びに経済協力に関する日本国と大韓民国との間の協定第2条の実施に伴う大韓民国等の財産権に対する措置に関する法律と憲法17条、29条2項、3項（最二小判平成16.11.29）」『民事法情報（221）』（2005）56～58頁

森恭子「外国人住民への包括的支援体制づくりを担うコミュニティ・ソーシャルワーク実践と地域の拠点のあり方について」『人間科学研究（43）』（2022）91～106頁

森岡清志・北川由紀彦『都市と地域の社会学』放送大学教育振興会（2018）

山下麻衣「戦傷病者戦没者遺族等援護法と更生医療：戦後復興期の京都府を事例として」『障害史研究（4）』障害史研究会編（2023）13～30頁

横山登志子『社会福祉実践とは何か』放送大学教育振興会（2022）

吉田渉「関係人口としての外国人：新宿区における都市型外国人関係人口を中心に」『地域イノベーション（14）』（2022）31～40頁

米山正敏「戦傷病者戦没者遺族等援護法の一部を改正する法律について」『恩給（247）』能率増進研究開発センター編（2002）22～24頁

「法律解説　厚生労働　戦傷病者等の妻に対する特別給付金支給法及び戦没者等の妻に対する特別給付金支給法の一部を改正する法律―平成18年6月23日法律第95号」『法令解説資料総覧（306）』第一法規（2007）21～24頁

謝　　辞

　本研究に当たっては、中国残留邦人を支援している諸団体、行政機関、中国残留邦人である当事者の方々など多くの方のご協力をいただいた。とりわけ、大阪YWCA・大阪中国帰国者センター・大阪市役所保護課の職員の皆さんには、インタビューに応じていただいたり、資料を提供していただくなど多大なるご協力をいただいた。ここに感謝申し上げる。

　学位論文審査における主査の畠中宗一先生、副査の津田耕一先生・安井理夫先生には、深甚の感謝を申し上げたい。先生方には、私がこれまで取り組んできた制度・政策中心の研究から少しでもソーシャルワーク研究に近づけられるよう様々に導いていただいた。

　本研究が中国残留邦人等をはじめとする戦争犠牲者の援護の改善に多少なりとも資するものとなれば幸いである。

■著者略歴

今井　慶宗　（いまい　よしむね）
　　　関西女子短期大学保育学科准教授
　　　博士（臨床福祉学）　社会福祉士・保育士

　1971（昭和46）年、広島県出身。香川大学法学部卒業。香川大学大学院法学研究科修了。国家公務員等を経て2014（平成26）年4月より関西女子短期大学専任講師・准教授。2024（令和6）年関西福祉科学大学大学院社会福祉学研究科臨床福祉学専攻博士後期課程修了。

　専門：社会保障論、警察・防衛法

　主な著書
　『社会福祉の拡大と形成』（共編著、勁草書房、2019年）
　『現代の保育と社会的養護Ⅰ』（共編著、勁草書房、2020年）
　『子ども家庭福祉の形成と展開』（共編著、勁草書房、2022年）
　『新編社会福祉概論』（共編著、大学教育出版、2022年）

戦争犠牲者に対する援護に関する研究
― 社会福祉と法制の両面から ―

2024年10月20日　初版第1刷発行

■著　　者　──　今井慶宗
■発　行　者　──　佐藤　守
■発　行　所　──　株式会社 大学教育出版
　　　　　　　　〒700-0953　岡山市南区西市855-4
　　　　　　　　電話 (086) 244-1268　FAX (086) 246-0294
■印刷製本　──　モリモト印刷㈱

© Yoshimune Imai 2024, Printed in Japan
検印省略　　落丁・乱丁本はお取り替えいたします。
本書のコピー・スキャン・デジタル化等の無断複製は、著作権法上での例外を除き禁じられています。本書を代行業者等の第三者に依頼してスキャンやデジタル化することは、たとえ個人や家庭内での利用でも著作権法違反です。
本書に関するご意見・ご感想を右記サイトまでお寄せください。
ISBN978-4-86692-312-3